JN304963

# 古代の日本と東アジアの新研究

上田正昭

藤原書店

古代の日本と東アジアの新研究　目次

# 第Ⅲ部　古代の東アジアと日本

# 古代の日本と東アジアの新研究

# まえがき

今年は戦後七十年になる。第二次世界大戦の最中に大学に入り、戦後の混乱期に学窓をでた自分としては、本格的に古代史ととりくむようになったのは、昭和二十年（一九四五）のころからである。古代史を専攻することに決めてちょうど七十年になる。したがって私の研究史は戦後七十年と重なる。

私の第一論文集『日本古代国家成立史の研究』（青木書店）のあとがきでは、つぎのようにのべている。

「日本歴史の研究にたち向う場合に、どうしても天皇制の問題をさけて論文を書くことはできなかった。戦火に傷つきまた斃れてゆく悲惨な学友の姿を身近に体験したわたくしは、日本の破局を血のにじむような思いでみつめていたが、青年学徒は唱導される国体の本義に殉ずべきであると考えてみたり、果してそれが「青年学徒」の生くべき道であるのかと疑ってみたりして、いつも焦慮と不安にかられていた。それは戦争中のいつわらぬみずからの姿である。丁度その頃、当時発禁の書とされていた津田博士の『神代史の研究』ならびに『古事記及び日本書紀の新研究』の二冊を友人の紹介で入手して読む機会があった。そこに展開される「記・紀」の文献批判は、わたくしのこころに強い衝撃をあたえた。間断なく空襲警報が東京上空にもなりひびいていたその頃、燈火管制のもとで両書の要点をノートしていたときの感動は、いまもはっきりと思いだすことができる。しかしそれは未熟なわたくしにとっては研究の外における感銘であり、研究の内側であたためることにはならなかった。終戦の詔勅が発布されて、冷厳なる日本の現実をまざまざとみせつけられたわたくしは、しばらく茫然としてなすことを知らず、故郷に帰って農業をやったりして日々をすごしていたのであったが、常に日本天皇制の謎がしこりとなって離れなかった。その謎を少しでも学問的に明らかにしてみたいという欲求が、復学を決心させる要因のひとつであったことは否定できない。こうして津田史学の成果や恩師故折口古代学の方法を本気で学ぶようになったのである。京都大学の卒業論文に「古代氏族の系譜」や「中宮天皇」の問題をとりあげたのも前述の事情にもとづくところが多い。」

上田の古代史学の集成であると批評された『私の日本古代史』(新潮選書)でも、「天皇制とは何か」を問うている。そこでは、前にも若干のべたが、つぎのように叙述した。

京都大学の卒業論文は、六七二年の壬申の乱と、『古事記』・『日本書紀』との関係を考察した

「日本上代に於ける国家的系譜の成立に就いて」（主論文）と「中宮天皇考」（副論文）であった。これらの論文では大東亜（太平洋）戦争が敗北に終った昭和二十年（一九四五）八月十五日のその日の、「天皇制とは何か」という私自身の疑問を私なりに解明することをめざした。

天皇制が成立したのは、六七二年の大海人皇子（天武天皇）による皇位簒奪の戦い――壬申の乱――以後ではないか、その壬申の乱と『古事記』・『日本書紀』の氏族系譜のなりたちとは深いつながりをもっていたのではないか、したがって壬申の乱で活躍した氏族の系譜が多く、さらに大王を称していた王者が天皇へとかわる天皇号の使用も壬申の乱のあとではないかと問うたのが、私の卒論であった。

幼年から青年期にかけて、徹底的に「学徒」は「皇国臣民」として「天皇」と「皇国」に殉ずべきであると教育されてきた私にとって、「神国日本」の決定的な敗北は私を虚脱と懐疑の淵に投げこんだのである。

卒論にもとづいて、はじめて論文を発表したのは、昭和二十六年三月の『国史学』五十五号に掲載された「上代氏族系譜の形成過程」であった。当時京都大学の読史会では卒業論文の発表会があり、傍聴にみえた立命館大学の北山茂夫先生のおすすめで、同年の十二月の『文学』（一九巻一二号、岩波書店）に「天武朝の政治と文学」を執筆した。そして『記』・『紀』神話を中心とする日本神話のありように関する考察をまとめて、私のはじめての単著『神話の世界』（創元社）を昭和三十一年（一九五六）の六月に出版した。

私の古代史研究は、敗戦の虚脱と懐疑をスタートとして、今日までつづいてきたといえるかもしれない。右翼の人も左翼の人もその概念規定をあいまいに「天皇制」という言葉を使っているが、そもそも「天皇制」という用語は、昭和六年（一九三一）、世界各国の共産党の国際的組織であるコミンテルンの「三一年テーゼ」草案ではじめて登場し、これに絶対君主制という概念規定をあてたのは同七年の「三二年テーゼ」であった。

そこでは「日本の天皇制は、一方では主として地主として寄生的封建的階級に立脚し、他方では又急速に富みつつあった強欲なブルジョアジーにも立脚し、これらの階級の頭部と極めて緊密な永続的ブロックを結び、かなりの柔軟性をもって両階級の利益を代表」するシステムとのべられている。

旧憲法（「大日本帝国憲法」）のたとえば第四条に「天皇ハ国ノ元首ニシテ統治権ヲ総攬シ此ノ憲法ノ条規ニ依リ之ヲ行フ」としるし、第十一条に「天皇ハ陸海軍ヲ統帥ス」と軍の統帥権をはっきりと規定する体制が天皇制にほかならない（現在の「日本国憲法」における「天皇は、日本国の象徴であり日本国民統合の象徴」であるとする天皇のありようとは内容を異にする）。

しかし近代日本に創出された天皇制が、古来の伝統にもとづくものであるからというので、その内容を明確に吟味しないで、天皇制が古代から連綿とうけつがれてきたというのは、歴史の実相とは大いに異なる。

壬申の乱に勝利した大海人皇子は、飛鳥浄御原宮で即位して、「飛鳥浄御原令」をつくり、持統称制三年（六八九）の六月に「令二二巻」を施行した。律令国家の前提がととのい、対外的に日本国を名乗り、天皇号を称するのも（後述参照）、最終的には天武・持統朝であって、大宝元年（七〇一）に完成した「大宝令」の「公式令《くしきりょう》」（公文書の様式や施行などにかんする規定）にしるすように対外的に大事を詔する時には「明神御宇日本天皇」、対内的に大事を詔する時には「明神御大八洲天皇」と称した。

神祇官・太政官八省のトップに天皇が君臨するその体制は古代天皇制といってもよい。私が六十二年前の三月の卒論で推定した壬申の乱の後に天皇制が成立したとする推定は、現在の研究成果とも矛盾しない。

しかし平安時代後期に入って、摂政・関白が政治を執行するようになると、宮中は祭祀を中心とする場となり、建久三年（一一九二）の七月、源頼朝が征夷大将軍となってからは、幕府政治が日本の政治をリードした。

したがって順徳天皇が承久年間（一二一九—一二二二）に宮中の行事や故実《こじつ》を九二項にわたってまとめた『禁秘抄《きんぴしょう》』には「凡そ禁中作法、先づ神事、後に他事」とされ、「諸芸能の事、第一御学問也」と明記し、唐の太宗の『貞観政要』や唐代の群書から政治の要点を抜粋した『群書治要』を引用されもしたのである。

「王道」は天皇、「覇道」は幕府という体制は鎌倉・室町・江戸の各幕府にうけつがれて、元和元年（一六一五）の七月の朝廷に対する統制令ともいうべき「禁中 幷《ならびに》 公家諸法度」にも「天子御芸能之事、第一御学問也」として、「『禁秘抄』に載する所、御習学専ら要《かなめ》ニ候事」とした。

そもそも「芸能」という用語が、「学問」を指したことは、「大宝令」や「養老令」の「医疾《いしつ》令《りょう》」（医薬の規定）にある「芸能を述ぶ」の「芸能」が学問的技能を意味していたのにも明らかである。学問にかんする規定「学令」に学問を「芸業」と表現しているのも同類である。そのいわれをさかのぼれば、中国の古典においても、古くは「芸能」が学問を意味していたことは、たとえば司馬遷の『史記』（「亀策伝」）に「芸能之路を開き、百端之学を延《の》ぶ」とのべているのにもうかがわれる。

「禁中幷公家諸法度」では、三公（太政大臣・左大臣・右大臣）・親王・門跡の規定、摂政・関白・大臣の任免の規定をはじめとする規定をさだめているが、武家の官位は「公家当官の外」であって、幕府の承認を必要とするなど、朝廷と武家のまじわりを制限し、「公家家業」も幕府によって行動を規制された。

最近、後水尾《ごみずのお》天皇の中宮東福門院和子《まさこ》の御所の襖《ふすま》の引き手がみつかったが、和子が徳川秀忠の娘であったとはいえ、その引き手が三つ葉葵《あおい》の徳川の紋を、皇室の菊紋四つが取り囲んでいた。

当時の将軍家と天皇家のありようを象徴するかのようである。

そのような朝廷にたいする幕府の圧政にたいして後水尾天皇が抗《あらが》って退位し、英邁な君主であった光格《こうかく》天皇が幕府と対峙したような例もあった。明治天皇の曾祖父にあたる光格天皇については別にのべたが（『平安神宮百年史』、平安神宮）、天明大飢饉のさなか、天明七年（一七八七）の六月、光格天皇の勅旨にもとづいて、武家伝奏（幕府への伝達・連絡役）の油小路隆前《あぶらのこうじたかちか》と久我信通《こがのぶみち》が京都所司代に救民策を申し入れた。朝廷が幕府へ申し入れをすることじたいが異例であった。その申し入れをうけて、七月八日には救い米五百石、八月五日には千石が提供された。


こうした中世と近世の王道としてのありようと、律令制や明治憲法下の王道イコール覇道であった時代の天皇制とを混同するのは歴史的ではない。

私は部落問題や在日の人権問題、グローカルな、地域に立脚して全体をみる地域史の研究などにもとりくんできたが（『古代の日本そして朝鮮文化』角川学芸出版）、私の研究史をかえりみて忘れられないのが、一九六〇年代から古代の日本と東アジアの関係を重視してきた『帰化人』（中公新書）をはじめとする著作にも明らかなような、古代の日本を東アジアの動向のなかで考察する見方、考え方である。

本書の第Ⅰ部と第Ⅱ部は主として天皇制のありようとのかかわり、第Ⅲ部は古代日本と東アジアとのつながりに唐・渤海を加えて考察した。高句麗・新羅・百済の三国をあわせて論じたのも本書の特色のひとつとなっている。第Ⅳ部では古代日本の論究ではあまり論じられていないが、日本文化の基層をなす神道の原像を通じて、中国の道教などを中心に論究した。

東アジアにおける日本の政治的状況は、日朝はもとよりのこと、日韓・日中関係も残念ながら悪化の道をたどっている。しかしこのような時期にこそ、善隣友好の交流と、そのなかで矛盾を克服して結実した文化のみのりをかえりみる必要がある。過去に学んで現在のありようをしっかりと見定め、そして未来を展望することこそ、生きた歴史学といえよう。本書はたんに日本列島と朝鮮半島や中国大陸との交渉のありようを記述することを目的とするものではない。

古代の日本の実相と東アジアとの関係を、史実にそくして実証し、現在の日本はいかにあるべきかをみきわめることに多少なりとも寄与することをめざして、新たな視角から考察した論文の集成である。そして国内的にも国際的にも、明治の政府以来、国策として悪用され誤解されてきた国家神道イコール神道ではなく、神道の原像を明らかにして、神々の世界やまことの鎮魂のありようを論究した考察を加えた。

イタリアの歴史学者であり、哲学者であったベネデット・クローチェ（一八六六―一九五二）は「歴史は生きた歴史であり、年代記録とは死んだ歴史である」とのべたが、文書や記録などをいくら並べてみても、それらは「文書集」や「記録集」にすぎない。文書や記録の内容を批判的に読みとき、考古学や民俗学、国語学や言語学、文化人類学や歴史地理学など、歴史学に隣接する諸科学を総合的に集約した古代学によって、古代の日本の実像が明らかとなる。本書は不充分ながらも、文書や記録のみによって、古代の日本を論じてはいない。

戦後七十年と研究史七十年が重なったので「天皇制とは何か」を私なりに仰々しくまえがきに引用した。参考にしていただければ幸いである。

私のはじめての単著は昭和三十一年八月の『神話の世界』（創元社）だが、歳月を重ねて本書で単著八十一冊（講演単著四冊を含む）となる。どれほど古代史の研究に貢献しえたかこころもとないが、米寿を過ぎて卒寿も近く、おそらく最後の論文集となるであろう。私の座右の銘のひとつである『論語』（為政篇）のなかの「学びて思はざれば則《すなわ》ち罔《くら》く、思ひて学ばざれば則ち殆《あやう》し」をどこまで実行できたか。読者の方々のご判断を待つばかりである。

本書が今後の研究に参考になるところがあれば幸いである。

# 第Ⅰ部　王統の系譜と王権の確立

# 王統の系譜の謎

## 1　三輪王権の存在

奈良県の天理市から山の辺の道を桜井市へ。奈良盆地の東南部に、古墳時代前期前半を中心とする古墳が数多く存在する。単数の古墳ではない。古墳群が北から、西殿塚《にしとのづか》古墳（全長二三〇メートル）を盟主とする萱生《かよう》古墳群、行灯山《あんどんやま》古墳（伝崇神天皇陵、全長二四二メートル）や渋谷向山《しぶたにむかいやま》古墳（伝景行天皇陵、全長三〇〇メートル）を含む柳本古墳群、さらに箸墓《はしはか》古墳のある箸中《はしなか》古墳群と連なる。そして箸中古墳群では注目すべき発掘成果があった。そのひとつが桜井市の箸中にあるホケノ山古墳である。ホケノ山古墳は、全長約八〇メートル、後円部の径約六〇メートル、高さ約八・五メートル、前方部の長さ約二〇メートル、高さ約三・五メートルで、前方部を南東に向けられた周濠のある前方後円形の墳丘である。被葬者を埋納した主体部は石囲いの木槨墓であり、石囲い木槨の内部には長さ約五メートルの高野槙製の刳抜式木棺を納めていた。

出土遺物には後漢様式の外区のまわりの帯に飛ぶ鳥や獣・神仙などの文様をめぐらす画文帯《がもんたい》神獣鏡一面、内行花文鏡や画文帯神獣鏡の破片若干、素環頭大刀を含む鉄製の刀剣類一〇前後、銅鏃約六〇本、鉄鏃約六〇本、尖突武器（への字形鉄器）若干、その他工具類などがあった。その築造年代は三世紀前半から中葉とみなされており、まさしく邪馬台国の卑弥呼の時期に相当する。

ホケノ山古墳の周辺には箸墓古墳のほか、纏向《まきむく》石塚、矢塚、勝山、東田大塚など箸墓古墳と同時期あるいはそれに先行する古墳が点在する。ホケノ山古墳は全長約二八六メートルの箸墓古墳よりは古い形態を示し、石囲い木槨・画文帯神獣鏡など、大陸との深い繫がりを物語って、奈良盆地東南部における初期王権のありようを反映する。

奈良盆地の東南部、柳本古墳群の南の桜井市外山の鳥見山周辺の、四世紀初頭前後のころから前半のころのメスリ山古墳（全長二五〇メートル）や桜井茶臼山古墳（全長二〇〇メートル）もみのがせない。メスリ山古墳からは多くの石製品のほか槍二〇〇本以上と巨大な埴輪群が出土して注目をあつめていたが、平成二十一年（二〇〇九）の史跡整備にともなう桜井茶臼山古墳の再調査は、あらたな問題を提起した。桜井茶臼山古墳では竪穴式石室の上部を密に並べて囲んだ丸太の垣がみつかり、石室の内部の石材と天井石に水銀朱が塗られていた。そして石室内部からみつかった銅鏡片は三八四点におよぶ。検討の結果、推定された鏡は八一面、そのなかで神獣鏡の一種で縁部の断面が三角形になっている三角縁神獣鏡は二六面を数える。これらは初期ヤマト王権の様相を物語る。

その破片のひとつに（一辺一四ミリ程度）、「是」の銘文の一字があり、正始元年（二四〇）の三角縁神獣鏡の破片であることが判明した。正始元年といえば、魏の使節梯儁《ていしゅん》らが魏の皇帝（少帝）の「詔書・印綬を奉じて倭国に詣り、倭王（卑弥呼）に拝仮し」、倭王が「使に因《よ》つて上表」した年である。

奈良盆地での三角縁神獣鏡の出土といえば、柳本古墳群のなかの、天理市柳本町にある黒塚古墳に注目する必要がある。黒塚古墳は行灯山古墳から北西約五〇〇メートル、春日断層崖から西へ伸びる低台地の尾根の端部に位置する。全長一三二メートル、後円部の径七二メートル、高さ約一一メートルのこの前方後円墳は、従来古墳時代の中期の古墳とみなされていたが、平成九年（一九九七）の八月十一日からの発掘調査によって、前期前半、四世紀初頭と推定されている。同年の十一月二十六日に、その発掘調査の現場を観察したおりの感銘が改めてよみがえってくる。今は古墳公園になっているが、その発掘でまず注目されるのはその副葬品である。

一部は破壊されていたが、幸いにも主体部は未盗掘であり、割竹形木棺と推定されている棺の北小口から二・五メートルのところに、神獣鏡の一種で帯に神仙などの文様をめぐらす画文帯神獣鏡一面が鏡背を南に向けて副葬された状態で出土した。そしてその両脇に鉄製の刀剣類が二口埋納されていた。画文帯神獣鏡は被葬者の頭部のあたりに置かれていたことがわかる。

棺のまわりに三角縁の鏡が三三面も副葬されており、西側に一七面、東側に一五面、北側に一面（三角縁で竜の文様のある三角縁盤竜鏡）があって、埋葬当時はすべての鏡が、棺側に鏡面を向けた状態で立てておかれていたと推定されている。一部で布が検出されたことも注目される。鏡はもともと布に包まれていたようであり、鏡群は棺の北半分に集中していた。三角縁神獣鏡とならんで刀剣類・鉄鏃・槍が棺の両側に副葬され、南側の小口で土器・甲冑の小札や工具類が出土し、石室北壁と木棺北小口との空間にU字形鉄製品（二）ほかの鉄製品が埋納されていた。

なお三角縁の鏡三三面のなかみは神獣鏡三二面・盤竜鏡一面であった。そして粘土棺床の北小口の約二・五メートルから南約二・八メートルの範囲に、水銀朱のあざやかな赤色が映え、それに沿うかのように三角縁神獣鏡が鏡面を棺側に向けてならぶありようがみごとであった。画文帯神獣鏡一面が被葬者の頭部あたりに置かれて、この鏡が重視されたことを物語り、しかもこれらの三角縁の鏡が、もともと布に包まれて立てられていたこともみのがせない。あるいは邪気をしりぞける僻邪のためであったのか。

三角縁神獣鏡については、京都府木津川市山城町の椿井《つばい》大塚山古墳に三六面以上の鏡が副葬されており、そのうちの三二面が三角縁神獣鏡であって(ほかに伝一面)、これがその後の三角縁神獣鏡による京都大学講師(後に教授)小林行雄さんの「初期ヤマト王権」論(後述参照)に多大の影響をおよぼしたことは周知のとおりである。

椿井大塚山古墳の場合は、昭和二十八年(一九五三)の旧国鉄奈良線の工事にともなう偶然の発見であって、黒塚古墳の発掘調査のように、椿井大塚山古墳の三角縁神獣鏡が姿をあらわしたわけでない。椿井大塚山古墳の場合は、いわば工事後の調査であり、その確実な埋葬状態は明確ではなかった。したがって副葬の鏡も三六面以上と推定されている。ところが黒塚古墳の場合はそうではなかった。慎重な学術調査によって、主体部の埋葬状態がはっきりと浮かびあがってきたのである。

さらに黒塚古墳の発掘成果と桜井茶臼山古墳の史跡整備にともなう再調査は、かねがね私のいだいていた疑問をかなり解決することに役立った。小林行雄説では初期ヤマト王権が各地の有力豪族に配付・賜与したと考えられている三角縁神獣鏡が、なぜ初期ヤマト王権の本拠地ともいうべき奈良盆地の東南部の地域からみつからないで、京都府南部の南山城に位置する椿井大塚山古墳に大量に副葬されていたのか。その疑問が桜井茶臼山古墳の再調査や柳本古墳群の黒塚古墳の発掘調査によってかなり解決され、三角縁神獣鏡のたしかな副葬状態が明らかとなって、初期ヤマト王権と三角縁神獣鏡との関係がより理解しやすくなった。

しかも棺のまわりの鏡はすべて三角縁の鏡であった。黒塚古墳副葬の三四面の鏡のうち一九面が鏡の帯に銘文がある銘帯鏡であり、なんらかの銘文のある鏡はあわせて三三面におよぶ（三角縁盤竜鏡にはない）。こうした鏡の銘文のありようにも多くの示唆が含まれている。

黒塚古墳の築造年代については、四世紀初頭とみなす見解が多い。その古墳に画文帯神獣鏡一面と三角縁盤竜鏡一面、三角縁神獣鏡が三二面も副葬されていた。椿井大塚山古墳の大量の三角縁神獣鏡も副葬を前提としたものであり、この同じ鋳型で作った同笵の鏡を副葬する古墳の分布に注目されたのが、小林行雄さんの有名ないわゆる同笵鏡論であった。昭和三十二年（一九五七）に発表された「初期大和政権の勢力圏」（『史林』四〇巻四号）がそれである。初期ヤマト王権のもとに大量の魏の鏡が保管されて、各地の小支配者を心服させるために配付・賜与されたとみなしての「初期大和政権の勢力圏」の想定であった。

小林説の弱点のひとつは、三角縁神獣鏡は魏王朝が卑弥呼に与えたと『魏志倭人伝』にしるす「銅鏡百枚」の同笵鏡とするのに、肝心の中国からみつかっていなかった点にある。ところが平成二十七年（二〇一五）のはじめ、魏の都洛陽で三角縁神獣鏡が発見されて、小林説が改めて注目を集めている。

古墳のありようから初期ヤマト王権の問題を書きはじめたのには、それなりの理由がある。『古事記』や『日本書紀』などには、信頼すべき箇所もあるが、潤色や作為があり、後の知識によって加筆されて書かれているところがあるからだ。三世紀前半から中葉の築造とみなされる桜井市箸中のホケノ山古墳をはじめとする古墳時代前期の前方後円墳が奈良盆地の東南部に集中して分布するのは、この地域に初期ヤマト王権の基盤が存在したことを象徴する。

二百メートルをこえる巨大な前方後円墳はたんなる墳墓ではない。それらはその地域を支配した首長層の政治的権威のシンボルであり、モニュメントであった。ヤマト王権を大和王権と記述せずに仮名書き「ヤマト」王権としるしてきたのには理由がある。

ヤマトという地名は奈良県のヤマト以外にもある。たとえば九州の山門県《やまとのあがた》・山門郡《やまとぐん》（筑後）とか山門郷《やまとごう》（肥後）とかとよばれている地域があった。これら各地のヤマト名の由来は、(1)山のあるところ・山の間、(2)山のふもと・山の本《もと》、(3)山の入り口、(4)山の外側、などというように、その多くが山に密接なつながりをもつ。したがって、ヤマトは、山とトの合成語であり、山々に囲まれた地域にヤマトの地名があっても不思議ではない。しかし、いわゆる畿内のヤマト（奈良県の地域）の原義は、どうも山の入り口とか、山の外側とかという意味ではなさそうである。

それは奈良時代までの古文献における畿内ヤマトの仮名《かな》づかいからも推察される。平安時代以前にあっては、キヒミケヘメコソトノモヨロの十三音節とその濁音であるギビゲベゴゾドの七音節とには、二通りの音の区別があったことが確かめられてきた。この音の区別を国語学の上では、甲類と乙類に分けている。ところでトの仮名づかいは、甲類では外・戸・門などが用いられている。山の入り口・外側の場合はこの甲類の字が当てられる。それなのに、畿内ヤマトのトに対する仮名づかいは、すべて乙類であって、跡、登、等、苔、常などが当てられ、甲類を使った例は見うけられない。九州の山門が甲類を用いているのときわめて対照的である。

じっさいに畿内のヤマトは、山跡・夜麻登（『古事記』）、野麻登・夜麻苔・椰麼等・椰磨等（『日本書紀』）、山跡・山常・也麻等・夜麻登・夜末等・夜万登・八間跡（『万葉集』）などであって、甲類の山門・山外・山戸の用字はない。

このことは、畿内ヤマトの名のおこりが、山の入り口や外側にあるのではなく、山々に囲まれたところ、山の間、山のふもとなどというところにあることを有力に示唆するのである。事実、畿内のヤマトには山々が多い。盆地内には大和三山（香具山《かぐやま》・耳成山《みみなしやま》・畝傍山《うねびやま》）をはじめ三輪山などの名山があり、二上《ふたかみ》・葛城《かつらぎ》の峰々が連なる。ヤマトの名にふさわしいところである。そしてそれらの山々は、たんなる山岳ではなく、信仰の対象として古くから霊山（神奈備《かんなび》）視されていた山々であった。

万葉の歌人によってしばしば歌いあげられる香具山は、天から降《くだ》ったとする伝承があり、神武天皇の説話にも、この山の土で作った祭器をもって賊を平定するいきさつが物語られている。また崇神天皇の代にも、香具山の土を取って、謀叛《むほん》をくわだてたというような説話もある（以上『日本書紀』）。

標高四六七メートルの三輪山は、三諸《みもろ》の神奈備《かんなび》・神岳・神山などともよばれている。

ヤマトという古代日本語には、万葉仮名のほかに、倭・大倭を当てる古文献がきわめて多い。『古事記』や『日本書紀』では畿内のヤマトに大和を当てている例は一つもない。万葉仮名以外では、ほとんど倭・大倭を用いている。その一々をあげればかなりの数にのぼり煩雑になるので、ここではその代表的なものを若干あげておくことにしよう。『古事記』では、上巻（神代巻）に「倭《やまと》の青垣」などとあり、中・下巻つまり神武天皇以降になると、たとえば神武天皇の日本ふうのおくり名（和風諡号《わふうしごう》）を神倭伊波礼毘古命《かんやまといわれひこのみこと》としるすのをはじめとして、さかんに出てくる。天皇の和風諡号ばかりではない。倭飛羽矢若屋比売《やまとのとびはやわかやひめ》（孝霊天皇の条）、倭日子命《やまとのひこのみこと》（崇神天皇の条）、倭比売《やまとひめ》（垂仁・景行・継体の各天皇の条）、倭根子命《やまとのねこのみこと》、倭建命《やまとたけるのみこと》（景行天皇の条）、その他があり、また倭屯家《やまとのみやけ》（景行天皇の条など）というような名辞も多い。『古事記』の場合には、大倭という字は、畿内ヤマトよりももっと広い意味で用いて、古訓は「オホヤマト」とする。例をあげれば、イザナギ、イザナミによる国生みのところで、本州のことを大倭豊秋津嶋《おおやまととよあきつしま》と記載するたぐいである。

『日本書紀』でもやはり大和を用いず、畿内ヤマトには、倭・大倭が使われている。倭姫命《やまとひめのみこと》・倭香山《やまとのかぐやま》・倭迹々日百襲姫《やまとととひももそひめ》などとあって、また倭大国魂神《やまとのおおくにたまのかみ》などと書く（崇神天皇の巻その他）。さらに畿内ヤマトに大倭を当てる例もある。大倭大神・大倭直（垂仁天皇の巻その他）などがそれである。『古事記』と違う点は、畿内よりも広い王権の浸透地域を表現するさいには、日本・大日本を当てる場合があることである。たとえば、国生み神話のところで『古事記』が大倭豊秋津嶋とするのを、大日本豊秋津洲《おおやまととよあきつしま》とし、その注に「日本、此《これ》をば耶麻騰《やまと》という」と書く。ここでは明らかにヤマトの概念が、日本へと拡大されている。したがって、日本武尊《やまとたけるのみこと》・神日本磐余彦《かんやまといわれひこ》式の書き方が、『日本書紀』では多くなる。

しかしもともと国号が「日本」と表現されていたのではない。日本という国号は、七世紀後半ごろから使用されたものであって、貴族官人らの対外意識の高まりから、大倭をさけて日本を称し、『日本書紀』の編者がそれをうけて日本と改めたものである。それは『日本書紀』の正式の書名が『日本紀』であり、成立の後に官人の書として講筵《こうえん》が開かれたという、この史書の性格にふさわしい書きぶりでもあった。

『万葉集』においても、いわゆる畿内ヤマトには倭が最も多く使用されている。この歌集でも大和の用字はほとんどなく、わずかに和が見えるのみである。延暦十六年（七九七）に最終的完成を見た六国史《りっこくし》二番めの『続日本紀《しょくにほんぎ》』においても、天平九年（七三七）十二月までは、大倭国と記されている。すなわち畿内ヤマトの国は大倭国（大宝二年三月の条その他）とされ、その国造《くにのみやつこ》は大倭国造（養老七年十月の条その他）と書かれているのである。奈良時代の天皇による宣命《せんみょう》（国文体の詔勅）を見ても、ヤマトには倭が当てられていた。

大倭の名はまず中国で「倭」と同様に使われ、それがヤマトに借字されることになったが、大倭はいったいいつ大和と改められたのであろうか。大和の用例の確実なのは、養老年間（通説は養老二年＝七一八年）に「大宝令」を改修してできた「養老令」の条文である。そこには、はっきりと大和と記述されている。たとえば、「田令」の官田（皇室の供御田など）の規定を見ると、

畿内に官田を置かむことは、大和摂津に各三十町、河内山背《やましろ》に各二十町。

と見えている。ところで、「養老令」の前（七〇一年）に完成した大宝令においてはどうであったか。その令文は伝わっていないので、その全部を知ることはもとより不可能である。しかし、天平十年（七三八）のころにできた「大宝令」の注釈書『古記』によって、そのおよそを復元することができる。『古記』を手がかりとしてヤマトの用字をうかがってみると、「大宝令」ではまだ大和は用いられてはいない。「大宝職員令《しきいんりよう》」には「大倭」とあり、『古記』所引の『別記』にも「倭国」とある。

事実、前述のように天平九年（七三七）までは大倭国が正式のヤマト国名であったし（天平九年十二月から天平十九年三月までは大養徳国）、天平十九年（七四七）以後になって、ふたたび大倭国が復活してくるのである。それなら、「養老令」はすでに養老二年（七一八）のころにできているのに、なぜその時から大倭を大和に改めなかったのかという疑問がわいてくる。けれども、「養老令」が施行されたのは、完成後かなりの時日を経過した天平宝字元年（七五七）五月のことであ

った。その施行は遅れている。したがって『続日本紀』においても、大和という用字が記述のうえに見えてくるのは天平宝字元年以後となる。

大和の字が出現する時期については、次のような説が唱えられている。平安時代の末ごろにつくられた『色葉和名《いろはわみょう》』という書を増補してできた『伊呂波字類抄《いろはじるいしょう》』では、大和は天平勝宝元年(七四九)から用いたとのべられている。だが『続日本紀』を見るとわかるように、その時期は「大倭国の金光明寺」とか、「大倭宿禰小東人《こあずまびと》」とかのように(天平勝宝元年、同二年の条)、まだ大和は使われていない。また中世公卿の備忘録ともいうべき『拾芥抄《しゅうかいしょう》』にも、天平勝宝年中(七四九—七五七)に、大倭国を改めて大和国にしたと記述しているが、実際は天平宝字元年(七五七)の養老令施行以後であった。だから、その年の十二月の条には、前に「大倭宿禰小東人」などと書いていたのを「大和宿禰長岡」などとしるすようになるのであるし、それ以後、大和国・大和神山などの用例も増加してくる。以前には皇子名として「倭王」と書いていたのを「和王」と記述するのも、天平宝字年間からであった。したがって「大和」王権とは書かずに「ヤマト」王権と表記してきたのである。

それなら古代の人びとは奈良盆地東南部を、だれがクニづくりをしたと信じていたのであろうか。そこで参考になるのは、先述した桜井市三輪の三輪山を神奈備として、今もなお神体山として本殿のない、大神《おおみわ》神社の祭神大物主《おおものぬし》大神がヤマトの国づくりをしたとする『日本書紀』崇神天皇八年四月の条に収める歌である。

〃この御酒《みき》は　我が御酒ならず　椰磨等《やまと》成す　大物主の　醸《か》みし御酒　幾久《いくひさ》　幾久〃と詠まれている。

この歌では大物主神がヤマトの国を作り成したと歌いあげる。奈良盆地の東南部を古くは「ヤマト」とよんだとする説と関係があるかもしれない。神が国を作るという信仰は『日本書紀』（巻第一の第六の「一書」）に「国作る大己貴命《おおなむちのみこと》」とあり、また『出雲国風土記』が大穴持命《おおなもちのみこと》を「国つくりましし大穴持命」と特筆して「所造天下大神命」（八例）、「所造天下大神」（十一例、註に一例）としるすのにもうかがわれるが、古代の支配者層の人びとはこれを歴史化して、崇神天皇を『古事記』は「初国知らしし御真木天皇」、『日本書紀』は「御肇国天皇」とする。そして崇神天皇をミマキイリヒコイニエノミコトとし、つぎの垂仁天皇（崇神天皇の子）をイクメイリヒコイサチノミコトと称している。このイリヒコの両者の名は古代の他の天皇の和風の諡《おくりな》に一例もない。後の諡を反映させた名とは全く考えられない。

それればかりか崇神・垂仁両天皇の王子・王女は、たとえば『古事記』では崇神天皇の王子・王女にトヨキイリヒコ、トヨスキイリヒメ、オオイリキ、ヤサカノイリヒコ、トオチノイリヒメ、イクメイリヒコイサチ（垂仁天皇）、垂仁天皇の王子・王女にイニシキイリヒコ、ワカキノイリヒコ、フタヂノイリヒメというように、天皇ばかりでなくイリを名乗っている。

このようなありようは『日本書紀』でも同様であって、崇神天皇の王子・王女にはイクメイリヒコイサチ、トヨキイリヒコ、トヨスキイリヒメ、ヤサカイリヒコ、ヌナキイリヒメ、トオチニイリヒメが名を連ねる。そして垂仁天皇の王子にイニシキイリヒコ、ワカキニイリヒコが生まれる。

なぜ崇神・垂仁とその王子・王女などにイリヒコ・イリヒメが多いのか。その疑問に対して聟入婚の習俗の反映とみなす説があるけれども、イリヒコの場合はそれで説明できても、イリヒメはどうなるのか。入り聟説では説明することはできない。『日本書紀』（巻第一）のミケイリノノミコトや『同』（巻第九）の事代主神《ことしろぬし》の別名タマクシイリヒコのイリ、すなわち入来するイリと考えた方がより合理的であろう。崇神天皇は磯城の水垣宮に、垂仁天皇は磯城の玉垣宮に宮居したと伝えるが、三輪山を中心とする山塊がとりまく地域をはじめは掌握することができず、イリがその名辞に入ったと考える方がよさそうである。

イリヒコ・イリヒメのイリ王権（三輪王権）が、奈良盆地東南部の地域に、古くから在住していた王権でなかったと考えられる伝承は、祭祀をめぐる状況からもうかがわれる。ヤマトの大国《おおくに》魂神《たまのかみ》（ヤマト在地の神）を王女ヌナキイリヒメにまつらせたが、この王女の髪が抜け、からだは衰弱して、まつりを執行できなかったことを『日本書紀』の崇神天皇六年の条に明記する。さらに崇神天皇七年二月の条には、たびたび災害が起って、「倭国の域内におる神大物主神」（三輪山を神奈備とする大神神社《おおみわ》の主神）の託宣によって祭祀したけれども、効験はなかったと記載する。

あらたに奈良盆地の東南部を支配した王権が当初は祭祀権を掌握できなかったありようが、これらの伝承に反映されている。しかし三輪王権の勢力を確立するようになると、三輪山の神の祭祀権を保持するようになる。その事情は『日本書紀』の崇神天皇四十八年正月の条からも推察できよう。

ミマキイリヒコイニエノミコト（崇神天皇）はその王位を兄のトヨキイリヒコにするか、弟のイクメイリヒコイサチ（垂仁天皇）にするか、夢争いをさせる。兄のトヨキイリヒコは、御諸山（三輪山）に登って、東に向って武器を用いたという夢を告げ、弟のイクメイリヒコイサチは、御諸山に登って縄を四方に張って粟を食う雀を追いやった夢を言上した。そこで崇神天皇は、兄は東の国を治め、弟は四方に心を配っているので、王位は弟に譲ると判断した。

まさに古代的な夢争いの説話だが、共に三輪山に登りとくに弟（垂仁天皇）は三輪山の四方に縄を張るというように、三輪山は三輪王権のシンボルとしての山になっているさまが物語られている。

後の代になると、『日本書紀』の敏達天皇十年二月の条がのべるように、王権に服属した東北の「蝦夷《えみし》」が三諸岳（三輪山）に向って、身を浄めて「今より以後子々孫々、清き明き心をもてみかどに事《つか》へまつらむ。臣等、もし盟《ちかい》に違《たが》はば、天地の諸《もろもろ》の神及び天皇霊、臣が種を絶滅せむ」と盟約した「天皇霊」ゆかりの山となる。「天皇霊」という用語は、折口信夫師がはじめて使ったとする説もあるが、その出典が『日本書紀』（巻第五）の敏達紀にあることを知っている人は少ない。

ところでイリ王権の時はいったいいつごろであったのであろうか。関係の史料がないので謎に包まれているが、私はかりにつぎのように考えている。『魏書』東夷伝倭人の条には、二世紀後半に「倭国の乱」がつづき、卑弥呼が「共立」されて安定したことを記述する。死後、「更に男王を立てしも国中服せず、更に相誅殺」、卑弥呼の宗族で年十三であった女王台与を立てたと記述している。二世紀後半の倭国の乱で卑弥呼が「共立」されるまでは「本亦男子を以て王となし」とのべているから、邪馬台国の王統は男王→女王（卑弥呼）→男王→女王（台与）というようにうけつがれたことになる。

私はこの「共立」も『三国志』の『魏書』（『魏志』）の書例から考えるべきであると主張してきた。「共立」の用語をどういう場合に『魏志』が使っているかを調べねばならぬ。その上で『魏志』の書法にしたがって解釈するのが正当なすじみちである。

実際に『魏志』東夷伝のなかの中国東北地区の北に位置する夫余《ふよ》の条（夫余伝）ではつぎのようにしるす。

簡位居《かんいきょ》という王に嫡子がなく、王が死んだので、庶子の麻余《まよ》を「諸加《しょか》（馬加《ばか》・牛加《ぎゅうか》・豬加《ちょか》の官人）」が「共立」したとある。

また同じ『魏志』東夷伝のなかの高句麗の条では、伯固《はくこ》という王が死んだが、長子の抜奇《ばつき》は「不肖」であったから、小子の伊夷模《いいも》を国人が「共立」したとのべる。

これらの「共立」は、嫡子でないものが王となる場合に用いられており、王位継承の秩序にもとるさいの用例である。

いまかりに女王卑弥呼の「共立」という用字を原始的民主制の証として重視するなら、卑弥呼の死後に一時男王となったとする例では「男王を立てしも」とあって「共立」となく、また宗女台与が女王となったさいにも「年十三なるを立てて王となし」とあって、やはり「共立」と書かれていない点はどうなるのか。

「共立」の字にこだわって「原始的民主制」とか「部族同盟」のあかしとかとする見解はあまり生産的ではない。『魏志』倭人の条には、「共立」の実体がなんであったかをしるしていない。いわゆる「魏志倭人伝」の吟味は二千字たらずの倭人の条だけでは不十分となる。東夷伝のなかの倭人の条であるから、少なくとも東夷伝の他の条でどのように記述されているかを参照しなければならない。（『倭国の世界』講談社現代新書）。

前掲の夫余の場合には、「諸加」が「共立」したとし、高句麗の場合では、「国人」が「共立」したとする。「諸加」（馬加・牛加・豬加）とは夫余王のもとの「官」であり、「国人」とは王の宗族とみなされるので、卑弥呼「共立」の主体は、邪馬台国および周辺の支配者層とみなすべきではないか。

ところで邪馬台国論争では台与までで終っている例が多いけれども、中国の史籍はその後についてもしるしていることを軽視するわけにはいかない。初唐の姚思廉《ようしれん》が貞観三年（六二七）にまとめた『梁書《りょうしょ》』諸夷伝には、台与の後について「その後復男王を立てて、並《ならび》に中国の爵命《しゃくめい》を受く」と書き、さらに初唐の李延寿《りえんじゅ》が編集した『北史』もまた《また》全く同じように「その後復男王を立てて、并に中国の爵命を受く」と記述する。

台与のあとに男王が立って中国の冊封《さくほう》のもとに存在したことがわかる。イリ王権（三輪王権）の時代は台与のあとの男王の時期以降であったであろう。そしてその王権はおそらく吉備（岡山県）あたりの勢力などとのつながりをもって、奈良盆地の東南部を掌握したのではないか。

二世紀後半の倭国の乱を媒体に、北九州の前期邪馬台国は東遷して、後期のいわゆる畿内の地域へ移動したと考えているが（「邪馬台国の内実」、『古代国家そして朝鮮文化』角川学芸出版）、四世紀のころには奈良盆地東南部の地域を掌握してイリヒコ・イリヒメを名乗ったのではないか。三輪王朝の成立については、なお多くの謎が渦巻いている。おそらく吉備あたりの勢力などとのつながりをもっていたと仮定しているが、そのひとつの例は桜井市辻の纏向遺跡から注目すべき木製の仮面がみつかっていることである。弥生時代に入ると土製の仮面は少なくなって木製の仮面が登場してくる。纒向遺跡出土の木製仮面はその象徴的な仮面であり、銅鐸のマツリが終って、あらたなカミ（たとえば祖先のミタママツリ）が行なわれるようになるプロセスに対応するかのようである。岡山県倉敷市の楯築遺跡の墳丘墓上にまつられている楯築神社の神体石（亀石）に刻まれた弧文をめぐらす弧帯文のなかの顔と纒向の木製仮面に共通する要素があるのをたんなる偶然とは思われない。

奈良盆地とりわけその東南部を掌握し、ヤマトを中心に周辺を統治したミマキイリヒコ王であったからこそ「初国知らしし御真木天皇」（『記』）、「御肇国天皇」（『紀』）と称されたのではないか。

## 2　河内王朝の始祖

応神天皇（ホムダワケ大王）はそれまでの王権とは異なった新王朝とする見解が、それぞれの立場から主張されている。まず第一に、和風の諡が、景行天皇がオオタラシヒコオシロワケ、成務天皇がワカタラシヒコ、仲哀天皇がタラシナカツヒコ、神功皇后がオキナガタラシヒメというように、後の舒明天皇はオキナガタラシヒヒロヌカ、皇極（斉明）天皇はアメトヨタカライカシヒタラシヒメという。応神天皇以前の大王の諡に、後の大王（天皇）のタラシヒコ・タラシヒメ・タラシの諡と共通するところがあって、後世によって加工された形跡がある。それに対して、応神天皇の和風の諡はホムダワケ、履中天皇はオオエノイザホワケ、反正天皇はタジヒノミズハワケというとおり、ワケを称する大王が多い点である。そしてホムダ・イザホ・ミズハなどは諡ではなく諱《いかる》（実名）にもとづくと考えられる。四世紀の三輪王権を和風諡号にもとづいてイリ王権とよび、奈良盆地から河内平野へ拠点を移し、巨大な前方後円墳を構築した五世紀の河内王朝をワケ王朝とよんだのは（『大和朝廷』講談社学術文庫）、その名にワケがついているのにもとづく。

河内王朝を河内政権とよぶ説もあるが、三輪王権では内廷（宮中）はあっても、外朝ともよぶべき政府の官人組織が未整備であり、辛亥年（四七一）の埼玉県行田市の稲荷山古墳出土のワカタケル（雄略）大王が「治天下」の大王であることを物語る鉄剣銘文などによって、後述するように「杖刀人」や「典曹人」などの官人体制はできあがっていたと思われるので、私はあえて河内王朝とよんできた。

辛亥銘鉄剣には被葬者であるオワケノオミは「世々」、「杖刀人首」として奉仕してきたとしるす。「杖刀」とは天平勝宝八年（七五六）の『東大寺献物帳』にみえる「杖刀」と同じであり、儀杖用の刀を指す。すなわち「杖刀人首」とは杖刀をおびて大王の側近に仕える武人の官人の長である。熊本県和合《なごみ》町の五世紀後半の江田船山古墳の大刀銘文にはワカタケル大王がやはり「治天下」の「大王」であり、「典曹人无利弖《むりて》」という官職と名がみえている。この「典曹人」とは『三国志』の『蜀書』にみえる「典曹都尉」と同じように文書・記録の仕事を担当する官人であり、官人制は少なくとも五世紀後半に成立していたと考えられる。

そして「治天下」という用語は『孟子』・『漢書』・『三国志』の『魏書』・北魏の『魏書』などにあって、中国の皇帝の徳は天下のすべてに行きわたるべきものとする世界観にもとづく。それを倭国のみならず朝鮮半島の一部まで及ぶ「治天下」として東夷の倭国の大王が使っているのは、私のいう日本版中華思想を反映しており、中国の冊封体制のもとにありながらも、「中国の天下」よりの離脱、さらに自立をめざす動向を示唆する。

実際に順帝の昇明二年（四七八）の宋への遣使から開皇二十年（六〇〇、推古天皇八年）の遣隋使まで朝貢せず、隋の煬帝《ようだい》の大業三年（六〇七、推古天皇十五年）の国書では「日出づる処の天子、書を日没する処の天子に致す」と書いて、「蛮夷の書、無礼なる者あらば、また以って聞するなかれ」と煬帝を激怒させた。

俗に中国を「日没する処」と書いたので煬帝が怒ったといわれているがそうではない。たとえば夕暮れを「日入」とよんだことは、「天寿国繡帳銘」に「癸酉《みずのととり》日入」、『伊吉連博徳書《いきのむらじはかとこのしょ》』に「十五日日入」などとあり、「日入」という用語は中国の古典にみえるにとどまらず、天平五年（七三三）の遣唐使の場合、唐を「日入国」とよんでいるように（『万葉集』巻第一九、四二四五）、隋を「日没する処」と称したのが問題になったのではない。

問題なのは、東夷の倭国の王者が「日出づる処の天子」を名乗った箇所にあった。そしてその前提は、倭国の王者が「治天下大王」を称して、冊封体制より自立化しようとしたところにすでに用意されていたとみなすことができよう。遣隋使も朝貢使であった。にもかかわらず、倭国王が隋の皇帝から爵号・官職や軍号などを与えられた確認はない（使節には爵号・官職などは贈与されている）。

しかもその「治天下」には、倭国のみならず朝鮮半島の一部を視野に入れていたことは、『宋書』（夷蛮伝）にたとえば倭国王の讃（私見では履中天皇）が、「太祖の元嘉二年（四二五）、讃、又司馬曹達を遣わして表を奉り方物を献ず。讃死して弟珍（私見では反正天皇）立つ。使を遣わして貢献し、自ら使持節都督倭・百済・新羅・任那・秦韓・慕韓六国諸軍事・安東大将軍・倭国王と称し、表して除正せられんことを求む」とあるのをみてもわかる。百済や新羅などをはじめとする朝鮮の国々などを「倭」を含む「六国諸軍事安東大将軍」たらんとしたのである（「倭の五王の実相」、『「古代学」とは何か』藤原書店）。

この五世紀の時代には、巨大な前方後円墳が構築された。それらは王者の権威のシンボルであり、モニュメントである。その巨大な前方後円墳中、全長が二八〇メートルを超える前方後円墳は十一基ある。その分布は河内国三基・和泉国三基・大和国三基・備中国二基となる。ここで和泉国というのは、天平勝宝九年（天平宝字元年＝七五七）の五月に、河内国南部の大鳥郡・和泉郡・日根郡をあらたに和泉国として分立した地域であり、和泉国の地域はもともとは河内国に属していた。したがって、河内国（和泉国を含む）の中の分布は六基となり、他の地域よりはるかに多い。この十一基の中には、六世紀後半のころと推定されている河内の大塚山古墳や大和の見瀬丸山古墳が含まれているが、その他はいずれも五世紀代の古墳と考えられている。

なぜ五世紀代の巨大な前方後円墳が河内に集中しているのか。その点についての私見は後述するが、その巨大古墳の第一位に位置するのが大山《だいせん》古墳（伝仁徳天皇陵）である。大山古墳に代表される百舌鳥《もず》古墳群は、北は堺市堺区北三国ヶ丘町、南は中区土師町、東は北区中百舌鳥町、西は堺区石津町まで、東西・南北とも約四キロばかりの間に分布する。もと百基をこえる古墳が存在したが、戦後の開発などもあって現在墳丘のある古墳は四七基である。

この大山古墳の東方約十・五キロに誉田山《こんだやま》古墳（伝応神天皇陵）が位置し、その誉田山古墳に象徴されるのが、古市《ふるいち》古墳群である。その範囲は北に津堂城山古墳、東に市ノ山古墳、南に白髪山古墳、西に高鷲丸山古墳の東西約二キロ、南北約四キロの地域に分布する。もと百五十基ばかりあったが、現在は八十七基という。そして、東西に並ぶこの二つの古墳群の北辺を長尾街道、南辺を竹内街道が通り、古道が両古墳群をつなぐ形になっている。

この両古墳群は東西十四キロ、南北三十キロ（津堂城山古墳は除く）の長方形の区画内にあって、「本来一つの古墳群を形成する予定の地域であった」とみなす注目すべき見解もある。

古代日本の前方後円墳といえば、多くの人々がまず大山古墳をあげるにちがいない。全長約四八六メートル、平面積四七万平方メートルで、もと三重の壕をめぐらしていた大山古墳は、たしかに最大級の前方後円墳である。ただし大山古墳を世界最大の墳墓といい得るかどうかについては、すでに疑問が提起されている（中井正弘『仁徳陵』創元社、一九九二）。たしかに墳丘の長さは秦の始皇帝陵の三五〇メートル、クフ王のピラミッドの二三〇メートルよりは長いが、クフ王のピラミッドの高さは一四六メートル、始皇帝陵の高さは七六メートルあって、その容積や高さは世界最大とはいいがたい。また、大山古墳の全長は誉田山古墳の約四三〇メートルより長いが、表面積や総容量では大山古墳よりも誉田山古墳の方が上回るとみなす説もある。

だが、甲子園球場が一二も入る面積を有し、その築造には古代の工法で、ピーク時一日二〇〇〇人の作業者で延べ六八〇万七〇〇〇人、工期十五年を要すると推計されている大山古墳（大林組「現代技術と古代技術の比較による『仁徳天皇陵の建設』」、『季刊大林』二〇号、一九八五）が、日本の前方後円墳を代表する最大級の墳墓であったことはたしかである。

こうした百舌鳥古墳群や古市古墳群の中の五世紀代の巨大古墳の存在は、五世紀における倭王権のありようを反映する文化遺産として改めて注目する必要がある。

「ローマは一日にしてならず」といわれるように、ヤマト朝廷も一挙に確立したわけではない。その前提には三、四世紀の段階があり、そして五、六世紀の展開がある。そのコースも奈良盆地を拠点とする王権が、放射状に王権を拡大した単系の発展とみなすわけにはいかない。昭和四十二年（一九六七）一月の『大和朝廷』で、大和の三輪王権から河内に拠点をおく王朝へと展開する仮説を提起したのも単系王朝論に疑問をいだいていたからである。

その河内王朝のはじめに登場するのが應神天皇である。『古事記』・『日本書紀』の伝承を吟味すると、應神天皇以後の記述には潤色や作為は少なく、應神朝から前の記載には後世の知識によって、作為されたと考えられる要素がかなりある。それは『記』・『紀』の編者もかなり意識したらしく、『古事記』三巻のうち上巻は神代の巻であり、中巻は神武天皇から應神天皇までで終っている。そして下巻は仁徳天皇から推古天皇の代までとする。歴史のくぎり目のひとつが應神天皇の代となっている。『日本書紀』ではどうか。『日本書紀』は三十巻で、神代巻が巻第一と巻第二で巻第三十が持統天皇紀だが、巻第十五が應神天皇紀である。『紀』でも應神朝をひとつの画期としていることがうかがえる。

直木孝次郎氏は「應神天皇はだれの子か」という節を設けて注目すべき問題を提起されている（『日本古代史と應神天皇』塙書房）。『古事記』には仲哀天皇が息長帯比売命を后として生ませた子としてホンダワケノミコト（應神天皇）をしるすが、應神天皇は仲哀天皇崩去のあとの天皇であったとする。『日本書紀』はどうか。不思議なことに「仲哀天皇紀」に應神天皇の出生記事を記述せず、神功皇后摂政前の仲哀九年十二月（仲哀没の十カ月八日の後）に至って「誉田天皇を筑紫に生む」と記載する。直木説が指摘されたように、今日の医学知識でも妊娠持続日数は平均九カ月十日とされているのとも矛盾する。しかも出産は神託によっている。

直木孝次郎氏は『日本書紀』仲哀天皇八年九月に神が最初の託宣を下したあとのある日に仲哀天皇が神の託宣を疑う言葉を口にしたので、神が再び託宣を下し、「唯今、皇后始めて有胎《はらみ》たり」とする伝承に注目し、應神天皇は仲哀天皇の子ではなく、「神の子」であることを意味すると指摘された。そして天平三年（七三一）原撰・延暦書写とみなされている『住吉大社神代記』に、仲哀天皇崩去を記述したつぎに「是に於て大神と密事あり」としるし、註に「俗に曰はく夫婦之密事に通ず」とあるのを紹介する。

直木氏も言及されているように、三品彰英博士が「父神たる神霊は神婚するや忽ち神の世界に去り行くのであって、その後に残されたものは神の御子を懐妊した女性のみである。かくして懐妊したオキナガタラシヒメは皇子を胎中に宿して新羅を征伐し、海路を凱旋して来て筑前の海辺で皇子を生むのである」（「應神天皇と神功皇后」、『増補日鮮神話伝説の研究』平凡社）とのべられているのもみのがせない。應神天皇誕生の物語を「まぎれもなく初代王誕生の神話である」とみなした倉塚曄子説（「胎中天皇の神話」、『古代の女』平凡社）もまた應神天皇誕生の物語を「初代王誕生の神話」とする。

北九州で誕生したと伝える應神天皇が奈良盆地の勢力が河内平野に伸張するのと結合して、河内王朝の始祖となって先の王朝に母系でつながるという状況ばかりではない（後述参照）。河内王朝説を主張するのは日本創世神話である国生み神話がなぜ大阪湾を舞台にくりひろげられるのか。大嘗祭の翌年、典侍が天皇の衣裳の入った箱をもって難波におもむき、ふたを開いて振り動かしてミタマフリし、祭物を海にささげるのか。これらは河内に王朝があったからであり、その伝統が守られていたからではないのか。そうした問題ともかかわりをもつからである。

仲哀天皇の子と伝えられ、河内王朝の始祖として、母系のつながりで三輪王権との史脈を保持したのは、奈良盆地から河内平野へその拠点を移した最初の王者が應神天皇であったからだと思われる。それなら應神天皇は三輪王権とどのようなつながりをもつのであろうか。『記』・『紀』の系譜を復原した直木説では、イリヒコ・イリヒメの名をもつ崇神・垂仁の王統の系譜につながる高木之入日売命（『紀』では高城入姫）と應神天皇は結ばれて、三輪王権をうけついでいったと考えられる。

諸説があるけれども、イリの名辞をもつタカキノイリヒメを娶ったとみなす説が妥当であって、井上光貞説がイリの名辞をもたぬ中日売命（『紀』では仲姫）のイリムコになったとするのは（『日本国家の起源』岩波新書）当らない。

オホド王（継体天皇）は近江国の高島（滋賀県高島市）の母振比売《ふりひめ》によって、越前の三国坂井で養育されて（『上宮』逸文）、武烈天皇崩去のあと、さきの王朝の仁賢天皇の娘手白髪郎女《たしらがのいらつめ》（『紀』では手白香皇女）を娶《めと》って前王朝とつながるのに類似する（後述参照）。

私が河内王朝を提起したのは、五世紀の巨大な前方後円墳が河内平野に集中する点ばかりではない。

## 3 應神天皇五世の孫

『日本書紀』には、應神天皇を評して「幼くしてさとくいます。はるかにみそなはすこと深く遠し。すがたふるまひのりあり、聖《ひじり》のしるしあやしきことあり」とのべ、また仁徳天皇について「幼くしてさとくさかしくましまし、みかほうるはし、壮に及びてめぐみうつくしびまします」聖帝と記載している。両天皇については最大の讃辞を惜しまないのである。ところが雄略天皇にたいしては「つねに暴《あら》く強《こわ》くまします」とのべ「朝《あした》に見《まみ》ゆる者は夕《ゆうべ》に殺され、夕に見ゆる者は朝に殺される」と記載する。そして「天下そしりてはいはく、大悪《はなはだあしく》ましまます天皇（大王）なり」とか「はなはだ道理なし、悪行主《あしくまします きみ》なり」とかと記述する。

こうした天皇（大王）観は、雄略天皇の孫にあたる武烈天皇についてもみられるところである。武烈天皇にあっては「しきりにもろもろの悪しきことをなしたまひてよきことをおさめたまはず」と記録されている。有徳の君主＝應神・仁徳天皇にたいする、悪逆の君主＝雄略・武烈両天皇という対照的な表現は、いったい何を物語っているのであろうか。

『日本書紀』編者の天皇観には儒教的な有徳思想の影響がみうけられる。だが、なぜ雄略・武烈両天皇について、女を裸にしたり、女の腹をさいて胎児をみたり、あるいは人の頭の髪を抜いて木に登らせ、その木を切り倒して殺すというような類の話が集中しているのであろうか。そこには少なくとも二つの理由が考えられる。その一つは、雄略天皇から武烈天皇のころの王朝を、古代貴族たちが専制的君主の王朝として認識していたと思われることである。

他の一つは、有徳君主像にもとづく天皇（大王）観である。有徳の君主は栄え、悪逆の天子は衰えるという思想である。『記』・『紀』の伝承によれば、雄略天皇の皇子で次の天皇になった清寧天皇には子がなく、その後継者には履中天皇の孫と伝える弘計《をけ》王（顕宗天皇）をやっと捜しだして王位につけるというありさまであった。また武烈天皇の場合にも、王位の継承者がなく、次の天皇に迎えられたのは、越前（福井県）の三国から擁立された皇子（継体天皇）であった。

王統はあやうく断絶しようとした。『古事記』はそのことについて「日つぎしろしめす王ましまさず」としるし、『日本書紀』は「みつぎ絶ゆべし」とのべている。そのような應神天皇以来の王朝が断絶の淵にのぞんでいる時に武烈天皇はなくなった。そこで、時の為政者たちは、まず第一の後継者として、丹波に住む仲哀天皇の子孫と伝える倭彦《やまとひこ》王を迎えることにした。けれども倭彦王は、身に危険を感じて山谷の奥へ逃亡してしまった。亀岡市千歳町に亀岡盆地最大の前方後円墳（全長約八〇メートル）がある。この古墳は六世紀前半の片直角型の墳墓で、その被葬者としては倭彦王説が有力である。『日本書紀』によると倭彦王は、仲哀天皇の五世の孫として描かれている。仲哀天皇の系譜自体に造作のあとがあるけれども、倭彦王をその五世の孫とする伝えもはたして史実であったかどうかは疑わしい。五世までが皇族の待遇をうけうるという、のちの法知識によって（後述参照）おそらくこのような表現がなされたのであろう。

　丹波の地域は三輪王権以来大王家と密接なつながりのあった要地であり、武烈天皇の父にあたる仁賢天皇も、かつて弟（顕宗天皇）とともに丹波にひそんでいたことがある。『日本書紀』ではこの兄弟は「丹波の小子《わらわ》」とよばれていたという。しかしこの倭彦王を迎える試みは失敗した。

　第二の候補は越前の三国で養育されていた袁本杼《おほど》王（男大迹王・オホド王）に求められた。この王は、『古事記』によれば、ホムダワケ大王（應神天皇）の五世の孫とされ、『日本書紀』ではホムダワケ大王の五世の孫にあたる彦主人《ひこぬし》王の子とされている。ともに應神天皇の流れをくむものとして描いている。しかしそれは、三世王までが皇親とされていたのを、慶雲三年（七〇六）の二月に「五世王は皇親の限《かぎり》に在らしめよ」と、「五世」までを皇親としたのに則して継体天皇が大王家の王統につながることを示したものといえよう。

　なぜ継体天皇が「ホムダワケ大王」（應神天皇）の五世の孫であることを強調化し正当化したのであろうか。そこには應神天皇が古代王統の画期とし、しかも河内王朝の始祖であったとする古代宮廷人の認識があったに違いない。

『日本書紀』は越前の「三国(福井県坂井市三国町)」に大伴金村の密使河内馬飼首《うまかいのおびと》荒籠《あらこ》がおもむいて擁立したと述べる。

『上宮記』の逸文が、オホド王の父の汙斯《うし》王は近江国の「高島」(滋賀県高島市)にいたとしるし、美麗であった布利比売(振媛)を「三国坂井県」から「人を遣《つかわ》して召上《めしあぐ》」と書いているから、オホド王は近江の高島で生まれたと考えてよい。『日本書紀』にも「近江国高嶋郡三尾別業」が記載されている。ただしこの「国郡里」制による表記は、後の行政区分による表記であって、『和名類聚抄』では「三尾郷」とするす。オホド王が近江の三尾君を祖とする若比売をはじめとして三人の近江出身の娘をキサキ(妃)としているのも、オホド王の近江との深いつながりを物語る。オホド王は近江の高島で生まれ、越前の「高向」(福井県坂井市丸岡町、『和名類聚抄』の高向郷)で養育されたのであろう。

福井県武生《たけふ》盆地は三国の津(港)を背景に、水陸交通の要地であった。したがって、ヤマト王権とかかわりの深い三国県《みくにのあがた》があって、北ツ海(日本海)側の県制の東限ともなった。その三国の地とオホド王がかかわりをもったとする伝承は、それなりに興味深い。北ツ海を媒介に朝鮮半島などとの交易も古くから行われていた。

『日本書紀』の垂仁天皇二年是歳の条に、別伝(「一に云はく」)として崇神天皇の代、意富加羅《おほから》国

（金官大加耶）の王子とする都怒我阿羅斯等《つぬがあらしと》が笥飯浦《けひのうら》（敦賀市気比の浦）に渡来した逸話を記述する。

越前の地域と朝鮮半島南部との関係は、韓国高霊郡池山洞三十二号墳から出土した金銅の冠と福井県永平寺町松岡の二本松山古墳から出土した鍍金と鍍銀の冠が類似するのにもうかがわれる。福井県若狭町の十善《じゅうぜん》の森古墳出土の冠、さらに高島市の鴨稲荷山古墳出土の冠へと、私のいう冠の道がつながる。高島市の鴨稲荷山古墳の所在地は、オホド王の父の汙斯王（彦主人王）ゆかりの場所であって示唆にとむ。

なぜオホドは大和で即位せずに、なに故に河内の樟葉宮（大阪府枚方市樟葉）で即位したのか。その第一はオホド王の擁立を積極的に推進したのは大伴金村であり、大伴氏は河内に本拠をおいて大連となった氏族であった。そしてその密使となったのが河内の馬飼首荒籠である。河内の地域で五世紀のころから馬の飼育が行われて、馬の牧《まき》などがあったことは、四条畷市の蔀屋北《しとみやきた》遺跡や鎌田遺跡あるいは奈良井遺跡をはじめとして馬骨が多数みつかっているのにもうかがうことができる。

したがって、『日本書紀』に「河内飼部《うまかいべ》」（履中天皇五年九月の条）・「河内馬飼首歌依」（欽明天皇二十三年六月の条）・「河内馬飼造《みやつこ》」（天武天皇十二年九月の条）などとあるほか、娑羅々《さらら》馬飼造や菟野《うの》馬飼造も河内を本貫とし、河内に馬飼の集団が濃密に分布していたことがわかる。

馬史《うまのふひと》・馬首《うまのおびと》は百済・加耶系の漢《あや》氏の氏族であり、天平神護元年（七六五）に武生《たけふ》連に改氏姓した。馬昆登《ひと》（馬史）国人《くにひと》の本貫が河内の伎人《くれ》郷にあったことは『万葉集』（巻第二〇、四四五七―九）でもたしかめられる。『延喜式』の左右馬寮によっても、河内の馬飼戸の数がもっとも多い。ホムダワケ大王（應神天皇）にはじまる河内王朝、その「五世の孫」とするオホド王を、河内を本拠とした大伴氏そして河内の馬飼グループが擁立したのも、たんなる偶然ではない。

第二に、河内に基盤を有する大伴氏らが擁立し、連姓グループが勢力の結集をはかり、河内の茨田連《まむたのむらじ》の娘をキサキとして迎えるという状況のほかに、樟葉宮が所在する枚方の地域は、淀川水系の要衝であり、渡来系の人びととのつながりが深かったことも軽視できない。

「ヒラカタ」の地名が古文献にみえる早い例は、『日本書紀』の継体天皇二十四年十月の条にみえる歌の「比攞哿駄《ひらかた》」である。その歌には「ひらかた（枚方）」から笛を吹いて淀川を上るさまが詠みこまれている。ついで『播磨国風土記』の揖保《いぼ》郡の枚方里の伝承がある。河内国の茨田郡枚方里の漢人が播磨のこの地に来り住みついたので「枚方」という地名になったという地名起源の伝承がそれである。その地は現在の兵庫県太子町の平方のあたりになる。

この「ヒラカタ」の地名の由来を物語る史料としてみのがせないのは、『石山日記』の永禄二年（一五五九）十二月九日の条に「平潟」と書いている例である。「ひらかた」の由来が淀川につながる平らなラグーン（潟）であったことを物語る。樟葉宮が淀川水系の平潟の近くに位置していたことを改めて注目したい。

もとよりそこには大和の臣姓グループを中心とする勢力がオホド王の大和入りを阻止する動きがあった。それなら山背（山城・京都府南部）で即位すればよいのに、河内の樟葉宮で即位したのにはそれなりの理由があったといわねばならぬ。

『日本書紀』の本文では、即位のあと二〇年ばかりを経て、継体天皇二十年の九月に大和の磐余《いわれの》玉穂宮《たまほのみや》（奈良県桜井市池之内のあたり）に入ったとする。ただし別伝（「一本《あるほん》」）によれば「七年」をしるす。いずれにしても、河内の樟葉・山背《やましろ》（城）の筒城《つつき》・弟国《おとくに》の各宮を遍歴して大和入りしたことになる。『日本書紀』の本文にしたがえば、なかなか大和へ入ることができず、大和入りしてからわずか四年半ばかりでオホド大王（継体天皇）は崩去した。オホド王の即位についても河内王朝の始祖應神天皇とのかかわりを軽視するわけにはいかない。

オホド大王（継体天皇）の即位でみのがせないのは、『日本書紀』が「鏡剣の璽符」を大伴金村がたてまつると明記し、前述したようにオホド王がオケ王（仁賢天皇）の娘の手白香《たしらか》王女を娶っていることである。古代における大王・天皇のレガリア（神璽）が二種（鏡・剣）であったことは、持統天皇四年（六九〇）正月の正式の即位のおりに「神璽の剣・鏡を皇后（天武天皇の鸕野《うの》皇后・持統女帝）に奉上」したとあるのをはじめとして、「大宝令」・「養老令」や『古語拾遺』などにもはっきりとしるすとおりである。レガリアを「三種の宝物（剣・鏡・玉）」とするたしかな例は冷泉天皇から後深草天皇までの編年体の記録である『百錬抄《ひゃくれんしょう》』の後嵯峨天皇即位の仁治三年（一二四二）正月の条の「三種宝物」の記事からであった。

継体天皇以前では、『日本書紀』の允恭天皇元年十二月の条では「璽符」、雄略天皇元年十二月の条では「璽」、顕宗天皇即位前紀には「璽」とみえるだけで、具体的な内容は一切書かれていない。それなのにオホド大王の即位では、はじめて「鏡剣の璽符」と二種の神器がレガリアになっている。このことは『日本書紀』の編者が、王統断絶の危機のなかで擁立された継体大王の即位を正当として重視していることを示す。

いまはオホド大王の即位について顧みたにすぎないが、継体天皇を應神天皇の「五世の孫」とし、継体天皇が河内の樟葉宮で即位したありようにも、河内王朝とのかかわりをうかがうことができるのは興味深い。

# 大和三山と国見の歌

## 1　三山の伝承

奈良盆地の東南部、橿原市の東部にあって、明日香村の飛鳥浄御原宮の北方一・五キロに位置する標高一四八メートルの小山が天香具山《あめのかぐやま》である。その香具山の北西にみえるのが標高一三九・七メートルの耳梨山《みみなし》であり、その西南橿原市畝傍町に位置するのが、標高一九九メートルの畝傍《うねび》山である。この三山が大和三山とよばれる。

この三山のなかで「天」がつくのは天香具山のみで、奈良盆地の山々の中でも「天」のつく山はほとんどない。持統天皇四年（六九〇）正月の即位の儀式や同五年十一月の大嘗祭で中臣大嶋が「天神寿詞《あまつかみのよごと》」を奏上しているが（後述参照）、この中臣氏の奏する「天神寿詞」は、「中臣寿詞」とも称され、そのなかに「天の二上《ふたかみ》」とみえるけれども、この二上は奈良県葛城市の二上山のことではなく、高天原にあったと伝える二つの峰を意味する。

香具山が高天原の香具山と強く意識されていたことは、『古事記』上巻の天照大御神が天の石屋戸に隠れた神話のなかで石屋戸を開くために、「天香山《かぐやま》（香具山）の五百津《いほつ》真賢《まさか》木を根こじにこじて」と物語られ、さらに天宇受売命《あめのうずめのみこと》が「天香山の小竹葉《ささば》を手草《たぐさ》に結《ゆ》ひて」と記述されているのにも明らかである。また『日本書紀』の巻第一に天照大神が天石窟《あめのいわや》に隠れ、同じく磐戸《いわと》開きをするさいに「天香山（香具山）の五百箇《いほつ》の真坂《まさか》樹を根こじにこじて」と記載されているのをみてもわかる。

天香具山が聖なる山とみなされていたことは、『万葉集』巻第三に〝天降《あも》りつく　神の香具山〟（二六〇）と歌われ、さらに『日本書紀』巻第三の神武天皇の即位前紀に神日本磐余彦《かんやまといわれひこ》（神武天皇）が大和の八十梟師《やそたける》を討伐したとする説話のなかで、天香具山の埴土《はにつち》（土器などを作る土）で聖なる神まつりの厳瓮《いつべ》を作って天神・地祇を祭ったと伝えたり、さらに『日本書紀』巻第五崇神天皇十年九月の条に、武埴安彦《たけはにやすひこ》の妻がひそかに「倭《やまと》の香山《かぐやま》」の土を取って「是《これ》、倭国《やまとのくに》の物実《ものしろ》」と申して謀反したとするのにも反映されている。実際に天香具山の土にはカオリナイトが含まれており、土器を作るのに適していたという。

それればかりではない。『伊予国風土記』逸文には、天の山が二つに分れて地上に降りた時、ひとつが大和の香具山となり、他のひとつが伊予の天山《あまやま》になったと伝える。同類の伝承が『阿波国風土記』逸文にもみえているのも興味深い。

畝傍山も『万葉集』巻第一の柿本人麻呂の歌に〝玉だすき　畝傍の山の　橿原の　ひじりの御代ゆ　生れましし神のことごと〟(二九)と神武天皇とのかかわりが詠まれているが、高天原の山とは考えられていなかった。

ただし畝傍山とその周辺には神武天皇から開化天皇までの間の天皇の宮や山稜の伝承が多く、蘇我氏とのゆかりもあって、その東南の地軽(橿原市大軽町から石川町のあたり)には蘇我稲目・馬子の邸宅があり、蘇我氏がこの地から大和飛鳥へ勢力を伸張させていったこともみのがせない。そして皇極天皇の代には蝦夷《えみし》が畝傍山の東に居宅を設け城塞を築いたことが注意される。

しかし天香具山のような伝承はなく、三山伝承のなかでもっとも注目すべきはやはり天香具山であった。天香具山には『延喜式』所収の神名帳に大和国十市郡の大社として天香山の神社があり、本殿の背後には巨大な磐座《いわくら》があって、天香具山が神聖視される要素のひとつとなっている。

ついでながらにいえば、耳梨山は俗に「くちなし山」ともよばれ、『古今和歌集』にも〝耳なしの　山のくちなし得てしかも〟と歌われている。なお『日本書紀』巻第二十二の推古天皇九年(六〇一)五月の条には「耳梨行宮」が書かれており、『万葉集』巻第十六には三人の男から求愛された娘子が耳梨池に思い悩んで入水した歌が収められている（三七八八―三七九〇）。

## 2　恋争いと口頭伝承

『万葉集』の大和三山といえば、多くの人が巻第一の中大兄皇子（後の天智天皇）が詠んだと伝える、つぎの「三山の歌」を想起する。

香具山《かぐやま》は　畝傍《うねび》ををしと　耳梨《みみなし》と　相争《あひあらそ》ひき　神代《かみよ》より　かくにあるらし　古《いにしへ》も　然《しか》にあれこそ　うつせみも　妻を　争《あらそ》ふらしき　（十三）

反　歌

香具山と　耳梨山と　あひし時　立ちて見に来《こ》し　印南国原《いなみくにはら》　（十四）

この三山の性別については、「ををし」を契沖が『万葉代匠記』で「を愛し」と古典に用例のない解釈をして、畝傍山を女山と解釈したのをはじめとして、畝傍山を女山とする説が有力化したが、澤瀉久孝説が『万葉注釈』で詳述されたように、畝傍山は「雄心」（『万葉集』巻第十二・二八七五）の歌詞などからもうかがわれるように、原文の「雄男志」は「雄々し」と解して、男山とみなすべきであろうとされた。折口信夫説は『口訳万葉集』で畝傍山を男山とし、他の二山を女山としたが、山の形からしても折口説が当っていよう。澤瀉説は畝傍山を男山としながら、耳梨山も男山として「雄々しき」男山と畝傍山の「雄々しさ」を持たぬ男山とを、「眼前に眺めて、耳成（耳梨）に対する不満を抱きそめた女性香具山の心理」がこの「雄々しと」に示されていえるのではないかとされた。そして女山（香具山）から近い位置にある男山（耳成）にまず言いよられた女山が、後にややへだたった位置にある雄々しい男山（畝傍）に心を移すという物語性を強調された。澤瀉説にも、それなりの理由があるが、私自身は折口説に親近感をもつ。山の高さからいっても、畝傍山がもっとも高くて、「雄々しと」の表現にふさわしく、他の二山は畝傍山より約五〇メートルばかり低い。

ところで『万葉集』には「ををし」の用語が他にみえないのはなぜであろうか。仙覚は『万葉集注釈』で、この歌句にまつわる「口碑」（口頭伝承）に注目したが、私も男山の「雄々しさ」を求める三山の恋争いが、もともと口頭伝承として伝えられていたことがこの歌の背景にあると考えてきた。

その「反歌」に〝立ちて見に来し印南国原《いなみくにはら》〟とあるのを重視したい。というのはこの三山の争いは大和国のなかだけで伝えられていたのではなく、「印南国原」（兵庫県の加古郡および加古川市・明石市の地域）も介入しており、実際に霊亀三年（七一七）の郷里制が実施される前の霊亀元年のころに成書化した『播磨国風土記』の揖保《いぼ》郡上岡の里の条には「大倭《やまと》国の畝火・香山・耳梨、三つの山相争ふと聞かして」と明記するように、三山の恋争いが口頭伝承として播磨国にも伝わっていたからである。

## 3　大和飛鳥と藤原京

古代の飛鳥は奈良盆地のなかの大和飛鳥だけではない。『日本書紀』の雄略天皇九年七月の条に、河内国が言上したとする分のなかに「飛鳥戸《あすかべ》郡」とみえるのは、河内の飛鳥であった。もっとも、ここに「郡」と表記するのは「大宝令」以後であって、大阪府東大阪市高井田の鳥坂《とさか》寺跡から出土し平瓦のヘラがきに「飛鳥（戸）評」とあるように、もとは飛鳥戸評であった。この評制が朝鮮三国の行政単位として実施されていたことは、新羅の啄評（『梁書』）高句麗の内評・外評（『隋書』）、百済の背評（『日本書紀』継体天皇二十四年九月の条）によってわかる。

実際に『日本書紀』の履中天皇即位前紀にみえる「飛鳥山」は河内飛鳥であり、『万葉集』巻第十の〝明日香河　黄葉《もみじば》流る　葛木の　山の木の葉は　今し散るらし〟（二二一〇）の明日香河は、大和飛鳥の飛鳥川ではなく、やはり今も流れる河内飛鳥の飛鳥川であった。『万葉集』巻第十六の「乞食者の詠」の〝今日今日と　飛鳥に至り　立てども　置勿《おくな》に到り〟（三八八六）の置勿が、大和高田市の奥田のあたりであったように、大和飛鳥に入る前の河内飛鳥を「乞食者の詠」でも

「飛鳥」と歌っている。河内の飛鳥戸郡は好字二字の安宿郡と書かれるようになり、明治二十九年（一八九六）に南河内郡に編入された。

飛鳥は平城《なら》にも存在した。『万葉集』巻第六の〝古郷《ふるさと》の飛鳥はあれど　あをによし　平城の明日香を　みらくしよしも〟（九九二）の「古郷の飛鳥」は大和飛鳥だが、この「平城の明日香」は飛鳥寺が大和飛鳥から平安外京に移って元興寺となったあたりの地域を指す。元興寺の旧境内地に明日香井があり、流れる小川を飛鳥川、その地域の鎮守を飛鳥神社として祭祀した。

和歌山県新宮市にも飛鳥がある。熊野川河口の右岸地帯で、蓬莱山のふもとには飛鳥社があり（『続紀伊風土記』・『熊野権現垂跡縁起』）、藤原宗忠の『中右記』の天仁二年（一一〇九）十月二十七日の条には「参阿須賀《あすか》王子奉幣」とみえる。

飛鳥といえば奈良県明日香村と思っている人が多いけれどもそれは誤りである。大和飛鳥以外にも前述のとおりに飛鳥があるばかりでなく、明日香村のなかでも、高松塚壁画古墳はキトラ壁画古墳のある檜前《ひのくま》（檜隈）は飛鳥檜前とはいわず、小墾田宮や豊浦《とゆら》を飛鳥小墾宮・飛鳥豊浦宮とはよばないように、古代の大和飛鳥はイコール明日香村ではなかった。

古代の明日香については「二つの飛鳥新考」（『「大和魂」の再発見』所収、藤原書店）で詳述したが、ここで注目したいのは香具山の存在が大和飛鳥の起点になっていることである。香具山以南が大和飛鳥であって、南は橘寺の真南のミハ山までで、その飛鳥川右岸（一部左岸を含む）地帯が大和の飛鳥であった。

舒明天皇の飛鳥岡本宮から天武・持統両天皇の飛鳥浄御原宮まで、天皇（天智朝以前は大王）の宮居は主として大和飛鳥に造営されるが（後述参照）、その起点ともいうべき香具山で舒明天皇は国見をするのである。

宮居は持統天皇八年（六九四）の十二月に飛鳥浄御原宮から新益京《あらましのみやこ》に遷るが、この「新益京」という都の名じたいが、「新しく造られた広大なミヤコ」を意味していた。新益京すなわち藤原京の造営計画は天武天皇五年（六七六）に立てられ、「新城」内の田畠の耕作は禁止された。そして天武天皇十一年の三月には「新城」に使者を派遣して「新城」の地の検分を実施し、その十三年三月には天皇みずからが「京師」を巡行して「宮室の地」を定めた。

発掘調査によって藤原京の下層からは天武朝の二時期の条坊道路がみつかり、それを無視して藤原京造営のための運河が作られたが、そこから天武天皇十一年から十四年の木簡が出土しており、天武朝から新京の造営工事が着工されたことはたしかとなった。

天武天皇崩去のあと鸕野皇后が即位して持統天皇となるが（六九〇年）、造営再開を決意し、持統天皇五年の十月十七日には、使者を遣わして地鎮祭を執行した。そして三年におよぶ造営の大工事がつづく。

『万葉集』巻第一の「藤原宮の役民の作る歌」（五〇）に詠まれているように、近江の田上山《たなかみ》で伐りだした用材を、宇治川から木津川へ運び、陸路で木津から佐保川へと運送、さらに運河でという大事業であった。

藤原京は中国周代の官制を記した『周礼《しゅらい》』(「冬官考工記」)をモデルにした、わが国はじめての条坊制の都であった。岸俊男説は奈良盆地の古道に注目し、京城の北は横大路、東は中ツ道、西は下ツ道、南は阿倍山田道によって限られた、南北十二条・東西八坊の藤原京を想定した。だが、発掘調査の結果、十条十坊の平城京に匹敵する、東西・南北とも約五・三キロの大藤原京であることが明らかとなった(ただし東南部には香具山などの丘陵を含みこんでいるので、この地域の条坊遺構などの確認は今後の課題である)。

平城京などのように内裏・大極殿・朝堂院が北に位置する北闕《ほっけつ》型とは異なり、藤原宮を構成する内裏・大極殿・朝堂院などは藤原京の中央に位置した。そして平城京の三山(東の春日山・北の奈良山・西の生駒山)とは違って、大和三山を大藤原京内にとりこみ、宮城の東南に香具山、北に耳梨山、西南に畝傍山が存在することになる。

元明天皇の和銅元年(七〇八)二月十五日の平城遷都の詔のなかには「三山鎮《しずめ》を作《な》し」とみえるが、大和三山は藤原京内の事実上の「三山の鎮」であった。『万葉集』巻第一の「藤原宮の御井の歌」では、

やすみしし　わご大君《おほきみ》　高照《たかて》らす　日の皇子《みこ》　あらたへの　藤井《ふぢゐ》が原に　大御門《おほみかど》　始めたま

ひて　埴安《はにやす》の　堤《つつみ》の上《うへ》に　あり立たし　見《め》したまへば　大和《やまと》の　青香具山《あをかぐやま》は　日の経《たて》の大《おほ》き御門《みかど》に　春山と　しみさび立てり畝傍《うねび》の　この瑞山《みづやま》は　日の緯《よこ》の　大き御門に　瑞山と山さびいます　耳梨《みみなし》の　青菅山《あをすがやま》は　背面《そとも》の　大き御門に　よろしなへ　神《かむ》さび立てり　名ぐはしき　吉野《よしの》の山は　影面《かげとも》の　大き御門ゆ　雲居《くもゐ》にそ　遠くありける　高知《たかし》るや天《あめ》の御陰《みかげ》　天知《あめし》るや　日の御陰の　水こそば　常《つね》にあらめ　御井《みゐ》の清水《すみみづ》

（五二）

と詠みあげられている。〝青香具山は　日の経の　大き御門に〟・〝畝傍の　この瑞山は　日の緯《よこ》の　大き御門に〟と、天子南面の南北軸ではなく、わが国古来の東の香具山と西の畝傍山の東西軸がまず歌われ、〝耳梨の　青菅山は　背面の　大き御門に〟と、大和三山のそれぞれが、藤原宮の宮殿のシンボル（大き御門）として位置づけられている。大藤原京と大和三山のかかわりはまことに深いとみなしてよい。

## 4　香具山の国見

『万葉集』には畝火の山にかんする歌は五首、香具山（香山・高山・芳山などを含む）にかんしては十六首、耳梨山（耳高・無耳を含む）は三首みえているが、私がかねてから注目してきたのは、『万葉集』巻第一のつぎの歌である。

天皇、香具山《かぐやま》に登りて望国《くにみ》したまふ時の御製歌《おほみうた》

山常《やまと》には　群山《むらやま》あれど　とりよろふ　天《あめ》の香具山　登り立ち　国見《くにみ》をすれば　国原《くにはら》は　煙《けぶり》立ち立つ　海原《うなはら》は　かまめ立ち立つ　うまし国そ　あきづ島　八間跡《やまと》の国は　（二）

「山常」・「八間跡」は、「養老令」から「大和」と書かれるようになる奈良盆地を中心とする大和国である（『大和朝廷』講談社学術文庫）。この歌は『万葉集』巻第一の二番目に配置されている、舒明天皇が天香具山に登って大和飛鳥を国見したおりに詠まれた歌である。『万葉集』の冒頭の歌が、雄略天皇であり、その第二首が舒明天皇の香具山での国見の歌となる（後述参照）。

ところで大和飛鳥の範囲は前述したように、香具山以南で、橘寺の真南のミハ山以北の飛鳥川右岸の一帯を指す。大和飛鳥の北の起点の香具山は、大和飛鳥の国見をする場所としてまことにふさわしい。

大和飛鳥の宮居としては允恭天皇（大王）の遠つ飛鳥宮があるが、それは一時的で、舒明天皇の飛鳥岡本宮をはじめとして、皇極天皇の飛鳥板蓋宮・孝徳天皇の飛鳥河辺行宮・斉明天皇の飛鳥川原宮・後飛鳥岡本宮、天武・持統両天皇の飛鳥浄御原宮というように宮居がつづいて「倭京（大和の都）」が形成された。その意味では、舒明天皇によって倭京誕生の扉が開かれたといっても過言ではない。

香具山は舒明朝以後歴代天皇（大王）の国見の山となったとする説があるけれども、それは正

確ではない。『万葉集』巻第十に〝雨間《あまま》明けて　国見もせむも　故郷《ふるさと》の　花橘は散りにけむかも〟（一九七二）の国見にかんする歌があるが、これは雨の降りやんだ間に国見をしようかと詠んだ歌で、実際は平城遷都以後に「故郷」（倭京）を回想した読み人知らずの歌である。国見を実行したあかしとすることはできない。

『古事記』下巻には仁徳天皇が「難波の崎」から国見をした伝承があり、『万葉集』巻第十三の〝神風の　伊勢の国は　国見ればしも〟（三二三四）の国見にかんする歌が収められているが、これも伊勢の国見であって、大和飛鳥の国見ではない。

## 5　国見の実相

なぜ舒明天皇は香具山に登って大和飛鳥を中心とする地域を国見して〝うまし国そ　あきづ島八間跡（大和の国）は〟と高らかに歌ったのであろうか。

ここで改めて大和飛鳥の歴史をかえりみる必要がある。奈良文化財研究所の調査によれば、大和飛鳥では縄文時代から人々がくらしを営んでおり、とくに飛鳥川右岸地域に遺跡や遺物が多いことがわかった。しかし弥生時代後期になると、飛鳥川の大洪水によってムラの姿は消滅したという。

大和飛鳥が復活するのは五世紀後半のころからである。新しい技術をもった「今来《いまき》の才伎《てひと》」とよばれた渡来人たちが居住するようになって、大和飛鳥の開発が進行した。

やがてその地域を掌握したのは蘇我氏であった。蘇我氏の本拠地は高市《たけち》郡の蘇我里《そがのさと》であり（和田萃『飛鳥』岩波新書）、橿原市に蘇我町があり、『延喜式』の式内大社宗我都比古《そがつひこ》神社が鎮座しているのもそれなりの理由がある。そこから畝傍山の東南の地域に本拠を移し、蘇我稲目・馬子のころには飛鳥川左岸の向原《むくはら》・豊浦に住むようになる。蝦夷《えみし》（稲目の孫）を「豊浦蝦夷」とか「豊浦大臣」と称するようになるのも、蝦夷が豊浦で誕生したからであろう。

そして馬子（稲目の子）はさらに大和飛鳥川のほとりの島ノ庄に居宅を設け、大和飛鳥は蘇我氏の勢力圏に入った。それればかりではない。敏達天皇のあとをうけついで即位した用明天皇は欽明天皇と蘇我稲目の娘堅塩媛《きたしひめ》との間に生まれた王者であったが、用明天皇のつぎの崇峻天皇を謀殺した蘇我氏は、後継の王者に、敏達天皇の大后（皇后）であってやはり堅塩媛を母とする豊御《とよみ》食炊屋媛《けかしぎやひめ》を推古天皇として擁立した。大后で女帝となった最初の大王が推古天皇である（敏達天皇のはじめの大后は息長真手王《おきながまでおう》の娘の広姫《ひろひめ》であったが、敏達天皇四年（五七五）に広姫がなくなって炊屋媛が大后となる）。しかも推古天皇の摂政（大王の代行者）となった厩戸皇子（聖徳太子）は、蘇我稲目の娘小姉君《おあねのきみ》と欽明天皇との間に生まれた穴穂部間人《はしひと》皇女を母とする。このように蘇我氏の王統譜とのつながりはきわめて深く、蘇我氏は全盛期を迎えた。

ところが推古天皇の崩去によって状況は変わる。推古天皇は死に臨んで聖徳太子と山背《やましろ》大兄王（馬子の娘刀自古《とじこ》郎女と太子との間に生まれる）と田村皇子（後の舒明天皇）を病床に招いた。推古天皇の遺志はつぎの天皇には田村皇子をと望んでいたが、山背大兄王は聞いた遺詔とは異なると称し、上宮王家（聖徳太子の家系）とまじわりのあった境部麻理勢《さかいべのまりせ》は、山背大兄王を天皇に推挙した。意外にも蘇我蝦夷は田村皇子を推し、兵を動員して麻理勢を殺害する。おそらく田村皇子に蝦夷の妹である法堤郎女《ほてのいらつめ》がとついで古人皇子を生んでいたことが、田村皇子の擁立と関連するのであろう。

こうして田村皇子は即位して舒明天皇となる。ここでみのがしてならぬのは舒明天皇の出自である。父は押坂彦人大兄皇子で、押坂宮（桜井市忍坂のあたり）に住み、母は近江の息長氏につながる広姫であって、蘇我氏とはゆかりのない忍坂王家の出身であった。舒明天皇が息長氏とつながりを強く意識していたことは、その和風の諡《おくりな》が息長足広額《たらしひろぬか》天皇であったのにもうかがわれる（千田稔『飛鳥の覇者』文英堂）。

そして大和飛鳥を本拠とした蘇我氏の横暴を抑えるために、明日香村の岡の地に飛鳥岡本宮を造営した。岡本宮跡は明日香村岡の飛鳥宮の三時期におよぶ最下層の遺構とみなされているが、その地は蘇我馬子の居宅があった島ノ庄と蘇我氏の氏寺で真神原の飛鳥寺との中間に位置しており（吉川真司『飛鳥の都』岩波新書）、その地に飛鳥岡本宮を造営したのは明らかに蘇我氏の勢力を牽制する意図にもとづくと考えられる。

飛鳥岡本宮に舒明天皇が遷居したのは同天皇二年（六三〇）の十月であり、第一次遣唐使の派遣はその二ヵ月前であった。なぜ舒明天皇から天武・持統朝まで主として大和飛鳥に宮居が営まれて「倭京」が誕生したかについては、別に詳述したが（「大和飛鳥の倭京誕生」、『日本書紀研究』第三十冊所収）、蘇我氏の氏寺飛鳥寺（法興寺）にまさるとも劣らぬ百済大寺（桜井市吉備）を造営し、その大寺をわが国最初の勅願寺としたのも、蘇我氏の氏寺に対抗するためであったのではないか。

『万葉集』が雄略天皇が山跡《やまと》（大和）の御県で歌われたと思われる「治天下大王」の雄略天皇の“籠《こ》もよ　御籠持ち”の「御製歌」を巻頭におき、ついで舒明天皇の「香具山に登りて国見したまふ時の御製歌」を配置しているのに、『万葉集』編者の配慮がうかがわれる。私はかねがね大和飛鳥を本拠とした蘇我氏の権勢を抑圧した舒明天皇が、大和飛鳥に岡本宮を造営し、大和飛鳥の北の香具山から大和飛鳥を国見した歌と理解すべきではないかと考えてきた。実際に「倭京」のはじまりは舒明天皇からであり、中臣鎌足らの改新派が蘇我氏を打倒した乙巳《いっし》の変（六四五年）の前史は、舒明朝からはじまるとみなすべきではないか。

# 持統朝の歴史的意義

## 1　天皇号と日本国号

日本の古代国家の成立をいつとみなすか。俗に七五三論争とよばれている見解の違いがある。三世紀の邪馬台国の段階が初期国家が成立した時代であるとみなす見解もあれば、そうではなくて、五世紀とくに雄略天皇の時期であると指摘する説もある。しかし、日本国の王者が天皇を称し、倭国を内外に日本国と改めて名乗った七世紀後半の天武・持統朝とする説がもっとも説得力がある。天武天皇については「天武朝の歴史的意義」(『「古代学」とは何か』藤原書店)で詳述したので、ここでは持統朝を中心にのべることにする。

すでに指摘したように、大王を称していた倭国の王者が天皇とよばれるようになった早い例は、天智天皇七年（六六八）十二月の船王後《ふねのおうご》の墓誌銘であり、「治天下　天皇」が三カ所、「天皇」が二カ所に用いられていた。この墓誌を後の追葬する説は当らない（『私の日本古代史』下）。そして遅くとも天武朝には確実に「天皇」の用語が使われていたことは、奈良県明日香村の飛鳥池遺跡から、丁丑《ひのとうし》（天武天皇六年＝六七七）の木簡と共に出土した木簡に墨痕あざやかに「天皇」と書かれていたことによってたしかめることができる。

それなら「日本」という国号がいつごろから用いられるようになったのであろうか。ここで改めて浮かび上がってくるのが、高句麗僧の道顕が著した『日本世記《にほんせいき》』である。この『日本世記』は『日本書紀』の斉明天皇六年七月の条、同七年四月の条、同年十一月の条、天智天皇八年十月の条に引用されており、天智天皇即位前紀十二月、同元年四月の条には、その道顕の言葉がみえている。これらの道顕の記述も、その著『日本世記』の文にもとづいたものと考えられる。

道顕にかんする記事は、藤原仲麻呂がまとめた『家伝』（上）（『大織冠＝藤原鎌足伝』）にもあり、また藤原（中臣）鎌足の長男であった貞慧《じょうえ》（貞恵）が二十三歳で亡くなったおりに（六六六年）、誄詞《しのびごと》を献じたことが記載されている。これらの史料によって、道顕が鎌足と深いつながりをもっていたことが察知されよう。

書名に「日本」を冠し、その言葉に「日本」がみえる道顕の『日本世記』は、いつごろまとめられたのであろうか。その年次は不詳だが、鎌足が薨じた天智天皇八年（六六九）以後、天武朝には確実に存在した記録と思われる。ここで参照すべきは、『日本書紀』の天武天皇三年（六七四）三月の条に、九州の対馬で産出した銀を朝廷に献上したことをしるして、「凡そ銀の倭国にあることは、初めて此の時に出《み》えたり」とのべている記事である。この「倭国」はいわゆる「日本国」に相当するが、天武天皇三年の記述に「倭国」とあるから、六七四年のころの原史料にはまだ倭国と称されていたことを示唆する。とすれば、「日本国」の確実な登場は、六七四年以後の天武朝であったと考えられる。道顕の書も天武天皇三年以後にまとめられた可能性がある。

近年中国の陝西省西安（長安）で出土したという百済人祢軍《でいぐん》墓誌に「日本余噍《よしょう》」とみえるのが注目されている。「余噍」とは残党を意味し、祢軍は白村江の戦い（六六三年）のおりに唐軍に投降し、唐の官僚となった人物であった。天智称制四年（六六五）の九月には唐の使者のひとりとして渡来したこともあったが、没年は儀鳳三年（六七八）で墓誌も同年のものである。この「日本」は中国からみて東方を意味する表現で、この場合は百済をさすとする説が有力だが、かりに「日本国」の用例であったとしても最古ではなく、天武天皇七年（六七八）の墓誌であった。

「日本」という国号は、前に指摘したように、天武朝の三年以後には使用されており、大宝元年（七〇一）にできあがった「大宝令」に確実に用いられていた。すなわち公文書形式などを定めた「公式令《くしきりょう》」の「詔書式」に、「大事を蕃国使に宣するの辞」として「明神御宇日本天皇詔旨」としるしているのをみても明らかである。大宝元年（七〇一）に遣唐執節使（代表）に任命されて翌年に入唐した粟田朝臣真人は、『続日本紀』の慶雲元年（七〇四）七月の条に「日本国使」を名乗ったことを明記し、そのおりの遣唐留学僧であった僧弁正《べんしょう》の「唐に在りて本郷を憶ふ」の詩が『懐風藻』に収められており、「日辺日本を瞻《み》、雲裏雲端《うんりうんたん》を望む（日の出るほとりに日本を見、遠く雲の中、雲のはしを望み見る）」と詠じているのも偶然ではない。大宝二年（七〇二）の遣唐留学生であった山上憶良が、大伴旅人の妻の死を悼んで、「日本挽歌」を歌っているのも参考になる（『万葉集』巻第五、七九四）。

そこで文武天皇の大宝元年（七〇一）に完成して翌年から施行された「大宝令」のおりこそが古代国家の成立を象徴するとみなす説もある。たしかに「大宝令」は重要だが、「大宝令」の完成を後見したのは持統太上天皇であって（後述参照）、持統太上天皇は大宝令の実施の二カ月後に五十八歳をもって崩去している。持統太上天皇は「大宝令」の完成にも、藤原不比等と共に深く関与していたのである（『藤原不比等』朝日選書）。

## 2　天武朝から持統朝へ

天武天皇が古代国家の成立に重大なかかわりをもっていたことは、伊勢神宮の斎王のほかに、天武天皇四年(六七五)二月には十市《とおち》皇女と阿閇《あべ》皇女を、天武天皇十五年四月には多紀皇女・山城皇女を(他に石川夫人)を「皇女勅使」として神宮へ派遣奉仕させたように、伊勢大神を重視したが、天武天皇の皇后であった鸕野皇女すなわち持統天皇は、即位して四年(六九〇)に『二所大神宮例文』が、「天武天皇のご宿願」と書く第一回の式年遷宮を実施して、夫の遺志を実現したばかりでなく、中納言三輪朝臣高市麻呂の諫言にもかかわらず、持統天皇六年の三月には伊勢神宮へ行幸している(「古代日本の士大夫」、『「大和魂」の再発見』藤原書店)。

天皇の即位の祭儀は即位式ばかりでなく、大嘗祭が不可欠となるが、持統天皇は即位の翌年はじめて大嘗祭を執行した。『日本書紀』の天武天皇二年十二月の条に「大嘗祭に侍奉《つかえまつ》れる中臣・忌部及び神宮の「人等、并《あわ》せて播磨・丹波の国(悠紀田・主基田の国)の郡司、亦以下の人夫らにことごとく禄を賜ふ」の大嘗祭は、「毎世大嘗」すなわち即位祭儀の大嘗祭ではなく、「毎年大嘗」すなわち新嘗祭を指すが、天武朝の新嘗祭に悠紀田・主基田が設けられて、新嘗祭の充実がなされており、持統朝の大嘗祭の前提は天武朝の新嘗祭の充実を前提にしたと思われる。

『日本書紀』の天武天皇七年の春の条には「天神地祇を祠らむとして天下ことごとくに祓禊《おおみはらえ》す」と記載する。しかし天武天皇と額田王の間に生まれた十市皇女がにわかになくなったために中止となったが、天武天皇十年に編纂が開始されて、持統天皇三年に施行された「飛鳥浄御令」(二十二巻)には、天皇が即位すれば「すべて天地地祇を祭祀することが規定されていたに違いない。「飛鳥浄御原令」は、天智朝の「近江令」と同じ巻数だが、天武・持統朝に文言の修正があり、「大宝令」や「養老令」の「神祇令」にしるす「凡そ天皇即位したまはむときは、惣《す》べて天神地祇を祭れ」という条文にうけつがれていったと考えられる。

天武天皇六年五月の「勅」には「天《あま》つ社《やしろ》・地《くに》つ社の神税は三つに分ち、一つをば擬供《つかえまつる》が為にし、二分をば神主に分ち給へ」とあるが、天神地祇を天つ社・国つ社に格づけしたのは天武朝であり、毎年六月・十二月の晦日にツミ・ケガレを祓う解除は、もともと国造《くにのみやつこ》らによって執行していたのを国家による大祓（大解除）としたのは天武朝であった。こうした神祇政策は持統朝に継承されてゆく。

国家と仏教の結びつきも、天武朝からより顕著となる。崇峻《すしゅん》天皇元年（五八八）に蘇我《そが》氏が建立した蘇我氏の氏寺であった大和の飛鳥寺（法興寺《ほうこうじ》）を天武天皇九年（六八〇）四月に官寺としている。

また、飛鳥の百済大寺《くだらのおおでら》（高市大寺《たけちのおおでら》）を天武天皇二年十二月に官寺とし、天武天皇六年には高市大寺を大官大寺《だいかんだいじ》と寺の名を改めたように、国家仏教のさきがけともいうべき官寺仏教の具体化も天武朝であった。そして天武天皇十二年の三月には、僧正《そうじょう》・僧都《そうず》・律師《りっし》を任命して、国家による仏教統制のシステムともいうべき僧綱制《そうごうせい》が実質的にスタートした。

天武天皇四年の十月に、「使を四方《よも》に遣して、一切経《いっさいきょう》を覓《もと》め」たのも、一切経の書写事業を促進するためであり、天武天皇十二年の七月、「初めて僧尼を請《よ》せて、宮中安吾《あんご》」を実施したのも天武朝であった。天武天皇みずからが、たとえば天武天皇十四年の八月に飛鳥の浄土寺《じょうどじ》や川原寺《かわらでら》に行幸したし、朱鳥元年（六八六）の七月に「天皇の為に観世音像を造り」、「即ち観世音経を大官大寺に説かし」めたりした。翌八月一日には「天皇の為に、八十の僧を度《ど》せしめ（出家させ）」、同月二日には「僧尼并せて一百を度せしめ」、「百の菩薩（図・像）を宮中に坐《ま》せて、観世音経二百巻を読ましめ」たりもした。

そうした路線は、次の持統朝にも受け継がれた。たとえば持統天皇四年（六九〇）の七月十四日、「七寺《ななつのてら》の安居の沙門《ほうし》三千三百六十三（人）に奉施」、「別に皇太子（草壁皇子《くさかべ》）の為に、三寺《みつのてら》の安居の沙門三百二十九（人）に奉施」という例などにも反映されていた。そしてたとえば持統天皇六年五月二日には「大水」があって、「吉野《よしの》・四畿内」に金光明経《こんこうみょうきょう》を講説させたり、あるいは持統天皇七年十月に仁王経会《にんのうきょうえ》を諸国で実施したりしている。

そのような動向は、薬師寺の造営にもうかがわれる。天武天皇九年の十一月、天武天皇は皇后（後の持統天皇）の病気平癒を祈願して薬師寺を造立し、その工事は持統天皇にひきつがれて、藤原京での工事が完了したのは文武天皇の二年（六九八）であった。

藤原京といえば、その建設も天武朝からはじまる。天武天皇五年に新城《にいき》に都を造ろうとした。工事は途中で中止されたが、新城すなわち新益京《あらますみやこ》（藤原京）の造営が実際に行なわれたことは、薬師寺が新城の条坊道路を埋めて建立されており、また藤原京の下層から天武朝の条坊道路遺構がみつかり、さらに藤原京のための運河が作られたが、その遺跡から天武十一年から十四年の木簡がみつかっているのにもたしかめることができる。

天武天皇十年三月には三野王や宮内省の長官らを建設中の藤原京の地形を巡検させ、さらに天皇みずからもその状況を視察した。しかし朱鳥元年（六八六）九月、ついに天武天皇が崩去し、一時造営工事はストップとなったが、持統四年に即位した持統天皇は工事の継続を表明して、中国周代の官制を記述した『周礼《しゅらい》』（冬官考工記）をモデルにした十条十坊の大藤原京が完成して、持統天皇八年の十二月に藤原京へ遷都したのである。

## 3　回想吉野

大化の改新による政治をリードし、大津宮で即位した天智天皇はその十年（六七一）の十月十七日病状が悪化して重態となった。天智天皇は病床に大海人皇子を招いて後事を託したが、大海人皇子は陰謀によるものとしてこれを辞退し、天智の大后である倭姫《やまとひめ》を天皇に擁立し、太政大臣であった大友皇子を皇太子にするよう進言して、みずからは出家して妃の鸕野皇女を筆頭に側近の舎人《とねり》らと共に吉野宮へおもむいた。

翌年（六七二）の五月、吉野宮にいた大海人皇子のもとへ、大海人皇子に仕えていた舎人《とねり》朴井《えのいの》連《むらじ》雄君《おきみ》から、近江朝廷が天智天皇陵を造るために人夫を徴発して武器をもたせているとの報告が届く。さらに大津宮から飛鳥への所々に監視人を配置し、宇治橋の橋を守っている者に吉野宮へ食糧を運ぶのを阻止せよとの命令がだされたという。

『日本書紀』はそのような状況のなかで、大海人皇子がつぎのように語ったという。「位を譲り世を遁《のが》る所以《ゆえん》（位を譲って隠世する理由）は、独り病を治め身を全くして、永《ひたぶる》に百年《ももとせ》を終《お》へむとなり（長生きして安らかに生涯を終ろうとするためである）。然るに今、已《や》むこと獲《え》ずして、禍《わざわい》を承《う》けむ。いかに黙《もだ》して身を亡《ほろぼ》さむや（どうしてただ黙《だま》って身を滅すことができようか）」と。

六月二十二日、ついに大海人皇子は挙兵を決意し、皇子の所領のある美濃（岐阜県）安八磨《あはちま》評の軍勢を掌握し、東山・東海の兵を召集して、近江と美濃を結ぶ不破道（国境・不破関）を押さえることを舎人たちに命じて伝達させた。

この大海人皇子の吉野での挙兵に妻の鸕野皇女が終始同行したことはいうまでもない。吉野は持統天皇にとって生涯忘れることのできない土地であった。とくに天武天皇八年の五月五日、天武天皇と皇后（後の持統天皇）は草壁皇子・大津皇子・高市皇子・河嶋皇子・忍壁皇子・芝基皇子をともなって、吉野へおもむき、「千歳の後に、事無からむと欲す」と詔《みことのり》して盟約を結んだ。

その目的は天武天皇と鸕野皇女の間に生まれた草壁皇子を皇太子とする誓いにあった。皇后にとっては姉の大田皇女が天武天皇との間に生んだ大津皇子の存在が気がかりであったに違いない。高市皇子は壬申の乱の司令官として活躍したが、母は胸形（宗像）君徳善の娘尼子娘《いらつめ》であり、忍壁（刑部）皇子の母は宍人《ししひと》大麻呂の娘の【木+穀】媛娘《かじひめ》であって、いわゆる卑母であって、皇太子とはなりえない。

この四皇子の他に河嶋・芝基（志貴）の両皇子が加わっているのは、この両皇子は天智天皇の皇子であり、草壁皇子の叔父にあたる。鸕野皇后は天智天皇と蘇我倉山田石川麻呂の娘遠智娘との間に出生した皇女であり、河嶋・芝基両皇子と、鸕野皇后とは異母兄弟であって、おそらく草壁皇子の支持者であったであろう。

盟約を前提に天武十年十月には晴れて草壁皇子は皇太子となった。『万葉集』（巻一・二七）には、

〝よき人のよしとよく見てよしと言ひし
吉野よく見よよき人よく見〟

と天武天皇の詠んだ歌が載っている。そしてその左註には、『紀』（『日本書紀』）に曰《いわ》くとして、八年五月の吉野行幸のおりの歌であったとする。

八年五月の天武天皇の行幸のさいの歌とすれば、この〝吉野よく見よよき人よく見〟の背景には、草壁皇子立太子への吉野盟約があったといえるであろう。壬申の乱挙兵の思い出の吉野であ

るばかりでなく、天武・持統両天皇にとっては、盟約の吉野でもあった。したがって皇后のおりばかりではない。天武天皇のあと即位し持統天皇となるが、その在位中なんと三十一回も吉野へ行幸した（太上天皇としても一回行幸）。

吉野は『懐風藻』にみられるように神仙郷とみなされ、たとえば『日本書紀』の斉明天皇二年（六五六）是歳の条に「吉野宮を作る」と記述し、実際に斉明天皇五年三月には吉野へ行幸して大宴会を催したりした。また文武天皇三回、元正天皇一回、聖武天皇二回など（『続日本紀』）、天皇の行幸は少なくないが、持統天皇の異常ともいえるたびたびの行幸には、吉野には格別のえにしがあったからである。

なお持統天皇の母が蘇我倉山田石川麻呂の娘であったことを意外と思われるむきもあるかもしれない。たしかに乙巳《いっし》の変のクーデターによって蘇我蝦夷・入鹿の本宗家は滅んだが、蘇我氏のすべてが滅亡したわけではない。石川麻呂は孝徳朝の右大臣、その弟の蘇我赤兄《あかえ》は天智朝の左大臣、そして蘇我連子の娘娼子が藤原不比等の妻となったように、その血脈はつづく。ただし壬申の乱では赤兄は大友皇子の近江朝廷側を支持して敗北、その後の政界では有力でなくなる。

## 4　高天原の天皇

天武天皇十年の十月に、草壁皇子は皇太子となり、同十二年の二月には大津皇子が「始めて朝政を聴《きこ》しめす」と『日本書紀』は伝える。その朝政の内容はさだかでないが、二十二歳の草壁皇太子を一年歳下の大津皇子が補佐したのであろう。

天武天皇は草壁皇子を皇太子とした天武十年二月二十五日に、飛鳥浄御原宮の太極殿で親王・諸臣の前で「朕、今より更に律令を定め、法式を改めむと欲《おも》ふ」との詔をだして飛鳥浄御原令の編纂に乗りだすのも、草壁皇子の明日をよりたしかなものにするためであったと考えられる。

前述したように飛鳥浄御原令は持統天皇三年に施行されるが、皇族を中心とする政治への移行は、天武十三年十月一日に制定された新しい姓《かばね》（八色《やくさ》の姓）の真人になった守山君ら十三氏の出自が、應神天皇・継体天皇を祖とする氏であったことにもうかがわれる（「天武朝の歴史的意義」、『「古代学」とは何か』藤原書店）。そしてその皇親政治化は持統朝でさらに強化され、天武天皇の崩去を契機にいっそう具体化した。

天武天皇がこの世を去ると、すぐさま皇后が政務をとった。称制の天皇になったのである。前大后が天皇になるケースはそれまでにもあった。たとえば皇極天皇は舒明天皇の大后であった。

ところが鸕野皇后の場合は、天武天皇の遺詔を楯にうむをいわせず称制の天皇になった。群臣による推戴《すいたい》の形跡はない。皇太子草壁皇子は年すでに二十五歳。天皇になる年齢としては十分であった。けれども草壁皇太子を天皇たらしめるためにはなおいくつかの障害があった。そのひとつが大津皇子の存在であった。

天武天皇の死後まだ日は浅い。夫君の殯宮《もがりのみや》の行事がつづけられているさなかのできごとであった。十月二日に大津皇子を謀反のかどで逮捕し、翌日には死刑にした。時に大津皇子二十四歳、前途有為の青年であった。その迅速なる処置といい、事件処理にみせた巧妙なる手段といい、大津皇子倒すべしの周到な計画が、皇后を中心に事前にたてられた形跡がいちじるしい。

称制の天皇たる鸕野前大后は、天武帝の殯宮の行事を盛大にもよおして、太政官の事以下諸役人の誄《しぬびごと》をつぎつぎに献呈させた。その儀はなんと二年三ヵ月にわたっている。その誄は死者天武天皇にたいする誄であると同時に、鸕野称制天皇と皇太子草壁皇子にたいする従属の誓詞《せいし》の意味をもっていた。彼女の演出の見事さが遺憾なく発揮されている。

この殯宮の儀には、しばしば皇太子が公卿百寮の人々を率いて参加しているが、それはまさしく、宮廷の貴族や官僚の間に、草壁皇太子の地位を強く印象づけようとしたものであった。

こうして草壁皇太子を即位せしめる準備は着々と進んでいたに違いない。ところがその皇太子が、殯宮の儀の終わった翌三年（六八九）四月十三日に、年二十八歳で病歿した。草壁皇太子は、天智天皇の娘阿陪《あべ》皇女（母は姪娘《めいのいらつめ》）の間に軽皇子をもうけていたが、年はわずか七歳であった。わが子草壁皇太子の早死は、母にとっての一大衝撃となった。

だが彼女はひるまなかった。その年の六月二十九日には夫君の制定した飛鳥浄御原令を施行した。そして翌年（六九〇）正月、即位して正式の天皇となった。持統女帝の治政は、およそ天武天皇の路線を継承したものであったが、なかにも注意をひくのは、その即位の儀である。

物部朝臣《もののべのあそみ》（石上朝臣）麻呂《まろ》が大盾《おおたて》を樹《た》て、神祇伯の中臣朝臣大嶋《なかとみのあそみおおしま》が天《あま》つ神《かみ》の寿詞《よごと》を読み、ついで忌部宿禰《いんべのすくね》色夫知《しこぶち》が、神璽の剣・鏡を奉上した。即位にさいして楯《たて》や矛《ほこ》をたてたのは、このおりを初見とする。文武天皇や聖武天皇、光仁天皇の即位儀礼にも例があり、『延喜式』の践祚大嘗祭式にもうけつがれたものであった。しかし初見とはいっても、これに類する例が持統女帝即位以前にないわけではない。『日本書紀』の推古天皇十一年十一月是月の条にも「大盾」の記事があるし、また孝徳天皇の即位の祭儀でも、大伴連長徳《ながとこ》と犬上君健部《いぬがみのきみたけべ》が金の靫《ゆぎ》を帯びて高御座の左右に立ったという。「大盾」とか「矛」とか「靫」は、天皇儀仗の象徴であった。

ところが、天つ神の寿詞《よごと》を読む（後述参照）とするのは、これが最初の記載である。先例はない。日本の神々を天つ神と国つ神そしてその他の諸神というふうに政治的に分類し、その祭祀を天つ社・国つ社、その他の諸社というぐあいに編成したのは、すでに考証したことがあるように、天武天皇五年（六七六）のころであった。そしてまたそのまつりをつかさどる神祇官の制度が具現したのも、持統女帝即位の前年（六八九）のころであった。そうしたプロセスをへて神祇官の長官中臣大嶋による天つ神の寿詞が女帝にたいして奏上されたのである。

そのことの意義は、これまでほとんど注意されていないが、持統女帝の即位において、天つ神の寿詞が献呈されたことの意味を、私は重視するのである。この寿詞は、後に中臣の寿詞ともいわれたが、その後、代々即位のおりには、中臣氏によって奏上されるようになった。

その内容がどのようなものであったかを伝えているのが、『台記』の別記に記述する康治元年（一一四二）の「大嘗会記」である。そこには、中臣の遠祖天児屋根命《あめのこやねのみこと》とその子天忍雲根命《あめのおしくもねのみこと》が天孫降臨のさいに奉仕したありさまが力説されており、「天つ社・国つ社と称辞《たたえごと》定めまつる皇神《すめがみ》」たちが、天皇とともに酒食することのよしがのべられている。

これはたんなるほぎ詞や吉詞ではない。中臣の遠祖をはじめとする天つ神たちが、神漏岐《かむろぎ》・神漏美命《かむろみのみこと》の命令をうけて奉仕する、現《あき》つ神たる天皇への従属の誓詞であった。

この寿詞が、国つ神の寿詞とよばれずに天つ神の寿詞と称されたのは、皇親政治を継承した持統女帝においてまことにふさわしい。もとより持統天皇即位のさいの天つ神の寿詞が、「大嘗会記」の文と同じであったなどというつもりはない。しかし内容のおおすじは、持統女帝に献呈されたものとほぼ同じであったのではないか。

天皇にまつられる天つ神が、天皇の代の弥栄《いやさか》をことほぐのであり、皇神をまつる天皇が、今度は天つ神のひつぎとして現つ神になるのだ。『万葉集』において〝おおきみは　神にしませば〟と歌われた天皇に、天武天皇と持統女帝がある。柿本人麻呂は、持統女帝が雷岳《いかずちのおか》に遊幸したおり、

〝皇《おおきみ》は神にしませば天雲の
　雷《いかずち》の上に　いほりせるかも〟（二三五）

と詠んだ。皇親政治のピークに位置する高御座《たかみくら》の天皇位は、この両帝のおりに神的権威によってよそおわれた。記・紀神話における高天原、つまり皇祖神天照大御神の主宰する世界が、大和の宮居に直結した時期について、私は天武・持統両天皇の代を想定している。その持統女帝即位の場で、中臣朝臣大嶋が天つ神の寿詞を奏上したのである。

　持統天皇は大宝二年（七〇二）の十二月二十二日に崩じたが、翌年の十二月十七日には、大倭《おおやまと》根子天之広野日女尊《ねこあめのひろぬひめのみこと》という諡《おくりな》を献呈された。天皇の和風諡号において、「倭根子」と称された確実なはじめは、持統女帝からである。それ以前では、時代をさかのぼって、記・紀系譜の七代孝霊天皇（大倭根子日子賦斗邇命《おおやまとねこひこふとにのみこと》）、同八代孝元天皇（大倭根子日子国玖琉命《おおやまとねこひこくにくるのみこと》）、同九代開化天皇（若倭根子日子大毘毘命《わかやまとねこひこおおひひのみこと》）があるが、これらの孝霊・孝元・開化三天皇の諡は後世のそれにちなんだものであり、実際の諡とはいえない。持統天皇の諡にみえる「倭根子」を最初として、つぎの文武天皇（倭根子豊祖父《やまとねことよおおじ》天皇）、元明天皇（日本根子天津御代豊国成姫《やまとねこあまつみしろとよくになりひめ》天皇）、元正天皇（日本根子高瑞浄《やまとねこたかみずきよ》

足姫《たらしひめ》天皇）の諡は、いずれも「倭（日本）根子」をおびる。「倭根子」天皇のたしかなはじめが持統天皇であった。

それなのに、『日本書紀』（巻第三十）の冒頭には他の巻の書き方とは異なり、「天之広野日女天皇」などとは書かずに「高天原広野姫天皇」とあえて「高天原」の天皇と書いている。天武天皇の和風諡号が道教の三神山のひとつ瀛州山の瀛と道教で悟りを開いた神仙である真人にちなんで天渟《あまのぬ》中原瀛《なかはらおきの》真人《まひと》天皇であったのと対照的である（『古代の道教と朝鮮文化』人文書院）。『続日本紀』の軽皇子（文武天皇）立太子記事にも「高天原広野姫天皇十一年に立てて皇太子となす」と記述されている。さらに『万葉集』も「高天原広野姫天皇」としるす。これはなぜであろうか。

私見では、『日本書紀』の持統天皇四年正月の条に、即位の儀式が元日の「元会儀（賀正礼）の如し」と書くように、即位式の独自性を具体化するために、持統天皇の即位の儀にはじめて神祇官頭（後の神祇伯）であった中臣大嶋が「中臣の寿詞」を「天つ神の寿詞」として奏上したと考えている（「中臣寿詞の成立」、『続日本紀研究』四一〇号）。

「中臣の寿詞」はそのはじめにまず「高天原に神留《かんつま》ります皇親神漏岐《すめみつかむろき》・神漏美の命《みこと》をもちて」と奏上する。そして「八百万《やほよろづ》の神等《かみたち》を神集《かむつど》へたまひて、『皇孫《すめみま》の尊は、高天原に事始めて、豊葦原の瑞穂《みづほ》の国を安国と平らけく知ろしめして、天つ日嗣《ひつぎ》の天つ高御座《たかみくら》に御坐《おわま》しまして、天つ御膳《みけ》の長御膳の遠御膳と、千秋《ちあき》の五百秋《いほあき》に、瑞穂を平らけく安らけく、斎庭《ゆには》に知ろしめせ』と事依《ことよ》さしまつりて、天降《あまくだ》しまましし後《のち》に、中臣《なかとみ》の遠《とほ》つ祖《おや》天兒屋根命《あめのこやねのみこと》、皇御孫《すめみま》の尊の御前《みまへ》に仕へまつりて、天のおし雲《くも》ねの命を天の二上《ふたかみ》に上《のぼ》せまつりて、神ろき・神ろみの命の前《みまへ》に受けたまはり申ししに、『皇御孫の尊の御膳《みけ》つ水は、顕《うつ》し国の水に天つ水を加へて奉《たてまつ》らむと申せ』と事教《ことの》りたまひしによりて」と持統天皇は「高天原に事始めて」天の下を統治される「天つ日嗣の天つ高御座に御坐し」ます天皇であることを言上し、あわせて中臣氏の祖先神天兒屋根命の奉仕のさまをことあげするのである。持統天皇がその即位式ではじめて「高天原に事始めた皇統に由来する」天皇であることが強調された。そのことが『日本書紀』の巻第三十が「高天原広野姫天皇」の巻として収録される理由になったのではないか。高天原の天皇についてはこれまでにもいろいろと考えてきたが、現在では以上の見解が妥当であると思っている。

そして持統天皇は即位した持統天皇四年正月のあと、同年七月五日に高市皇子を太政大臣に任命して皇親政治を強化する。

## 5　伝世刀と庚寅戸籍

持統天皇と草壁皇子そして藤原不比等の関係を端的に物語るのは、天平勝宝八年（七五六）の

『東大寺献物帳』のなかの黒作懸佩刀一口《かけはきたちひとふり》にかんするつぎの記載である。

黒作懸佩刀一口 刃長一尺一寸九分、鋒者偏刃、木把陰漆樺纏、紫板鞘懸、紫皮帯執、黒紫羅帯、紫地錦袋、緋綾裏

右、日並皇子常所佩持、賜太政太臣 大行天皇即位之時、便献 大行天皇、崩時亦賜太臣、

太臣薨日、更献 後太上天皇

この黒作懸佩刀を「東大寺献物帳」は、日並《ひなめし》皇子つまり草壁皇子が日ごろ佩侍していたもので、太政大臣つまり藤原不比等に賜わり、大行天皇すなわち文武天皇即位のおりに、藤原不比等が文武天皇に献じ、文武天皇が崩じた時に再び太臣すなわち不比等に賜わり、彼が薨じた日に、さらに後太上天皇すなわち聖武天皇に献じたものであると記述する。

きわめて複雑な伝世の道をたどった佩刀であった。草壁皇子↓不比等↓文武天皇↓不比等↓首皇太子という伝世のコースがそこに浮かびあがる。

まずそれぞれの年次が問題である。草壁皇子がその愛刀を藤原不比等に与えたのは、遅くとも草壁皇太子が、年二十八歳で病歿する持統称制三年（六八九）四月十三日までのことであろう。草壁皇子の遺児軽皇太子が即位したのは持統天皇十一年（六九七）八月一日であり、軽皇太子は時に年十五歳であった。藤原不比等が薨じた日とは、養老四年（七二〇）八月三日、そのおりに年二十歳であった首《おびと》皇太子（後の聖武天皇）へ黒作懸佩刀がふたたび献じられたということになる。

この文に藤原不比等のことを太政大臣（太臣）と書いているのは、薨去後まもなく太政大臣・

正一位を贈られたためである。それにしても、皇太子にはじまって皇太子に継承された伝世佩刀のありようは、不比等の後半生を象徴する（『藤原不比等』朝日選書）。

　草壁皇太子が亡くなったおりの持統天皇の悲しみは想像を絶する。持統天皇は草壁皇太子と異腹の妹阿陪皇女との間に生まれた軽皇子（後の文武天皇）に将来の望みを託した。阿陪皇女は蘇我倉山田石川麻呂の娘の姪娘《めいいらつめ》で、姪娘は、持統天皇の母の遠智《おち》娘の妹である。持統天皇と阿陪皇女とは異腹の姉妹関係になる。草壁皇太子愛用の佩刀を藤原不比等に与え、文武天皇が即位したおりに、藤原不比等が文武天皇にその佩刀を献じているのは、持統天皇と阿陪皇女（後の元明天皇）がいかに藤原不比等を信頼し、文武天皇の後見として不比等が存在していたかを物語る。草壁皇太子が薨じたそのおりの軽皇子は歳わずかに七歳であった。

　持統天皇十年七月、太政大臣高市皇子が亡くなった。その死後前途を憂慮していた持統天皇や藤原不比等は、軽皇子の立太子を待望していた。

『懐風藻』に載す葛野《かどの》王（大友皇子の長子）伝には、「高市皇子薨《みまか》りて後に、皇太后王公卿士《けいし》を禁中に引きて、日嗣《ひつぎ》を立てむことを謀《はか》らす。時に群臣各私好を挟《さしはさ》みて、衆議紛紜《ふんうん》なり」とある。そのおり葛野王は進奏して、つぎのように語ったという。「我が国家の法となる、神代より以来、子孫相承《あいう》けて、天位を襲《つ》げり。もし兄弟相及ぼさば則ち乱此より興《おこ》らむ。仰ぎて天心を論《かた》らふに、誰か能《よ》く敢《あ》へて測《はか》らむ。しかれば人事を以ちて推さば、聖嗣おのづからに定まれり。此の外に誰か敢へて間然せむや」と。
弓削《ゆげ》皇子（天武天皇の皇子）もその衆議の座に加わっていたが、「言ふこと有らまく欲《ほ》りす」れども、葛野王が「叱《いさ》び、乃ち止《や》みぬ」と物語られている。以上の伝の記述は、後でも言及するように重要な伝えであった。葛野王伝では「皇太后其の一言の国を定めしことを嘉《よ》みしたまふ。特《とく》閲《えつ》して正四位を授け、式部卿《しきぶきょう》に拝《め》したまふ」と結ぶ。

葛野王の功をほめたたえたこの伝自体の性格も考えておく必要があるけれども、高市皇子（天武天皇の皇子）が薨じた後に皇太后（持統女帝）が宮廷において「日嗣《ひつぎ》」（皇太子）を立てることをはかったところ、群臣の衆議が紛糾したとするのは事実であろう。

高市皇子がこの世を去ったのは、持統天皇十年（六九六）の七月十日であった。軽皇子（後の文武天皇）が皇太子になった日は、明記したものがないのでわからない。だが、翌年の二月二十八日の条（『日本書紀』）に「東宮大伝」任命の記事があるので、立太子の日はおそらくそれ以前である。十三世紀の後半に『日本書紀』の訓詁を集大成したものに『釈日本紀《しゃくにほんぎ》』があって、『釈日本紀』に引用する『私記』には、軽皇子立太子の日を、持統天皇十一年（六九七）二月十六日としているのが参考になる。

『懐風藻』にしるす「衆議紛紜」のときは、持統十年の七月十日以後、翌年二月二十八日までの間におけるできごとであった。葛野王が奏言したという「神代より以来、子孫相承《あいう》けて、天位を襲げり」との言は史実ではない。だがそこには、当時の宮廷における王族主流派の皇統観が表明されていた。

この進奏の、もっとも切実なのはつぎの言である。「もし兄弟相及ぼさば則ち乱此より興らむ」。たんに中国の殷王の代の兄弟相続を意味したばかりでなく、その奏言者がかつての壬申の乱で自害に追いこまれた大友皇子の直系の葛野王であったことを思えば、その言には壬申の乱の憂き日が二重写しとなって迫力をもつ。軽皇子の立太子に反対しようとする弓削皇子（高市皇子の弟）の発言は、葛野王の「叱《いさ》び」によって制止された。こうして軽皇子は皇太子となり、文武天皇元年（六九七）八月、持統天皇は軽皇子に譲位して太上天皇となる。

持統朝の政治で忘れることができないのは、前述した持統称制三年（六八九）六月の飛鳥浄御原令の施行であり、同年閏八月十日の「今冬に戸籍を造るべし。九月を限りて、浮浪を糺《ただ》し捉《から》むべし。その兵士は、一国ごとに、四つに分ちて、その一つを定めて、武事を習しめよ」と詔されたことである。前段の戸籍は持統天皇四年（六九〇）の庚寅《こういん》戸籍であり、後段の武事習練は、天武朝の「政《まつりごと》の要は軍事なり」とした天武朝の政策を継承したものであった。

戸籍ははじめて持統天皇の時に造られたのではない。『日本書紀』が天智天皇九年（六七〇）二月の条に「戸籍を造る。盗賊と浮浪を断《や》む」と書いているように、天智九年すなわち庚午《かのえうま》の年にいわゆる庚午《こうご》年籍が作成されている。大宝元年（七〇一）にできた「大宝令」では永久に保存するよう定められており、倭国のすべての地域に対して造られて、都であった大津の「京戸」の戸籍も成作された。良民はもとよりのこといわゆる「賤民」も戸籍に登録された。

『続日本紀』の神亀四年（七二七）七月二十七日の条には「筑紫諸国の庚午籍七百七十巻に官印」を押したという。たとえば上野国では一里について一巻であったから、九州全体で七百七十巻という数は里数より多く、九州の場合は氏別の戸籍であったかもしれない。東では常陸や上野で実施されたことがわかっているが、常陸国のように「辛未《かのとひつじ》戸籍を以って庚午年籍となす」ところもあったが（『延喜交替式』）、庚午年籍は一里一巻を原則としていた。庚午年籍が前述したように倭国のすべての地域に実施された戸籍であったことは、平安時代のはじめに「左右京職《しき》ならびに五畿内七道諸国」に対して庚午年籍を書写して上申せよと命じられたのをみてもわかる。

『続日本紀』の大宝三年（七〇三）七月五日の条には「宜《よろ》しく庚午年籍を以て定《さだめ》となし、更に改易することなかるべし」の詔がのべられているとおり、庚午年籍によってすべての民衆（良・賤を含む）を掌握し、その身分を確定して氏姓の基本台帳とした。そして庚午年籍の詳細は天智天皇十年に定められた「近江令」にもとづいて作製されたと考えられる。

平成十四年（二〇〇二）奈良県明日香村の石神遺跡から「三野（美濃）国ム下（牟芸）評大山五十戸」と明記した木簡が出土した。この木簡は乙丑年《きのとうし》（天智称制四年、六六五）の荷札木簡で、天智朝にはすでに五十戸をもって一里とする国・評・里制が実施されていたことが明らかとなった。

「郡」を「評」と書いているが、評制が郡《こおり》制になるのは、「大宝令」からであって、唐の姚思廉《ようしれん》が編集した『梁書』に新羅の「啄評《たく》（啄とよぶ郡）」がみえまた唐の魏徴《ぎちょう》がまとめた『隋書』に高句麗の「内評」や「外評」について書かれ、『日本書紀』の継体天皇二十四年九月の条には百済の「背評《へ》」がしるされているように、「評制」は朝鮮半島の「コホル（郡）」制と関連すると考えられる。「郡」のもとが「評」であったことは、たとえば大阪府柏原市の鳥坂《とさか》寺廃寺跡の発掘調査で、瓦にヘラガキして、「飛鳥戸郡」を「飛鳥（戸）評」と書いているのにもはっきりとうかがわれる。郡を現在でも「コホリ」とよんでいるのも、朝鮮半島の「コホル」（評）に由来するからであろう。

庚午年籍の一里が五十戸を単位としたことは、石神遺跡出土の木簡によってもわかる。それなら庚寅戸籍とはいかなる戸籍であったか。六年ごとに作った戸籍の最初であることはたしかだが、その内容は明らかでなかった。幸いにも「庚寅戸籍」の木簡が、平成二十四年（二〇一二）福岡県太宰府市の国分松本遺跡でみつかった。その木簡は「国」の下に置かれた行政組織「郡」がまだ「評」とよばれていたことを物語ると共に筑前国嶋（福岡県糸島）地域の十六人がしるされていた。

大宝二年（七〇二）の戸籍としては、御野国（岐阜県）味蜂間《あはちま》郡春部里戸籍・御野国本簀《もとす》郡栗栖太里戸籍・御野国肩県郡肩々里戸籍・御野国山方郡三井田里戸籍・御野国加毛郡半布里戸籍・筑

前国（福岡県）嶋郡川辺里戸籍・豊前国（大分県）上三毛郡塔里戸籍・豊前国上三毛郡加目久也里戸籍・豊前国仲津郡丁里戸籍が正倉院に所蔵されているが、それらの戸籍には二つのタイプがあって、個人ごとに苗字《みょうじ》と名をきっちりと書く西海道（九州）型と戸主のみは苗字と名を書き、戸主の後は次に、次に、と名だけを書く御野（美濃）型とがあることがわかっている。正倉院の筑前国嶋郡の戸籍は西海道型であるのに、今回出土した筑前国嶋の「庚寅戸籍」の木簡は御野型であり、「庚寅戸籍」と大宝二年の戸籍ではその書き方に違いのあったことがたしかめられた。そして「去」とか「附」とか住民の増減を示す文字があり、さらに「兵士」の文字があった。国家が各地の集落の人びとのなかから兵士を徴発してゆくプロセスを物語って興味深い。木簡としては異例に大きく、筑前国を統治していた役所かあるいは大宰府が保管していた木簡であろうと推定されている。庚寅戸籍の造籍が「飛鳥浄御原令」の施行にひきつづいて行われたことも注意すべきであろう。

## 6　太上天皇のはじまり

太上天皇つまり上皇による政治としては、平安時代後期の応徳三年（一〇八六）からの白河上皇が譲位後も朝廷の政治を執行した院政が有名である。ついで鳥羽・後白河・後鳥羽へと院政はつづく。多くの人びとは上皇による政治は白河上皇が最初であると思っているようだが、それは明らかに誤りである。

そもそも太上天皇という称号も、太上天皇による治政の最初は持統天皇であった。「大宝令」・「養老令」の朝廷の儀式などにかんする規定の「儀制令」には、「太上天皇、譲位の事に称する所」としるされているが、藤原不比等らの協力のもとに施行されたと考えられる「飛鳥浄御原令」にも、おそらく「太上天皇」の称号はあったであろう。

持統天皇以前にも譲位した女帝はいる。皇極天皇は孝徳天皇に位を譲ったが、太上天皇とよばれた形跡もなければ、政治を行なったという史料もない。しかし持統女帝は皇極女帝とは異なっていた。持統天皇十一年（六九七）の八月に草壁皇太子の遺児軽皇子に皇位を譲ったが、つぎにしるすようにはっきりと「太上天皇」を称した。

『続日本紀』は、譲位後の彼女を「太上天皇」としるし、『万葉集』もまた「尊号を太上天皇という」と書いている。天平勝宝八年（七五六）の「東大寺献物帳」にも「藤原宮御宇太上天皇」とある。北畠親房が『神皇正統記』で、「太上天皇、本朝にはその例なし。此天皇よりぞ太上号は侍《はべ》りけり」と指摘したのは当然であった。

太上天皇という称の由来は、中国の太上皇・太上皇帝にあり、漢の高祖が天下統一の後、父の太公に尊称として贈ったのがはじめという。譲位による太上皇帝の用例の最初は晋の恵帝であり、後涼呂光、北魏の献文帝、北斉の武成帝、後周の宣帝、唐の高祖や睿宗などに例がある。中国における太上皇帝は、たとえば北魏の献文帝が万国の大政をすべ、北斉の武成帝が軍国の大事とかかわりをもち、また後周の宣帝が朝廷の政事を執ったように、譲位後も国政の実権をになうものであった。

　持統女帝の太上天皇化も、中国の先例にならったものであろう。ただし中国の太上皇・太上天皇はすべて新帝の父に贈られ、中国では律令にその定めのなかった点は、持統太上天皇などとは異なる点をみのがせない。持統女帝が崩じたのは、大宝二年（七〇二）の十二月二十二日であったが、譲位した年（五十三歳）のその日から崩年（五十八歳）のその日まで、彼女は依然として国政に干与していた。それを何よりもよく物語るのは、元明天皇の即位の宣命《せんみょう》（国文体の詔勅）である。それには「倭根子《やまとねこ》天皇《すめらみこと》（持統女帝）丁酉《ひのとどり》（六九七年）の八月に、この食国《おすくに》天の下の業《わざ》を、日並知《ひなめし》の皇太子（草壁皇太子）の嫡子今あめのしたしろしめしつる天皇（文武天皇）に授け賜いて、並びに坐《いま》して、この天の下を治め賜い諧《ととの》え賜いき」とのべられている。持統太上天皇が、文武天皇に譲位してからの後も、文武天皇とともに「並び坐して」万機を統《す》べたとしるされているのである。

　元明天皇は先述したように持統天皇とは腹違いの妹の阿陪（閇）皇女であり、持統天皇最愛の草壁皇太子妃となった女人であった。その元明天皇が、わが子文武天皇の後見として治政に当ったことを強調しているのである。

持統太上天皇は大宝二年（七〇二）十二月二十二日、五十八歳で崩去するが、公私の奴婢が民間に亡匿して使っているのを政府に報告しない場合には苔罪に処すと文武天皇二年（六九八）六月に命じたり、同年八月に藤原朝臣の姓を不比等に、中臣の姓は「神事に供するによりて」意美《おみ》麻呂にという、藤原氏は政治を、中臣氏は神事をと祭政の分離をはかった背後には、持統太上天皇が存在した。文武天皇三年十二月の鑄銭司《ちゅうぜんし》の任命、文武天皇四年三月に諸王臣に詔して令の文を読習させ、律の条を撰成させたのは「大宝律令」の編纂が進行していたことを物語る。

刑部親王や藤原不比等らがその作業に加わったのも持統太上天皇の意志にもとづくと考えられる。そしてついに大宝元年（七〇一）律令が完成し、翌年の十月には「天下諸国」に「大宝律令」が施行された。それをみとどけて、持統太上天皇はあの世へ旅立ったのである。古代国家の根幹をなす「大宝律令」もまた持統太上天皇と深いかかわりをもつ。

持統天皇は唐の高宗の皇后であった則天武后とならべて、日本の則天武后といわれたりするが、共に政治力にすぐれたとはいえ、則天武后のように唐室を奪って革命を断行したりするような女帝ではなかった。夫の天武天皇の政治路線をうけつぎ、日本古代国家の完成をなしとげた女帝のなかの女帝であり、日本の女帝を代表する巨人であった。

# 中臣の寿詞の成立

## 1　寿詞《よごと》の奏上

中臣氏による「天つ神の寿詞」（「中臣の寿詞」）の奏上はいったい何時ごろからはじまったのか。『日本書紀』によれば、持統天皇四年（六九〇）正月一日に、持統天皇が即位したおり、物部朝臣（石上麻呂）が大盾を立て、中臣朝臣大嶋が「天つ神の寿詞」を読んだのが最初である。「養老令」の「神祇令」にも「中臣、天神之寿詞を奏す」とあるから、即位式に中臣氏が寿詞を奏上することがはじまっていたと考えられる。

ところが、翌年十一月の大嘗祭にも中臣大嶋が「天つ神の寿詞」を読んだことが『日本書紀』

にみえている。「神祇令」には「毎年の大嘗」と「毎世の大嘗」とが区別されているが、「毎年の大嘗」とは新穀を皇祖に献ずる新嘗祭であり、「毎世の大嘗」とは大嘗祭を指す。『日本書紀』の天武天皇二年（六七三）十二月の条の「大嘗に侍《つか》え奉る中臣・忌部及び神官の人等」の大嘗などは新嘗祭のことだが、天武朝には悠紀田、主基田の国が設けられており、皇位を継承する重要な「毎世大嘗」の前提となった。

「毎世大嘗」すなわち大嘗祭は、後には天皇の即位が七月以前であればその年の十一月に、即位がそれ以後であれば翌年の十一月に執行される場合が多くなる。十一月の中の卯《う》の日から午《うま》の日まで行なわれる大嘗祭が皇位の継承にとって不可欠のものとされたのは、持統天皇五年十一月の大嘗祭からで、そのおりにも前述したように、中臣大嶋が「天つ神の寿詞」を奏上していた。

大嘗祭がいかに重要であったかは、大嘗祭ができなかった天皇は「半帝」とよばれたほどである。ここで大嘗祭の内容を簡潔に述べておこう。

卯の日に廻立殿《かいりゅうでん》で潔斎した天皇は、大嘗宮（悠紀殿・主基殿）に入り、八重畳の神座に着座する。神饌行立《しんせんぎょうりゅう》、神饌親供、御食、御衾の秘儀などが執行され、殿外では国栖奏《くずそう》悠紀・主基の両国風俗歌舞、語部の古詞奏上、隼人舞などが演奏された。辰の日（悠紀節会《せちえ》）巳の日（主基節会）には両国の風俗歌舞などがあり、午の日（豊明《とよのあかり》節会）には国栖奏、久米舞《くめまい》、両国の風俗歌舞などが行われた。この大嘗祭には日本の祭の基本的な要素が集約されているといってよい。卯の日はハレ（晴）の中心的な神事が執行される時間と空間であり、辰・巳の日はハレからケ（褻）への直会《なおらい》、午の日はその饗宴に相当する。大嘗祭の確実なはじめとして、『日本書紀』の持統天皇五（六九一）年の記載が注目される。「飛鳥浄御原令」の施行によって具体化したとする説が有力である。中世末大嘗祭は断続の状態にあったが、江戸時代に復興して現在におよぶ。

それならなぜ日本の天皇は即位式だけでは、完全な皇位継承者になれなかったのか。そして中臣氏は即位式のみならず大嘗祭でもなぜ「天神寿詞」を奏上したのか。

## 2　祭官から神祇伯へ

大嘗祭の前提は、『日本書紀』の天武天皇二年十二月の条にその十一月の新嘗祭を大嘗と称しているばかりでなく、天武天皇五年九月の条に「新嘗のために国郡を卜はしむ、斎忌（悠紀）は尾張国の山田郡、次《すき》（主基）は丹波国の訶沙（加佐）郡、並に卜にあへり」とあるように、悠紀田・主基田の卜定を行っているのにもうかがうことができる。

持統天皇が夫であった天武天皇の意志を忠実に継承したことは、天武天皇の伊勢大神へ強い「天武天皇のご宿願」（『二所大神宮例文』）であった伊勢神宮の式年遷宮を、持統天皇四年に執行したのにもうかがわれるが、即位式や大化を白雉に改元した白雉献上のおりに、「白雉を以て園に放たしむ、朝廷の隊仗（護衛隊）、元会儀（正月元日の儀式）の如し」（白雉元年〈六五〇〉二月九日の条）とあるように、即位式も「元会儀の如し」とみなされており、天武朝においてすでに正月元日の儀式の独自性がなくなっていた。

皇位の継承を義務づけるためには、より重要な祭儀の必要性が天武朝のころから実感されていたに違いない。したがって持統天皇五年十一月に、即位式よりは秘儀を含めた大嘗祭が厳粛に執り行われ、歴代の天皇がうけつぐことになる。

ところでなぜ中臣氏は即位式のみならず、大嘗祭でも「天神寿詞」を奏上したのか。ここで中臣氏が祭官→神祇官頭→神祇伯としての史脈をうけついできたことをかえりみる必要がある。

中臣氏の朝廷における登場については、延喜六年（九〇六）の六月八日に大中臣氏人《おおなかとみのうじびと》らが上奏した『新撰氏族本系』の解状（上申文書）が参考になる。それによれば、貞観五年（八六三）に勘造したが、さらに延喜三年に「繕作」し、延喜六年に勘署して「中臣氏系図」が完成したとする。この延喜本系「中臣氏系図」によれば黒田大連公《おおむらじのきみ》に二男があり長男の常磐《ときわ》大連が、欽明朝に中臣連の氏姓を与えられたと伝える。常磐の子の中臣可多能祜《かたのこ》（一云、方之子）は敏達朝に仕え、その中臣可多能祜には三男があり、長男は御食子《みけこ》で推古・舒明の両朝廷に小徳冠・前事奏官兼祭官として、次男の中臣国子《くにこ》も小徳冠・前事奏官兼祭官として舒明朝に奉仕したという。そして三男の糠手子《ぬかでこ》は皇極朝に出仕したとしるす。御食子の長男が有名な中臣（藤原）鎌足である。

これらの人物のなかで『日本書紀』にみえるのは、御食子・国子の代からである。御食子は舒明天皇即位前紀にみえる中臣連弥気《みけ》であり、国子は推古天皇三十一年（六二三）是歳の条にしるす中臣連国であって、ともに実在した人物であった。小徳冠とは推古朝の冠位十二階の第二位であり、前事奏官とは大夫（マエツギミ）とみなす説が有力であり、祭官とは後の神官・神祇官の前身であった。

推古・舒明朝のころより中臣氏は朝議に参加し、神まつりとのかかわりをもっていたのであって、奈良時代にいたってはじめて朝廷に重きをなすようになったわけではない。したがって『日本書紀』の皇極天皇三年（六四四）正月の条に物語るように鎌足を「神祇伯」（神祇官制の知識による潤色、神まつりの長）に任命したけれども、「別業」（『家伝（上）』のあった三島（大阪府の三島））に、病気を理由として再三固持し引きこもったというエピソードも生まれるのである。

この祭官制については「祭官の成立」（『日本古代国家論究』所収、塙書房）で詳述し、伊勢神官の祭司の先行形態ではないかと考えたこともあるが、そうではなく、「飛鳥浄御原令」の段階にはすでに存在した神祇官の先行官司と考えるのが妥当であろう。

『日本書紀』の持統天皇五年（六九一）十一月の条には「神祇官長上」、同八年三月の条にも「神祇官頭」としるすからである。持統天皇四年正月の即位にかんする記事には「神祇伯中臣大嶋」とみえるが、斎部広成が忌部氏の伝承を中心にまとめた『古語拾遺』に白雉四年（六五三）に「諱部首作賀期《さかき》」を「神官頭」に任じたとする記述があるのは、尊経閣本によって「神官頭」ではなく「祠官頭」であったことが明かになっている。ただし斎部に諱部と古い表記を用いているのは注意すべきだが、「神官頭」と「祠官頭（士族・宮内の礼儀・婚姻・卜筮《ぼくぜい》を掌る）」とが併存し、中臣氏が忌部氏よりも上位に位置して、「神官頭」に就任していたことはたしかであった。したがって『日本書紀』の持統天皇八年三月の条でも「神祇伯」と書かずに「神祇官頭」と書いていると考えられる。やはり「神祇伯」は、大宝元年（七〇一）にできあがった「大宝令」の太政官・神祇官制成立のおりには、「神官頭」を「神祇伯」と称することになったといえよう。持統天皇即位のおりの「神祇伯」は、書紀編者の後の知識の反映である。

## 3　大嘗祭と中臣の寿詞

律令体制の二官つまり太政官と神祇官は、名目上対等の一官を構成したが、実質的には太政官制の掌握下にあった。たとえば和銅元年（七〇八）に神祇伯となった中臣朝臣意美麻呂の場合をみても、彼は中納言兼神祇伯であり、神祇官の長官であって、しかも中納言を兼ね、太政官制下にくみいれられていた。したがって神祇伯の掌る神祇の祭祀や御坐・卜兆なども、律令制以前のままであったとはいえない。そこには律令制によってあらたに再編成され、変質させられた側面のあったこともみのがせないのである。

中臣氏が近江朝廷においても神祇の祭祀にたずさわっていたことは、天智天皇九年（六七〇）の三月、山の御井（長等山の御井であろう）の傍《ほとり》に諸神の座を敷いて幣帛を班《わか》ったさい、中臣連金が祝詞を奏し、また翌年正月に中臣連金が神事を宣《の》ったとするのにもたしかめられる。

鎌足の場合はどうか。先述のごとく彼は「宗業」を固辞して三嶋に帰去するというような行動をとりながらも、他方斉明天皇七年（六六一）天皇が病に臥したおり、「神祇に祈禱」するというような祭祀とのかかわりも保持していた。

古代にあっては政事（まつりごと）と祭事（まつりごと）は不可欠であり、「神をよく祭る者は人もよく治めた」といってよい。中臣氏においては文武天皇二年（六九八）八月の詔で「藤原朝臣賜ふ所の姓は、よろしくその子不比等（鎌足の次男）これを承《う》けしむべし、但し意美麻呂（国子の孫）らは神事に供《つかえまつ》れるに縁《よ》りて、旧の姓（中臣朝臣）に復すべし」と事実上の祭政分離がなされるまで、中臣氏は神事のみならず政治とも関係をもっていた。

実際に持統朝の中臣大嶋（糠手子の孫）のころは政治ともかかわりをもっており、天武天皇十三年（六八四）十一月には朝臣の新姓を与えられ、天武天皇が朱鳥元年（六八六）九月九日に崩去して殯宮喪儀が行われたが、中臣大嶋は、理官《おさむるつかさ》（律令官司の治部省）の事を誄《しぬびごと》しており、政治にも干与していたことがうかがわれる。

中臣大嶋は即位の儀式が「元会儀の如し」となっている状況をみのがすわけにはいかなかったに違いない。『新撰氏族本系帳』に「高天原に初めて、皇神の御中、皇御孫の中執り持ち、いかし桙《ほこ》傾けず、本末《もとすえ》中らふる」と中臣を称した由来をのべているが、その中臣氏の宮廷祭儀のリーダーであり政治にもたずさわっていた中臣大嶋らが中心になって、「元会儀の如」くになっている即位式の翌年十一月に、新嘗祭の神事を拡大して「神饌行立」・「神饌親供」・「御食」そして「御衾の秘儀」などを含む大嘗祭を考案したのであろう（『藤原不比等』朝日選書で言及した）。

そして即位式で奏上した「天つ神の寿詞」を、大嘗祭でも読みあげたのである。

## 4　中臣の寿詞の伝承

持統朝のころの「天つ神の寿詞」すなわち「中臣の寿詞」は残念ながら残ってはおらず、左大臣藤原頼長の日記である『台記』、その十二世記なかばのころの近衛天皇の大嘗祭で大中臣清親の奏上した「中臣寿詞」が現伝ではもっとも古い。しかしその内容は、中臣大嶋の読んだ「中臣寿詞」とほとんど変わらないと推定されているので、『台記』の「寿詞」によってその内容をかえりみることにしよう（以下「中臣の寿詞」とするす）。なお『続日本紀』によれば神護景雲三年（七六九）六月には、詔によって中臣清麻呂は「大中臣」の氏を与えられている。

「中臣の寿詞」の冒頭はつぎのように述べている。

「現《あき》つ御神《みかみ》と大八島國《おおやしまぐに》知《し》ろしめす大倭根子《おおやまとねこ》天皇《すめらみこと》が御前《みまえ》に、天《あま》つ神《かみ》の寿詞《よごと》を称辞定《たたへごとさだ》めまつらく」と申す。

ここで注意されるのは、天皇を「大倭根子天皇」と称していることである。古代の天皇の和風諡号において「倭根子」の和風の諡《おくりな》を献じられた確実な最初の天皇は持統天皇であって、つぎの文武天皇が「倭根子豊祖父《とよおおじ》」であり、元明天皇は「日本《やまと》根子天津《あまつ》御代《みしろ》豊国成姫《とよくになりひめ》」、元正天皇は「日本根子高瑞浄足《たかみずきよたらし》姫」であった。『記』・『紀』の天皇では七代孝霊天皇が「大倭根子日子賦斗邇命《ひこふとにのみこと》」・八代孝元天皇が「大倭根子日子国玖流命《くにくるのみこと》」・九代開化天皇が「若倭根子日子大毘毘命《おおひひのみこと》」（『記』の表記）だが、これらは後世の持統・文武・元明・元正のそれらにならってつけられた反映であって、実際の諡ではない。「中臣の寿詞」の奏上が持統天皇の即位と大嘗祭に奏上されたのにふさわしい持統天皇の和風諡号「大倭根子天之広野日女尊《あめのひろのひめのみこと》」に対応する「中臣の寿詞」の冒頭といってよい。

そしてつぎの文へとつづく。

「高天《たかま》の原に神留《かむづま》ります、皇親神《すめむつかむ》ろき・神ろみの命をもちて、八百万《やほよろづ》の神等《かみたち》を神集《かみつど》へたまひて、『皇孫《すめみま》の尊は、高天の原に事始めて、豊葦原の瑞穂《みづほ》の国を安国と平らけく知ろしめして、天つ日嗣《ひつぎ》の天つ高御座《たかみくら》に御坐《おほま》しまして、天つ御膳《みけ》の長御膳の遠御膳と、千秋《ちあき》の五百秋《いほあき》に、瑞穂を平らけく安らけく、斎庭《ゆには》に知ろしめせ』と事依《ことよ》さしまつりて、天降《あまくだ》しまし後《のち》に、中《なか》臣《とみ》の遠《とほ》つ祖《おや》天のこやねの命、皇御孫《すめみま》の尊の御前《みまえ》に仕へまつりて、天のおし雲《くも》ねの神を天の二《ふた》上《かみ》に上《のぼ》せまつりて、神ろき・神ろみの命の前《みまえ》に受けたまはりし申ししに、『皇御孫の尊の御《み》膳《け》つ水は、顕《うつ》し国の水に天つ水を加へて奉《たてまつ》らむと申せ』と事教《ことの》りたまひしによりて、天のおし雲ねの神、天の浮雲に乗りて、天の二上に上《のぼ》りまして、神ろき・神ろみの命の前《みまへ》に申せば、天の玉櫛《たまぐし》を事依《ことよ》さしまつりて、『この玉櫛を刺し立てて、夕日より朝日の照るに至るまで、天つ詔《のり》との太詔《ふとのり》と言《ごと》をもちて告《の》れ。かく告らば、まちは弱韮《わかひる》にゆつ五百《いほ》篁《たかむら》生《お》ひ出でむ。その下《しも》より天の八井《やゐ》出でむ。こを持ちて天つ水と聞しめせ』と事依さしまつりき。」

簡単に意訳すれば「高天原の神漏岐《かむろき》・神漏美《かむろみ》二神のご命令にしたがって、皇孫のニニギノミコトが天孫降臨され、豊葦原の瑞穂の国（大八洲の国）を安らかな国へと平らけく統治され、天皇が「高御座」にまして、高天原の御膳《みけ》として平らけく安らけく清らかなところで召しあがれと命じられた」と奏上するのである。

問題はつぎの箇所である。天孫が降臨された後に中臣氏の遠祖である天児屋根命が皇孫の前に仕え奉り、天忍雲根神を天の二上に登らせ奉り、神漏岐・神漏美両神の前で命令を受けたまわり申したところ、「皇孫の御食事の水は、現実の国の水に高天原の水を加えて差しあげよ」と教えたまうたのである。そこで天忍雲根神が、浮雲に乗って高天原の二上に登り、神漏岐・神漏美両神の前で申しあげると、聖なる玉串をお授けになって、「この玉串を刺し立てて、夕日の時から朝日の照る時まで、祝詞を奏上せよ。そうすれば田の畔道（次田潤『祝詞新講』、明治書院）に若いノビルや聖なる竹藪が生え出て、その下から神聖なたくさんの水が湧出する。その水は高天原からの水とお思いなさい」と詔《の》り奉ったとしるすのである。

この文のなかに、中臣の寿詞独自の伝承がある。天孫降臨の後に中臣氏の遠祖が、「皇御孫の尊の御前へ仕へまつ」ったというのは、この「寿詞」のみが記述するところである。『記』・『紀』などが中臣の遠祖を『天児屋命』（『記』・『紀』・『古語拾遺』）とするのと、「寿詞」が「天児屋根命」とするのは同類であって異なってはいないが、天忍雲根神は『記』・『紀』などにはみえない。東大阪市の枚岡神社、奈良市の春日大社の主神は天児屋根命であり、枚岡神社や春日大社の若宮では、天児屋根命の御子として天押雲根神を祭祀する。そして天押雲根命が天の二上に登って皇御孫尊の御饌《みけ》の水を奉り、神漏伎、神漏美両神から授けられた玉串を刺し立てるという伝承も「中臣の寿詞」が独自に述べるところである。

「中臣の寿詞」がいう「天の二上」は、奈良県葛城市の高さ五一七メートルの二上山《にじょうさん》のことではない。『日本書紀』の天孫降臨の条に「槵日《くしひ》の二上の天の浮橋」とか「日向の襲《そ》の高千穂の槵日の二上峰」とあるように、二つの峯が並び立つ高天原の二上山を指す。

大和三山のなかで「天」のつくのは香具山《かぐやま》だけである。天の香具山が高天原の香具山と強く意識されていたことは、『古事記』上巻の天照大御神が天の石屋戸に隠れた神話のなかで石屋戸を開くために、「天香山《かぐやま》（香具山）の五百津真賢木《いほつまさか》を根こじにこじて」と物語られ、さらに天宇受売命《あめのうずめのみこと》が『天香山の小竹葉《ささば》を手草《たぐさ》に結《ゆ》ひて』とのべられているのにも明らかである。また『日本書紀』の巻第一に天照大神が天石窟《あめのいわや》に隠れ、同じく磐戸《いわと》開きをするさいに「天香山（香具山）の五百箇《いほつ》の真坂樹《まさか》を根こじにこじて」と記載されているのをみてもわかる。

天香具山が聖なる山とみなされていたことは、『万葉集』巻第三に〝天降《あも》りつく　神の香山〟（二六〇）と歌われているのにもはっきりと示されている。

持統天皇の即位のおりのみでなく、即位式が元日の儀式と同じようになっているのを憂慮した中臣大嶋は、中臣氏が伝える天孫降臨の神話をおりこんで、「皇御孫尊の御饌つ水」を献上して、天皇の治政の長久と平安を祈念した。そして即位式のみならず、大嶋が中心になってあらたに創設したと考えられる大嘗祭でも、「中臣の寿詞」を奏上したのであろう。

中臣大嶋は天武天皇十年（六八一）三月の「帝紀及び上古の諸事」の記定に参加しているが、皇位の継承についての関心はきわめて強かったに違いない。そして「神祇官長上」・「神祇官頭」としてその実力を発揮した。宮廷神事のリーダーとしての大嶋の役割は大きかった。

和銅元年（七〇八）三月、中臣国子の孫意美麻呂は中納言・神祇伯になっているが、「中臣の寿詞」の奏上はうけつがれていった。

神祇伯には、天平十三年（七四二）から天平宝字七年（七六三）までの間、一時巨勢奈氏麻呂《こせのなてまろ》や石川年足、文室浄三が就任した例がある。またその次官ともいうべき神祇大副には、天平九年に菅生古麻呂、天平宝字五年に藤原是公、神護景雲二年（七六八）に賀茂塩麻呂、宝亀八年（七七七）に高賀茂諸雄、天応元年（七八一）に賀茂大川がそれぞれ就任している。天平九年の神祇大副菅生古麻呂、天平十三年の神祇伯巨勢奈氏麻呂任命の背景には、天平九年、不比等の子の参議房前・同麻呂・右大臣武智麻呂・参議宇合が天然痘のためにあいついで病死し、政府中枢には武智麻呂の長男豊成が参議としてとどまったにすぎぬという藤原一門のにわかの退潮などがあったであろう。天平十二年の藤原広嗣の叛乱も挫折して、この時期には旧族巨勢氏などが政界に進出した。

しかし奈良時代において神祇伯として確認できる十名の人物のうち七名は中臣氏であった。そして石川年足も、その系譜において藤原氏とのつながりをもつ。彼の祖父安麻呂の姉娼子は藤原不比等に嫁して、房前・武智麻呂を生んだ女人であった。藤原是公も、藤原氏に属する。

このように奈良時代を通じて中臣氏が神祇伯や神祇大副を独占化したその基礎は、中臣朝臣大嶋によって築かれたといってよい。その点でも中臣朝臣大嶋の存在を軽視するわけにはいかないのである。宮廷における中臣神道の定着に果たした影響は大きい。

いまは即位式だけでなく、中臣大嶋が宮廷神道のリーダーであった時から即位と大嘗祭で「中臣の寿詞」が奏上されるようになった状況を考察した。もとより欽明・敏達朝のころから中臣氏は朝廷に頭角を現わし、推古・舒明朝には前事奏官兼祭官として重きをなすようになった史脈がある。しかし神祇官頭・神祇官長上として活躍した中臣大嶋については再評価する必要があろう。

＊「出雲国造の神賀詞」については数多くの研究があるけれども、「中臣の賀詞」にかんする考察はほとんどない。その点でもこの論究は新研究とよんでもよいと思われる。

# 第Ⅱ部　天皇と女帝、そして平安京

# 「大王」と「天皇」の神観念

## 1　大王から天皇へ

倭国《わこく》の王者が大王《おおきみ》を名乗っていたことは、和歌山県橋本市の隅田八幡宮《すだはちまんぐう》に伝える人物画像鏡の《癸未《みずのとひつじ》》年の銘文に「大王」とあるのをはじめとして、埼玉県行田市の稲荷山《いなりやま》古墳出土の鉄剣の辛亥《かのとい》年（四七一）の銘文に「獲加多支鹵《わかたける》大王」（雄略《ゆうりゃく》天皇）とみえる例などに明確にうかがうことができる。隅田八幡宮人物画像鏡の癸未年については諸説があるけれども、銘文中の「意柴沙《おしさ》加《か》」は、允恭《いんぎょう》天皇の大后《おおきさき》（皇后）忍坂大中津姫命《おしさかおおなかつひめのみこと》に対応するとして「四四三年」とする説が有力である。いずれにしても、五世紀中葉の倭国の王者が「大王」を称したことはたしかであった。

『日本書紀《にほんしょき》』には、仁徳天皇即位前紀・允恭天皇即位前紀・允恭天皇元年十二月の条・雄略天皇即位前紀・顕宗《けんぞう》天皇即位前紀・継体《けいたい》天皇元年二月の条・舒明《じょめい》天皇元年正月の条には、倭国の王者を「大王」とするす。ただし欽明《きんめい》天皇二年四月の条・欽明天皇五年二月の条・欽明天皇五年十一月の条の「大王」は、百済《くだら》の聖明王《せいめいおう》を指し、皇極《こうぎょく》天皇元年二月の条の「大王」は、高句麗《こうくり》の榮留王《えいりゅうおう》を指す。

朝鮮半島でも「大王《だいおう》」「太王《たいおう》」が使用されたことは、高句麗の長壽王二年（四一四）に建てられた「広開土王陵碑《こうかいどおうりょうひ》」や新羅《しらぎ》の慶州で出土した銅盌《どうわん》に「好太王《こうたいおう》」などとあるのにうかがうことができる（加耶《かや》でも「大王」としるした例がある）。

『日本書紀』が、倭国の王者としての「大王」の表記を舒明天皇までとし、それ以後に使っていないのは興味深いが、それなら日本国の君主としての「天皇」はいつごろから使用されたのであろうか。その点についての私見は『私の日本古代史』（下、新潮選書）や『倭国から日本国へ』（文英堂）で詳述したので、ここではその結論をのべることにしよう。

天智《てんじ》天皇七年（六六八）の渡来氏族船《ふな》氏の中興の祖とされる船王後《ふなおうご》の墓誌には「治天下《あめのしたしろしめす》　天皇」が三カ所、「天皇」が二カ所みえており、「天皇」の用例としてはきわめて注目すべきものとなっている。

ところが、墓誌に示された「官位」を「官《つかさ》」と「位《くらい》」と解釈して「官位」という用語は官職と位階が相当することを反映した用語であって、『続日本紀《しょくにほんぎ》』の慶雲二年（七〇五）四月十七日以後から使われており、この「墓誌」は船氏の墓域を明示する意図もあって追葬されたとみなす東野治之説がある。

しかし、この「官位」の用語は「官位大仁を賜ひ、品第三と為す」とのべるように「官の位」第三の冠位「大仁」をさし、慶雲二年以前にも、『日本書紀』ではたとえば天智称制四年二月の「官位」は百済の場合だが「官位の階級《しな》」とし、『日本書紀』天武《てんむ》天皇四年四月の条、持統《じとう》天皇六年六月の条などにも「官位」の用例はあって、墓誌の「官位」を「官位相当」の「官位」と解釈するのはいかがであろうか。「治天下　天皇」の表記も、「大宝令《たいほうりょう》」の「御宇」「御」のさだめ以前であり、私見では「船王後墓誌」が初の天皇の用例であると考えている。船氏が墓域を明確にするために墓誌を追葬したとみなしうるあかしも、墓誌にはみえない。「近江令《おうみりょう》」を定め「庚午《こうご》年籍《ねんじゃく》」によって民衆を掌握した天智朝に「天皇」が使われていた可能性は高いと考えられる。

しかし、遅くとも天武朝に「天皇」の用語が確実に使われていたことは、奈良県明日香村の飛鳥池遺跡から丁丑年《ひのとうし》（天武天皇六年＝六七七）の木簡とともに出土した天武朝の木簡に、墨痕《ぼっこん》あざやかに「天皇」と書かれていたことによってたしかめられよう。天武朝にできあがって持統朝に施行された「飛鳥浄御原令《あすかきよみはらりょう》」には「天皇」号が規定されていたと思われる。

早ければ天智朝、遅くとも天武朝に「天皇」号が使われるようになったと考えてよい。ところで、厩戸皇子《うまやど》（聖徳太子《しょうとくたいし》）を「大王」（『天寿国繡帳《てんじゅこくしゅうちょう》』）あるいは、「法大王《のりのおおきみ》」（『上宮記《じょうぐうき》』逸文）などと書いている。『日本書紀』の推古《すいこ》天皇元年四月十日の条に、厩戸皇子を「皇太子」とし「摂政《せっしょう》」としたことをしるしているが、この「摂政」は平安時代の貞観八年（八六六）にはじまる藤原《ふじわら》良房《のよしふさ》ほかの天皇幼少期の「摂政」とはおもむきを異にし、推古女帝の大王代行者としての「摂政」であった。

推古女帝は大王であったが、実質上の大王は厩戸皇子であり、したがって「大王」と書いたり、推古女帝の大王と区別するために、仏法に詳しく崇敬心の篤い厩戸皇子を「法大王」と書いたのであろう。

ところで「天皇」号が使われるようになっても、たとえば『万葉集《まんようしゅう》』では天皇を「大王」と詠《よ》んでいる例がかなりある。

天平二十一年（七四九）の二月、当時陸奥守《むつのかみ》であった百済王敬福《きょうふく》が黄金を少田《おだ》郡内で発見した報告が朝廷に届けられた（敬福は黄金総計九百両を献上）。同年四月一日、聖武《しょうむ》天皇は「金《こがね》を出《いだ》す」宣命《せんみょう》を大仏殿の前殿で奏上し、その吉報が、当時越中守《えっちゅうのかみ》であった大伴家持《おおとものやかもち》のもとにも届く。そこで詠んだのが「陸奥国より金を出せる詔書を賀《ほ》ぐ歌」である。その長歌のなかの〝海行かば〟は有名だが、歌詞のなかに「吾《わ》が大王の毛呂比登《もろひと》」（諸人）と歌っている「大王」は聖武天皇のことである。

これはその一例にすぎない。『万葉集』に「大王」と詠んでいる例が二十四例、「吾が大王」が二十二例、「我が大王」が四例あるけれども、天皇を「大王」と書いているのは、天武天皇以後では持統天皇の三例と前述の家持の歌の聖武天皇一例のみだが、「吾が大王」としるしているなかでは、天武天皇の第一皇子である武市《たけち》皇子、第四皇子である長《なが》皇子、第七皇子の新田部《にいたべ》皇子、そして軽《かる》皇子（のちの文武《もんむ》天皇）と石田《いわた》王（伝不詳）、「我が大王」は長皇子のみということになる。

いずれにしても、「大王」が「天皇」に代わったあとも、依然として四例だけが天皇を「大王」と書き、「吾が大王」「我が大王」には天武天皇の皇子が多いのが注目される。

## 2　神としての大王と天皇

「天皇」という日本国の君主としての称号の由来は、津田左右吉博士が指摘されたように春秋《しゅんじゅう》緯《い》の『合誠圖《ごうせいず》』の「天皇大帝北極星也」にある（「天皇考」、『津田左右吉全集』第三巻、岩波書店）。そして「天皇大帝」は中国道教の最高神としてあがめられたのと関連する（福永光司氏との共著『道教と古代の天皇制』徳間書店）。

中国唐《とう》の高宗《こうそう》が上元元年（六七四）に「天皇」号を用いた例があるけれども、私の知る限りでは、日本以外では唯一の例である。日本の古訓《こくん》では天皇を「スメラミコト」と訓《よ》んでいるが、この「スメラ」は「統《す》べる」が語源ではなく、モンゴル語で「最高の山」を意味するsumelと同源の言葉であり、「至高」を意味する（『古語辞典』岩波書店）。すなわち「最高のミコト」が天皇であった。

大宝元年（七〇一）に成立して翌年から施行された「大宝令」の公文書の様式や官人の服務規定などを定めた「公式令《くしきりょう》」では、大事を蕃国使《ばんこくし》に宣するおりには「明神《あきつかみと》御《あめのしたしらす》宇《やまとのすめら》日本天皇《みこと》詔《おお》旨《みこと》」と書くことを明記している。天平十年のころにできた「大宝令」の注釈書である『古記《こき》』には「隣国は大唐、蕃国は新羅なり」とのべている。隣国を統一新羅ではなく唐として、しかも「大唐」と表現しているのは、「中華」を尊崇したこと、さらに「大宝令」自体が「唐令」をモデルとしていることの反映である。「蕃国」は野蛮《やばん》（蕃）国の意味ではなく、「藩国《はんこく》」つまりわが国への朝貢国《ちょうこうこく》を指し、渤海《ぼっかい》国も蕃国であった。そして日本の支配者層は、日本版中華思想にもとづいて新羅よりも渤海を下位とみなした（「古代日本と新羅」、『古代国家と東アジア』角川学芸出版）。

「大唐観」は、「大宝令」や「養老令《ようろうりょう》」の私的注釈集成である『令集解《りょうのしゅうげ》』の「隣国に通ずるは別に勘《かん》ふべし、この式に依らず」との注釈にもはっきりとうかがうことができる。唐への国書《こくしょ》がどのようなものであったか、たしかな史料がないので推定するしかないが、玄宗《げんそう》皇帝の時の宰《さい》相《しょう》であった張九齢《ちょうきゅうれい》の文集『唐丞相曲江張先生文集』が残されていて、その巻十二にはつぎのような示唆を与える玄宗皇帝の「勅書《ちょくしょ》」がある（西嶋定生『日本歴史と国際環境』東大出版会）。

この「勅書」は、天平五年に派遣された遣唐副使《けんとうふくし》中臣名代《なかとみのなしろ》が帰国するさいに唐の玄宗皇帝が与えたもので、張九齢が起草している。その「勅書」の冒頭には「勅日本国王主明楽美御徳《すめらみこと》」と書かれていた。この「勅書」は日本の天皇の国書に対する返書であって、唐王朝が周辺の国々に与えた「勅書」はすべて国名・称号の順で書かれているから、日本の天皇の国書には「日本国王主明楽美御徳」と記述されていた可能性が濃厚である。

さらに「公式令」は「明神御宇天皇詔旨」を、大事につぐ「次事を蕃国使に告ぐるの辞なり」とし、そして「明神御大八洲天皇詔旨」を「朝庭（廷）の大事に用ゐる辞」と定めている。

ここで注目すべきは、これらはすべて天皇みずからを「明神」としていることである。『続日本紀』の慶雲四年七月十七日の元明《げんめい》天皇即位の宣命には「現神御宇倭根子天皇詔旨」とあり、「慶雲」を「和銅」に改元した和銅元年（七〇八）一月十一日の宣命には「現神御宇倭根子天皇」と記されている。「公式令」の「明神御宇天皇詔旨」は、『令集解』では「次事を蕃国使に宣するの辞なり」とするのを『令集解』の穴説にいうところの「朝庭用事」として使っている例だが、私がもっとも注目してきたのは、「公式令」の「明神」を「現神」と書いていることである。「大宝令」は大宝二年から施行されたが、『続日本紀』所載の宣命の「天皇詔旨」の書きざまで「公式令」の用字と一致するものは少ないので、「公式令」の「詔書式」にあまりこだわるのは意味がない。しかし、「明神」を「現神」と宣命に明記しているのは重要で、「現神」とは「現世に姿を現している神」であって、天皇すなわち「現《あき》つ神」と宣せられていることである。『万葉集』では、天武天皇が大伴《おおとも》御行《みゆき》によって、

〝皇《すめらぎ》は　神《かみ》にしませば　赤駒《あかごま》の　はらばふ田居《たい》を都となしつ〟（四二六〇）

と歌われ、また、

〝大王《おおきみ》は　神にしませば　水鳥の　すだく水沼《みぬま》を　都《みやこ》となしつ〟（四二六一）

と歌われたことがみえている。そして持統天皇も、

〝皇《すめらぎ》は神にしませば　天雲《あまぐも》の　いかづちの上に　いほりせるかも〟（二三五）

と柿本人麻呂《かきのもとのひとまろ》によって歌われている。

壬申《じんしん》の乱《らん》のさなかに、「神《かむ》《日本《やまと》》磐令彦《いわれひこ》天皇」（神武《じんむ》天皇）の「陵《みささぎ》に馬及び種々《くさぐさ》の兵器《つわもの》を奉《たてまつ》れ」という託宣《たくせん》が大海人《おおあま》皇子（のちの天武天皇）の軍に下ったという（『日本書紀』）。そうした神統意識の高揚が、実力をもって皇位についた天武天皇以後にはっきりしてくる。天武・持統両天皇のみが「皇は神にしませば」「大王は神にしませば」と歌いあげられたのではない。天武天皇の第四皇子である長皇子も、

〝皇は　神にしませば　真木《まき》の立つ　荒山中《あらやまなか》に　海をなすかも〟（二四一）

と歌われ、天武天皇の第六皇子であった弓削《ゆげ》皇子も、

〝王《おおきみ》は　神にしませば　天雲の　五百重《いほえ》が下《もと》に　隠《こも》り給《たま》ひぬ〟（二〇五）

と偲《しの》ばれもした。天武天皇の皇親もまた「神にしませば」とあおがれたのである。天武天皇が「皇《すめらぎ》は神にしませば」と歌われながら、他方で「大王《おおきみ》は神にしませば」と歌われているのは興味深い。「皇」(天皇)と「大王」と、その二つの流れが、天武天皇のなかに重なって意識されており、壬申の乱に勝利して実力で即位した天武天皇のころから「現つ神」信仰がたかまりをみせるようになったことを示唆する。

しかし天皇や皇親《こうしん》のみが「神にしませば」と仰がれたのではない。埼玉県行田市の稲荷山古墳《いなりやまこふん》出土の鉄剣銘文や熊本県和水町の江田船山古墳《えだふなやまこふん》の大刀銘文に「治天下」の「大王」と書かれている獲加多鹵大王(雄略天皇)も、神仙の神にかかわって「神」と歌われていることはみのがせない。「治天下」という用語が、中国の『孟子《もうし》』や『漢書《かんじょ》』をはじめ、『三国志《さんごくし》』の「魏志《ぎし》」あるいは北魏《ほくぎ》の『魏書』などにみえている。中国王朝が「天下」の中心であり、その皇帝の徳は天下のすべてに行きわたるべきものとする世界観にもとづく。中国皇帝以外で「治天下」を称した例は、倭国の王や天皇のみで、他国の王者の例は史料にほとんどみえない。もとより倭国王の「治天下」は、倭国の領域を倭国王が中国皇帝のように「天下」とみなして統治するという、日本版中華思想を反映しての「治天下」であった(倭の五王の段階では、朝鮮半島の一部に及ぶ)。「治天下天皇」については、たとえば戊辰《つちのえたつ》年、すなわち天智天皇七年の船王後の墓誌に敏達天皇・推古天皇・舒明天皇が「治天下天皇」と書かれている。

中国南北朝時代の王朝梁《りょう》の沈約《しんやく》が編集した『宋書《そうじょ》』によれば、いわゆる「倭の五王」のうち、讃《さん》・珍《ちん》・済《せい》・興《こう》の四王が南朝の宋から与えられたのは三品の「安東《あんとう》将軍」であった。それに対して百済王は四二〇年に二品の「鎮東《ちんとう》大将軍」に昇格、高句麗王も同年に「征東《せいとう》大将軍」になっている。高句麗王はさらに四六三年に一品の、府を開いて僚属を置くことができる「開府儀同三《かいふぎどうさん》司《し》」となっている。

当時の東アジア社会における倭国王の国際的地位は低い（新羅は五世紀においては冊封《さくほう》体制に入らず五六五年に北斉の冊封国となる）。そして二品の「安東大将軍」に叙せられたのは、四七八年の倭王武《ぶ》であって、高句麗王に対抗して「開府儀同三司」を自称し、おのれに従属している者に「その余はみな仮授」つまり勝手に官爵を与えたいと、昇明二年（四七八）の順帝《じゅんてい》への上表文で明言した倭国王が、雄略天皇であった。

こうした雄略天皇であったから「神」と歌われたのか、というと必ずしもそうではない。『古《こ》事記《じき》』ではワカタケル大王を「神」と歌い、その「神」は神仙の神と結びついていたことがわかる。

〝呉床居《あぐらい》の　神の御手《みて》もち　弾《ひ》く琴《こと》　舞《まい》する女《おみな》　常世《とこよ》にもがも〟

『古事記』によれば、この歌は雄略天皇が吉野《よしの》の宮《みや》におもむいたときの詠とする。吉野川のほとりに姿のうるわしい童女《おとめ》がいた。天皇はその童女と婚《まぐわ》いして、大和の長谷朝倉宮《はつせのあさくらのみや》に帰った。のち、ふたたび吉野におもむいたさい、その童女と出会って、天皇みずからが琴を弾いて童女に舞をまわせた。童女の舞がみごとであったので詠まれた歌と『古事記』は物語るのである。

この歌で注意されるのは、雄略天皇が「呉床居の神」と歌われていることである。この歌はもともと独立の歌謡で、『古事記』の編集者が、雄略天皇の説話に挿入したものではないかとする見かたもある。だが、この歌の意味するところは、呉床居（あぐらをかいている）の神みずからが、神の御手で弾く琴にあわせて舞をまう童女は、永久にかわらないでほしいものよ、ということで、雄略天皇の説話と無関係な歌ではないであろう。大王を「神」とする意識は、天武天皇よりも先行していて、物語上の雄略天皇にもみいだされるからである。

この神は、万葉歌人が〝大王は神にしませば〟と歌いあげ、また「大宝令」が「明神御宇天皇」とした「神」と同質ではない。アマテラスオホミカミの神代《かみよ》につながる神統譜観念にもとづいた「神」とはおもむきを異にする。わが国に伝存するもっとも古い漢詩集『懐風藻《かいふうそう》』には、吉野におもむいて詠んだ漢詩がいくつかあるが、吉野を神仙境としていたことは、図書頭《ずしょのかみ》正五位下吉田連《よしだのむらじ》の詠んだ「五言、駕に吉野宮に従ふ　一首」に、

〝神居《しんきょ》深くして亦《また》静けく、勝地《しょうち》寂《しず》けくして復《また》幽《かそ》けし　雲は巻く三舟《みふね》の谷、霞は開く八石《はちせき》の洲《しま》〟

〝葉黄《このはもみ》たひて初《はじ》めて夏を送り、桂《かつら》白《しら》けて早《はや》も秋を迎ふ今日《けふのひ》夢の淵《ふち》の上《へ》に、遺響《いきょう》千年《ちとせ》に流

らふ〟

「神居」すなわち吉野は神仙の住む処《ところ》であり、「夢の淵の上に、遺響千年に流らふ」と詠んでいるのは、梁《りょう》の昭明太子《しょうめいたいし》が編纂した詩文集『文選《もんぜん》』に載る宋玉《そうぎょく》の「高唐賦《こうとうふ》」に、楚《そ》の懐王《かいおう》が霊夢の高唐観《こうとうかん》に遊んで昼寝の夢の中に現われた仙女と契りをかわしたことを詠んだ高唐観の「霊夢」とかかわりをもっての「夢の淵」であり、「遺響千年」は不老長生の神仙思想を背景とする。

ワカタケル大王と吉野の童女との交わり自体が「高唐賦」と類似する要素がある。『万葉集』の巻第三に、

〝我が行きは　久にはあらじ　夢のわだ　瀬にはならずと　淵にありこそ〟(三三五)

と歌われている吉野の宮滝《みやたき》付近の夢の淵が、吉野が神仙境視されたことを物語っているといってよい。

## 3　天子と現《あき》つ神

わが国の古代法が中国の古代法を母法の中心とし、わが国独自の慣習法をも摂取して、「近江令」や「飛鳥浄御原令」さらに「大宝令」「養老令」を成立させていったことは、これまでの研究によってほぼ明らかになっている。

たとえば「大宝令」の「神祇令《じんぎりょう》」は、隋《ずい》の「開皇令」や唐の「開元令」の「祠令」をモデルにしている。「祠令」では「天神の祀」と「地祇の祭」を明確に区別しているが、「神祇令」では「祭」と「祀」の区別はなく、また祭の時期や名称は書かれているが、その対象や場所はしるさず、「祠令」では孔子《こうし》の祭儀である「釈奠《せきてん》」を明記しているが、わが法では「学令《がくりょう》」のなかで定めている。「祠令」では犠牲が重視されているが、「神祇令」その他にも犠牲の規定はなく、「神祇令」では「祠令」にはない即位儀礼や大祓《おおはらえ》がかなり詳述されている。

これは、儀式などにかんする「儀制令《ぎせいりょう》」においても異なるところがあって、唐の「儀制令」では「皇帝天子（夷夏通称）、陛下（対敭・咫尺《しせき》・上表通称）、至尊（臣下内外通称）」とするのを、わが「儀制令」では「天子（祭祀に称する所）」、「天皇（詔書に称する所）」、「皇帝（華夷に称する所）」、「陛下（上表に称する所）」と、唐の「儀制令」が皇帝について「夷夏（夷狄と中華）通称」とする点や、陛下にかんして「上表通称」とする箇所は共通していても、他は異なっている。「儀制令」においても日本独自の要素を具体的にもりこんでいる。

「唐令」では、「天子」は「天命をうけた天帝の子」の意味で用いているが、日本の「天子」は、『日本書紀』がその古訓で「スメラミコト」あるいは「ミカド」と訓《よ》んでいるように、最高の天つ神の「ミコトモチ」とし、「天命をうけた天帝の子」としては位置づけていない。そして前述したように、「天皇」は「現《あき》つ神」と仰がれている。『続日本紀』でも「天皇」は古訓で、「スメラミコト」あるいは「スメラ」とよばれており、「天子」の用例は私の調べた限りではない。『日本書紀』では「天子」の用例は十一例あるが（註三を含む）、神功《じんぐう》皇后三十九年の条の註は、『魏志』の引用の「天子」は、魏の「天子」のいる洛陽《らくよう》を指す。さらに白雉五年（六五四）の二月・同五年の七月・同五年閏十月（註）・斉明《さいめい》天皇六年七月（註）の各条にある「天子」も、唐の「天子」である。

これらを除くと、履中《りちゅう》天皇五年十月の条の「天子の百姓」や顕宗天皇二年八月の条にみえる「天子」は天皇のことであり、継体天皇元年二月の条の「天子の鏡剣」も天皇のことであって、そこには「公式令」にいう「御宇天皇」の意識が投影されているのではないか。

「皇帝」の用例は少なく、『古事記』の「序」が仁徳天皇を「大雀《おおさざき》皇帝」、元明天皇を「皇帝陛下」としるし、『続日本紀』が天平宝字六年（七六二）九月の条に、聖武《しょうむ》天皇を「聖武皇帝」と表記しているにすぎない。

「儀制令」にいう「天子（祭祀に称する所）」、「皇帝（華夷に称する所）」の定めにもかかわりなく、天皇を「天帝の子」とする伝承はなく、しかも「現つ神」と尊敬した天皇を「天子」あるいは「皇帝」と称したのは、「大唐」からみれば日本は「東夷《とうい》」だが、その東夷のなかの「中華」であるとした、いわゆる〝日本版中華思想〟にもとづいて、「天子」あるいは「皇帝」を使用したのであろう。

中国の「皇帝」は「三皇五帝」をあわせた名称であり、秦《しん》の始皇帝《しこうてい》から用いられた「天子」の別称であった。そして「天子」を「天命をうけた天帝の子」とする思想や信仰は、漢の時代のころから具体化してきたといわれているが、日本の古代では天命の思想や信仰は稀薄であり、「学令」でも易姓《えきせい》革命を力説した『孟子』は、都の大学や各地域の国学でもテキストには入れなかった。

東アジアにおいて中国以外に「皇帝」や「天子」を名乗った国がはたしてあったであろうか。有名な高句麗の「広開土王碑」は長壽王二年（四一四）に広開土王（好太王）の功績をたたえて建立された、高さ六・三四メートルの角礫凝岩《れきぎょう》の四角柱で、中国吉林省集安市に保存されている。その碑文の冒頭に、建国神話の始祖である鄒牟王《すうむおう》について「天帝の子にして、母は河伯（川の神）の女郎（娘）なり」と明記する。鄒牟王は、『三国史記《さんごくしき》』（「高句麗本紀」）では「東明聖王《とうめいせいおう》」、諱《いみな》は「朱蒙《しゅもう》」とされ、同書（「百済本紀」）では「百済の始祖温祚《おんそ》王、その父は鄒牟、或は朱蒙と云ふ」と伝える。

高句麗も百済も建国神話の始祖は鄒牟王（朱蒙）で共通しているが、「天帝の子」を始祖と仰ぐ高句麗や百済の歴代の王者が自ら「皇帝」や「天子」を称した実例を私は知らない。それなのにわが国の場合には、天皇を「天子」あるいは「皇帝」とよんだ例が、前述のように『日本書紀』や『続日本紀』などに明確にある。これはどうしてなのか。

〝日本版中華思想〟のありようについては『環』〈五十八号、藤原書店。『「古代学」とは何か』所収〉で詳述したが、統一新羅や渤海を「蕃国」とみなし、東夷のなかの「中華」が日本国であることを誇示した当時のわが国の支配者層の「中華思想」が反映していたと考えざるをえない。

# 女帝の世紀

## 1　女帝史の三段階

「女帝」という用語が古代から使われていたことは、たとえば「養老令」の皇族の身分や継嗣・婚姻などの規定である「継嗣令」に「凡そ皇（天皇）の兄弟、皇子をば皆親王と為《せ》よ」と定めて、ついで「女帝の子も亦同じ」と註記しているのにも明らかである。

女性が古代の王者であった例は、『三国志』のいわゆる『魏志倭人伝』に描く女王卑弥呼とその宗族の台与の女王二代から確認することができる。そして『晋書』（「四夷伝」倭人の条）や『梁書』（「諸夷伝」倭の条）・『北史』（「東夷伝」倭国の条）にもみえている。ただし『南斉書』（「東南夷伝」倭国の条)には「漢末以来女王を立つ」とあって具体的に卑弥呼や台与については言及していない。そして卑弥呼と台与は中国の史書にみえるのであって、『日本書紀』の「神功皇后」(巻第九)の三九年・四〇年・四三年の註に『魏志』の文を引用しているけれども、具体的に卑弥呼や台与に言及しているわけではない。女王二代をいわゆる女帝史の第一段階とし、「鬼道を事《こと》とし能く衆を惑わす」神政的要素が濃厚であることを指摘し、第二の段階は日本の古典にみえる推古・皇極(重祚して斉明)・持統の各女帝の時期であることを指摘した(『古代日本の女帝』講談社学術文庫)。

この段階にも推古女帝みずからが、奈良県明日香村の南淵(稲淵)を流れる川の上流で、天を仰いで雨乞いをしたと伝えるように、神政的いぶきはうけつがれているが、この時期の女帝はいずれもが先帝の皇后としての前歴をもつ。推古女帝は敏達《びだつ》天皇の皇后であったし、皇極(斉明)女帝は舒明《じょめい》天皇の皇后であった。持統女帝もまた天武天皇の皇后であって、夫の歿後に即位した。

第一の段階と第二の段階は、前者が中国史書や説話に登場する人物であるのにたいして、後者が明確に天《あま》つひつぎしろしめす天皇として即位した人物であるというような差異ばかりではない。推古女帝が欽明天皇の皇女であり、持統女帝が天智天皇の皇女であったということにも、はっきりとうかがわれる。皇女の立后、立后から女帝へと、世襲王権継承上の血脈の論理の具体化がある。皇統の連続性による権威の確認は、七世紀後半の即位祭儀に確認される神器の継承と重なって、天皇制の伝統になった。この段階において皇女であり皇后であった出自と来歴が、女帝たりうることの資格になったことをみのがせない。

第三の段階は、元明女帝以後の時期である。奈良時代がそれに相当する。この時期になると巫女王・司祭王の性格はしだいに稀薄となり、むしろ皇女たることが、女帝の必須条件になった。先帝の皇后たる資格は消滅するのである。事実、第三の段階の女帝は、ひとりとして皇后の前歴をもつものはない。わずかに元明女帝のみが、草壁皇太子妃であった経歴をもつにすぎない。しかしそれとても皇后ではなかった。

いってみれば第一の段階は巫女王の代であり、第二の段階は巫女王から女帝への移行期であり、第三の段階が女帝の代ということになる（『前掲書』）。

古代の女帝史で注目されるのは、奈良時代（第三段階の女帝）であって、元明・元正・聖武・孝謙・淳仁・称徳（孝謙が重祚）・光仁というように七代の天皇のうち四代が女帝であった。奈良時代が女帝の世紀とよばれる所以である（ただし光仁天皇のあと桓武天皇が天応元年＝七八一の四月に平城宮で即位しているから厳密には八代となる）。

## 2　不改常典

草壁皇太子と阿閇《あべ》皇女の間に生まれた軽皇子が皇太子になった正確な年次は明らかでないが、『日本書紀』の持統天皇十一年（六九七）の二月二十八日に当麻真人《たぎまのまひと》国見が東宮（皇太子）の大傅《おおかしづき》となっているから、『続日本紀』が持統天皇十一年に「皇太子と為す」と書いているように、同年の二月二十六日までに皇太子となっていたことは間違いない。同十年七月に太政大臣高市皇子の病歿したあとの立太子であり、つぎの皇嗣を定めることが緊急の課題であった。そして立太子後わずか半年ばかりで、持統十一年八月一日には持統天皇は軽皇子に譲位して太上天皇となった。文武天皇がその人である。

わが孫文武天皇の即位を持統太上天皇が喜んだのはいうまでもない。前にのべたように草壁皇子の黒作懸佩刀を草壁皇子から与えられた佩刀を藤原不比等は早速文武天皇に献上し、不比等と賀茂比売の間に生れた宮子を入内させて文武天皇の夫人とした。

「大宝律令」の編纂にも藤原不比等は深くかかわって（『藤原不比等』朝日選書）、大宝二年（七〇二）十月に施行された。しかし同年十二月、持統太上天皇は五十八歳で崩去、慶雲四年（七〇七）の六月には文武天皇はわずか二十五歳でこの世を去った。同年の四月十五日、文武天皇（軽皇子）は藤原不比等に食封を与える宣命のなかで、「汝、藤原朝臣〔不比等〕の仕へ奉る状《さま》は、今のみにあらず、掛けまくも畏き天皇が御世御世仕へ奉りて、今もまた朕が卿として明《あか》き浄《きよ》き心を以て、朕を助け奉り仕へ奉ることの、重《いか》しき労《いとお》しきことを念《おも》ほし坐《ま》す」とのべている。藤原不比等の「仕へ奉る状」を「今のみにあらず」とするのは、こうした先帝いらいの功を意識してのものであった。文武天皇も不比等を信頼していた。文武天皇崩去の翌月（七月）には文武天皇の母である阿陪皇女が即位した。奈良時代最初の女帝元明天皇の代がはじまる。

慶雲四年七月十五日の元明天皇即位の宣命ではじめて天智天皇が定めたとする「改《かわ》るまじき常《つね》の典《のり》」が強調された。

「かけまくも威《かしこ》き藤原の宮にあめのしたしろしめしし倭根子天皇丁酉《ひのとのとり》の八月に、この食国《おすくに》天の下の業《わざ》を日並知《ひなめし》の皇太子《みこのみこと》の嫡子、今あめのしたしろしめしつる天皇に授け賜ひて、並び坐《ま》して、この天の下を治め賜ひ諧《ととの》へ賜ひき。こはかけまくも威き近江の大津の宮にあめのしたしろしめしし大倭根子天皇の天地と与《とも》に長く、月日と共に遠く、改むまじき常《つね》の典《のり》と立て賜ひ敷き賜へる法を、受け賜はりまして行賜ふことと、もろもろ受け賜はりて、恐み仕へ奉りつらくと、詔りたまふ命《おおみこと》を、もろもろ聞しめさへと宣る。」

とある。「近江の大津の宮にあめのしたしろしめしし大倭根子天皇」とは天智天皇を指す。天智天皇が「天地と与に長く、月日と共に遠く、改むまじき常の典と立て賜ひ敷き賜へる法」とはいったい何か。

「不改常典」については、天智天皇の代に定められた嫡系の皇位継承法とする説が有力である。いまもしその説が正しいとするなら、壬甲の乱を戦い抜いて皇位についた天武天皇の行動は、「不改常典」の原則をふみにじったことになろう。皇権を実力で掌握した天武天皇の場合を例外とみなすにしても、それならなぜ、天武天皇八年（六七九）五月に、草壁皇子を中心にした吉野での盟約をなす必要があったのか。すでに嫡系の皇位継承法が定まっており、そのことが宮廷で公認されていたのであれば、皇太子擁立のための吉野盟約でなぜ「不改常典」のことが問題にならなかったのか。

いやそうではなく、天智天皇の代に定められた皇位継承法を、天武天皇の代において嫡系主義にきりかえたのが、この「不改常典」であり、その確認が吉野盟約であったとする見方もある。それならなぜ、元明即位の宣命はこの「不改常典」を天武天皇の定めたものとしないで、わざわざ天智天皇の定めた「不改常典」と称しているのか。その疑問は、持統天皇十年（六九六）七月に太政大臣高市皇子が病歿した後の皇嗣決定における廷臣審議の紛糾のさいにも浮かびあがってくる。嫡系の皇位継承法がすでに定まり定着していたのであれば、『懐風藻』に伝えるような「衆議紛紜《ふんうん》」という状況はありえないはずである。

そのおり葛野王は「子孫相承けて、天位をつげり」と主張しているわけだが、天智天皇が定めたとする「不改常典」をその主張のよりどころにした気配は全くない。葛野王は「神代より以来、子孫相承けて、天位をつげり」との奏言をしたとしるす。

この高市皇子歿後の皇嗣決定の場で、嫡系の皇位継承法が定まったとする考えもありうる。ではなぜ、それを持統天皇の定めたものとしないで、天智天皇の「不改常典」としているのか。疑問はなおつきない。なによりも問題なのは、文武天皇の即位の宣命には、この「不改常典」への言及がないことである。

この「改むまじき常の典」は、元明天皇の即位の宣命についで聖武・孝謙両天皇の即位の宣命でもふれられている。さらに桓武天皇や文徳天皇の即位の宣命にもやや表現を異にしてみえており、「かけまくも畏き近江の大津宮にあめのしたしろしめしし天皇の初め賜ひ定め賜へる法」とのべられている。そこにいうところも同じである。だが、これらを天智天皇の代に定められた皇位継承法とすることには、前述のような理由から賛成できない。

それならこの「不改常典」を近江令とする説はどうか。この説にも無理がある。なぜなら元明天皇の即位の宣命にいう「不改常典」の内容は「かけまくも威《かしこ》き藤原の宮にあめのしたしろしめしし倭根子天皇丁酉の八月に、この食国天の下の業を日並知の皇太子の嫡子、今あめのしたしろしめしつる天皇に授け賜ひて、並び坐して、この天の下を治め賜ひ諧《ととの》へ賜ひき。こはかけまくも威き近江の大津の宮にあめのしたしろしめしし大倭根子天皇」の「不改常典」とあるようにその

「不改常典」は持統天皇が草壁皇太子の嫡子（文武天皇）に譲位して、「並び坐して、この天の下を治め賜ひ諧へ賜」うことを意味している。それは近江令というような特定の法令をさすものではない。

聖武天皇の即位の宣命にいう「不改常典」もそうであった。「霊亀元年にこの天《あま》つ日嗣《ひつぎ》高御座《たかみくら》の業《わざ》、食国《おすくに》天の下の政《まつりごと》を、朕に授け賜ひ譲り賜ひて、教へ賜ひ詔《の》り賜ひつらく、掛けまくも畏き淡海の大津の宮にあめのしたしろしめしし倭根子天皇の、万世に改むまじき常の典と立て賜ひ敷き賜へる法《のり》のまにまに、後《のち》遂には我が子に、さだかに、むくさかに、過《あやま》つことなく、授け賜へと負《おお》せ賜ひ詔り賜ひしに依りて、今授け賜はむと念《おも》ほし坐す間に」とある。

いうところは、「元明天皇が霊亀元年（七一五）に、皇位を継承して天下を統治すべきことを朕（元正天皇）に授けられて、教えられるには、天智天皇が定められた『不改常典』のまにまに、のち遂には我が子（首皇子）に確実にめでたくまちがいなく授け賜えと仰せになったのにしたがって、今（聖武天皇に）授け譲位しようと思われ」云々の意味である。ここでは元明天皇の意志にもとづき、天智天皇の「不改常典」の規定にしたがって元正天皇、そして聖武天皇へと譲位されてゆくプロセスが語られている。

孝謙天皇の即位の宣命にのべられている「不改常典」もその趣旨において同じであった。それは近江令というよりは、すべて譲位のありようについてのべられたものであり、やはり皇位の継受にかんする「法」であったとみなすべきであろう。
この「不改常典」が元明天皇の即位の宣命においてはじめて言及されたものであって、それ以前の天皇においてはなんらふれられてはいないこと、また文武天皇の即位が持統天皇の譲位によるものであるにもかかわらず、文武天皇即位の宣命に天智天皇が定めたとする「不改常典」にふれるところがないことなどを考えるとき、かつて指摘したことがあるように、やはり元明女帝がその即位にあたって、その父天智天皇に仮託して即位の正当性を強調したものとするのが妥当であろうと思う(『古代日本の女帝』講談社学術文庫)。

それは聖武天皇即位の宣命に、元明天皇が元正天皇に譲位したさいの「教へ賜ひ詔り賜ひつらく」言葉として、この「不改常典」がうちだされているのにもみいだされよう。いうところの「不改常典」とは元明天皇の意志にもとづくことを、聖武天皇の即位の宣命がはっきりとしるしているのである。

嫡系の皇位継承法は、複原された「大宝令」の「継嗣令」にも明らかであり(石井良助『長子相続制』日本評論社)、「凡そ嗣継《つぎ》がむことは皆嫡《ちゃく》相承《う》けよ」と規定されていた。「改むまじき常の典」を藤原宮で即位した元明天皇がわが父天智天皇に仮託して「改むまじき常の典」を強調した背景には、元明天皇の政治的地位が強固たるものでなかったこともその理由のひとつであったと思われる。それは大藤原京から平城京への遷都の状況にもうかがわれる。

天武天皇の意思を受け継いで多大の経費と労力によって造営された大藤原京へ、飛鳥浄御原宮から都が遷されたのは持統天皇八年（六九四）の十二月であった。にもかかわらず和銅元年（七〇八）の二月十五日に平城京への遷都の詔が出された。その間わずかに十三年あまりである。なぜ大藤原京がこのような短期間で棄都されたのか。

通説は遷都の詔に「当今平城の地は、四禽《しきん》（四神）図に叶ひ三山を鎮めと作《な》す、亀筮《きぜい》並に従ふ」がその主な理由とされている。だがはたしてそうであろうか。大藤原京も大和三山を配した相応の地であった。

大藤原京は北西が低く東南が高いという地勢の不都合、「藤原宮の役民の作る歌」（『万葉集』）に詠まれているように、近江の田上山《たなかみやま》で伐りだした用材を藤原宮へ運ぶのに、宇治川→木津川→木津へ運び、さらに陸路で佐保川さらに運河でという木津の港からも遠くに位置していた。そればかりではなく、慶雲三年・四年には旱魃《かんばつ》と疫病が続発して人心を一新する必要があった。しかも中国周代の官制を記した『周礼《しゅらい》』（「冬官考工記」）をモデルとした本格的な条坊制の首都大藤原京の内裏・大極殿《だいごくでん》・朝堂院《ちょうどういん》は、長安のような京城の北に宮城が位置する北闕《ほっけつ》型ではない。

唐から帰国した粟田真人らの進言を受けた不比等はあらたな新京を造営して遷都する決意を固めたと思われる。元明天皇みずからは遷都の詔のなかで「遷都の事必ずとすること、いまだ遑《いとま》あらず」とし、「王公大臣みな言ふ」遷都の「衆議忍び難く、詞情深切なり」との意志が表明されていた。

元明天皇の平城遷都へのためらいは『藤原不比等』（朝日選書）でも論証したように、和銅元年の元明天皇の「御製歌」（『万葉集』）にも明らかである。〝ますらをの鞆《とも》の音すなりもののふの大まえつきみ（物部乃大臣）楯立つらしも〟の歌は、大嘗祭《だいじょうさい》や蝦夷征討のさいの詠ではない。平城京の予定地に、当時左大臣になっていた石上《いそのかみ》（物部《もののべ》）麻呂《のまろ》が占地して楯を立てるさまに不安をおぼえての「御製歌」であった。その故に実姉の御名部《みなべ》皇女が「わが大王《おおきみ》物な思ほし皇神《すめがみ》のつぎて賜へる吾《われ》無けなくに」と慰めはげますのである。

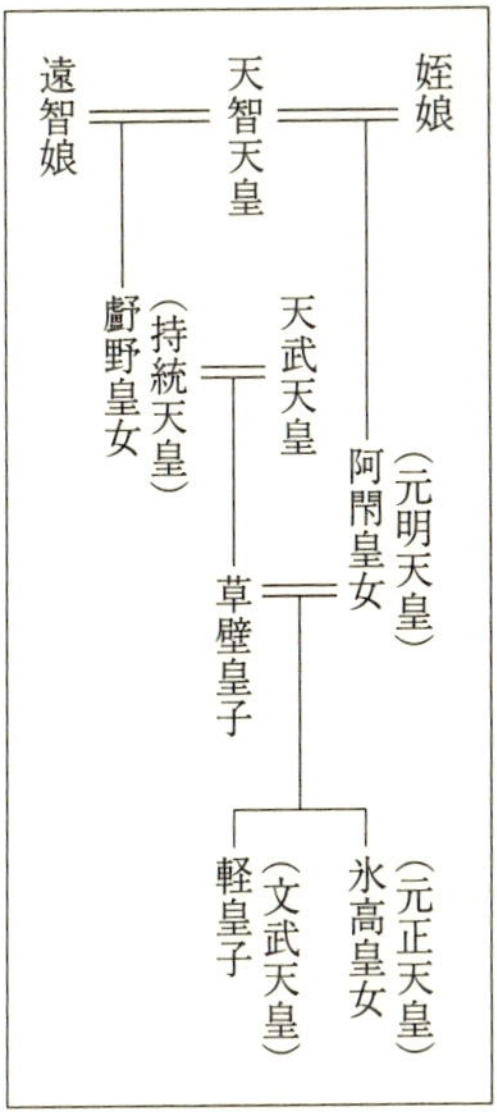


大藤原京の棄都には反対する抵抗勢力もあった。遷都の詔の出た翌月の十三日、かつてない大人事異動を決行した。右大臣石上麻呂を左大臣に、不比等みずからは右大臣になり、太政官の主要メンバー、中務省を除く七省・弾正台・左右京職・五衛府《ごえふ》・摂津職《せっつしき》のトップ、さらに大倭《やまと》（大和）国守から信濃《しなの》守まで二十七カ国の国司におよぶ総入れ替えを断行した。そして中納言粟田真人には北九州と瀬戸内海の表玄関である大宰府の師《そつ》を兼任させた（『公卿補任』）。

こうして元明天皇の代は安定する。

奈良時代に四代も女性が登場するのは男帝

から男帝への中つぎのためであったとする説があるけれども、すべてを「中つぎ論」で解釈することはできない。元明女帝から元正女帝への譲位のおりには、文武天皇と宮子夫人（不比等の娘）の間に生まれた首皇子（後の聖武天皇）はすでに十五歳になっていた。軽皇子が十五歳で即位した先例もある。なかつぎであれば元明天皇から首皇子へ皇位を譲るべきなのに、持統天皇の娘で草壁皇太子妃であった元明天皇（阿陪皇女）、元明天皇と草壁皇子との間に生まれた永高皇女（元正天皇）へと持統・草壁の皇統を守るてだてがとられたためであろう。その変則的なありようは「改むまじき常の法」にそぐわない皇位継承のありかたであった。

## 3　譲位と立太子

奈良時代ほど天皇の譲位の多い例はほかにない。霊亀元年（七一五）九月には元明天皇は元正天皇に譲位して太上天皇となり、神亀元年（七二四）二月に元正天皇は首皇子（聖武天皇）に譲位して太上天皇となる。聖武天皇と藤原不比等の娘（安宿媛《あすかべひめ》）との間に待望の基皇子《もとい》が神亀四年の九月に誕生した。藤原氏が画策して同年の十一月二日、生後一カ月あまりの赤ん坊（基皇子）を皇太子とした。史上例のない赤ん坊皇太子の登場である。だが満一歳を迎える寸前に基皇太子は病歿した。その死去の年に聖武天皇の夫人のひとり県犬養広刀自《あがたいぬかいひろとじ》が安積親王《あさか》を生んだ。

藤原氏はあせった。安宿媛（光明子）を皇后としよう、皇権にたいする藤原一門の地位を確保せんとする策略がこうして日程にのぼってくる。藤原氏が安宿媛の立后に懸命となったのには、つぎのような背景があった。

藤原不比等が死んだその翌年（養老五年）正月の新人事では、高市《たけち》皇子の子である長屋《ながや》王は従二位右大臣となった。ついで聖武天皇が即位したその日（神亀元年二月四日）には、長屋王はさらに進んで正二位左大臣に任じられていた。長屋王は元明天皇の娘吉備《きび》内親王を妻に迎え、また不比等の娘を夫人にしていた。聖武天皇が即位した年、神亀元年（七二四）二月四日の勅で、聖武帝はわが母宮子に大夫人《おおみおや》の称を贈ることを明らかにした。これにたいして長屋王は断固反対した。大夫人という称号は「公式令」にもみえないものであって、令の規定にしたがえば、皇太夫人とすべきもの、断じて法にしたがうべきであると主張した。

結局、長屋王の「公式令」を楯にした反対意見に、聖武天皇も屈し、さきの勅は撤回されて、長屋王の言葉の通りに皇太夫人とすることになった。そしてこれをよぶさいにのみオオミオヤとする旨の新勅がだされている。長屋王は藤原氏にとって目ざわりであった。反藤原の動きは、このほかにもある。養老六年（七二二）正月には、政府高官の多治比三宅麻呂《たじひのみやけまろ》が謀反の讒言《ざんげん》をなしたとし、また正五位上穂積老《ほづみのおゆ》が元正天皇を批判したというので、ともに処罰されるという事件が起こっている。この時藤原房前らは死刑にすべしとこれを論難したという。

安宿媛の生んだ基皇太子がこの世を去り、しかも同じ年に他氏の夫人が安積親王を生んでいるのだ。油断はできない。しかも藤原氏に反目する左大臣長屋王の人望は高く、長屋王の佐保《さほ》の邸には、知識人がつどって詩宴がたびたびもよおされていた。〝長屋王を倒すべし〟。そして〝安宿媛を皇后とすべし〟。その計略が藤原一門の間でひそかに練られていた。

ついにその日がきた。神亀六年（七二九）二月十日、長屋王が国家を傾けようとしているという密告があったのを口実にして、藤原不比等の三男宇合《うまかい》（当時式部卿）らは、ただちに長屋王の邸を包囲し、翌日には長屋王に自害を命じた。長屋王は謀殺され、妻の吉備内親王もその後を追ってみずから命を絶った。その翌月に、武智麻呂は大納言となり、同年の八月五日には年号は天平と改まった。そしてその十日には、ついに安宿媛が皇后になった。光明皇后がその人である。

その立后の宣命のなかで祖母天皇（元明天皇）が安宿媛を首皇子（聖武天皇）の妃としたおりに与えた「勅」を引用して、六年間試みに使ってきたが落度はなく、皇族でない臣下の者を皇后にした例は仁徳天皇の皇后に葛城襲津彦の娘の磐之媛がなった先例があることを強調している。藤原不比等の忠勤に言及しているのとあわせて注目すべきであり、藤原氏の安宿媛立后実現の動向が反映されている。

天平感宝元年（七四九）七月に、聖武天皇と光明皇后との間に生まれた阿陪内親王に、聖武天皇は皇位を譲って、やはり太上天皇となった。奈良時代最後の女帝孝謙天皇（後に重祚して称徳天皇）となる。独身の孝謙天皇に子のあるはずはない。天平宝字二年（七五八）八月、孝謙天皇は、天武天皇の皇孫で舎人親王の子である大炊親王に皇位を譲り、淳仁天皇の代となる。しかし藤原仲麻呂の乱にかかわって皇位を奪われ淡路国に配流された。時は天平宝字八年十月のことである。そこで孝謙天皇が再び即位して称徳天皇となる。称徳天皇は神護景雲四年（七七〇）八月、五十八歳で崩去、天智天皇の皇孫で施基《しき》親王の子である白壁親王が皇太子となり、宝亀元年（七七〇、十月一日改元）の十月に即位して光仁天皇となる。

ここで天武天皇以来の皇統が絶え、天智天皇系に変わったことを軽視できない。光仁天皇は太上天皇となったが、天応元年（七八一）四月、光仁天皇は病気のため、光仁天皇と高野新笠との間に誕生した山部親王に譲位した。桓武天皇の即位がそれである。

このようにみてくると奈良時代の女帝は元明から元正天皇へ、聖武天皇から孝謙天皇への各天皇はすべて譲位した天皇であり、譲位後孝謙（称徳）天皇のみが太上天皇を称していないことがわかる。嫡系の皇子がいなかったためにこのように多くの女帝が輩出したといってよい。「改むまじき常の典」は現実のものとはならなかったのである。

奈良時代の女帝の場合、皇太子とならずに天皇となっている。ただひとり孝謙天皇のみが立太子の儀を執行した。いったいなぜか。

天平十年（七三八）一月十三日、阿倍内親王が皇太子となった。聖武天皇と不比等の娘光明皇后の間に生まれた阿倍内親王が皇太子となるには、聖武天皇と県犬養広刀自との間に安積親王が生まれていたことも、阿倍内親王をつぎの天皇にいち早くとする藤原氏の願望があったことも否定できない。しかし立太子を実現させたのは、父聖武天皇の決断であった（瀧浪貞子『女性天皇』集英社新書）。

なぜなら天平九年には天然痘のために藤原一門の有力者不比等の子である武智麻呂《むちまろ》・房前《ふささき》・宇合《うまかい》・麻呂があいついで急死し、その政治力は失われており、女性とはいえ、皇后の生んだ嫡系の阿倍内親王を、安積親王よりもさきに皇太子とする必要があった。それは後のことになるが、孝謙天皇が重祚して称徳天皇となって、神護景雲三年（七六九）十月一日の宣命で聖武天皇が「継《つ》ぎては朕《あ》が子《こ》太子《ひつぎのみこ》（孝謙天皇）に明《あきら》かに浄《きよ》く二心なくして侍《つか》へ奉れ。朕《あ》は子《こ》二人といふことはなし。たゞ太子《ひつぎのみこ》一人のみぞ朕が子はある」と申されたという内実にもはっきりと物語られている。孝謙天皇に明らかに浄く「二心なくして侍へ奉れ」という文言は、他の宣命などにもみえるが、朕（聖武天皇）の子は二人ではない。「ただ太子（孝謙天皇）一人のみ」が「朕の子」であるという宣言は、聖武天皇が阿倍内親王の立太子によって彼女こそが嫡子であることを内外に明らかにしたものであった。

天平十五年の五月五日、当時の都は恭仁《くに》京（京都府木津川市）にあったが、宮中に群臣を集め阿倍皇太子はみずから五節の舞を舞った。それはつぎの天皇となることをならびいる皇族・貴族ら官僚に予告するものでもあった。この五節の舞は、五節の田舞《たまい》ともよばれ、天武《てんむ》天皇の朝廷において、国家的儀礼のなかに位置づけられたものである。五節というのは、遅・速・本・末・中の五つの節にちなんだものと思われるが（『左氏伝《さしでん》』昭公《しょうこう》元年の条）、田舞そのものは、農耕の予祝《よしゅく》行事に舞われた民間芸能に由来している。そして天智天皇十年（六七一）五月五日、すでに宮廷の歌舞としてとりいれられていた。もとは二月におこなわれていたものだが、宮廷では端午《たんご》の節供《せっく》に結びつけられて五月五日に舞われるようになったものである。

端午の節供といえば、今日では男子の祝日のように考えられているが、わが国におけるもとの姿は、田の神をまつる女性が、そのまつりの主人公を占めていた形跡がある。現在の民俗においても、端午の節供で田植との関係を示すものが少なくないのも理由のあることだ。「女天下」「女の屋根」「女の家」などという葺《ふ》きごもりを伝えている地域もあって、そのおこりが女を中心とする農村行事であったことを物語っている。

その田舞が、天武朝に儀礼化し、やがて大嘗会《だいじょうえ》（天皇の即位儀礼）や新嘗祭《にいなめのまつり》で舞われるようになる。五節の田舞は、天平十四年（七四二）の正月十六日にも宮中で舞われたことがあったが、翌年五月五日の五節の田舞には、孝謙天皇の明日を誇示するものとなった。

安積親王を支持する貴族・官僚らもいたが、天平十六年の閏正月十一日、難波行幸の途中脚の病によって恭仁京に還り、十三日には黄泉路へ旅だった。歳はわずか十七であった。毒殺説もあるが、その事実はたしかではない。

安積親王の急死によって、阿倍皇太子の天皇就任は決定的となった。それにしても聖武天皇の決意による阿倍内親王の立太子は、古代女帝史におけるきわめてまれなできごとであった。

# 平安新京のみかど

## 1　皇統の背景

平安遷都千百年を記念する諸事業のなかでもっとも注目されるのが、京都岡崎に造営された平安神宮の創建であった。祭神は平安遷都を断行され、爾来千七十有余年の長きにわたる日本の首都のいしずえを構築された桓武天皇である。そして平成十七年（二〇〇五）には、祭神桓武天皇の崩御から数えて千二百年祭の大きな節目の年を迎える。その千二百年の意義を顧みるために、改めて平安新京のみかどの生涯と神徳をかえりみることにしよう。

天平九年（七三七）、白壁王《しらかべ》（後の光仁天皇）と高野新笠夫人との間に珍《うず》の皇子《みこ》が誕生した。山部《やまべ》親王すなわち後の桓武天皇がその珍の皇子である。白壁王の父は、『万葉集』に収められている秀歌「石《いわ》はしる垂水《たるみ》の上のさ蕨《わらび》の萌《も》え出《い》づる春になりにけるかも」の歌人としても有名な施基《しき》（志貴）皇子である。その施基皇子は天智天皇の第七皇子であった。

壬申の乱に勝利して飛鳥浄御原宮で即位した天武天皇以後の皇位は、天武天皇の皇統でうけつがれてきた。政争の渦まく平城京の朝廷では、天智天皇直系にあたる白壁王の処遇はめぐまれていなかった。『続日本紀』によれば即位前の白壁王は「黄禍《おうか》の時を顧《かえ》りみて、或は酒を縦《ほしいまま》にして迹《あと》を晦《くら》ます。故《ゆえ》を以て害を冤《まぬが》るる者数《あまた》なり」と批評されている。酒にふけるよそおいをして、身におよぶ危険を避けてふるまわなければならなかった白壁王の不遇の状況がこの文からもうかがわれる。

神護景雲四年（七七〇、十月宝亀と改元）八月、称徳天皇は五十三歳で崩御、同年十月白壁王の即位が実現する。時に光仁天皇は六十二歳であった。こうして皇統は天武天皇系から天智天皇系へと推移する。父君が即位されたからといって、山部親王がただちに皇太子に擁立されたわけではない。光仁天皇と聖武天皇の皇女である井上内親王（皇后）の間に誕生した他部《おさべ》皇子が皇太子となる。しかし宝亀三年（七七二）三月、呪詛《じゅそ》の容疑で皇后は廃され、同年五月他戸皇太子も廃されて、母子ともに大和国宇智郡に幽閉された。宝亀四年の一月三日、藤原百川《ももかわ》らが協力して山部親王が皇太子となる。藤原百川の子緒嗣《おつぐ》が二十九歳で参議になったおりに、桓武天皇が「緒嗣の父（百川）なかりせば、予あに帝位を践《ふ》むを得むや」と告げられたのも、その間の事情を物語る。

平成十三年（二〇〇一）の十二月、二〇〇二年のサッカーW杯日韓共催に関連して、「桓武天皇の生母が、百済の武寧王の子孫であると『続日本紀』に記されていることに、韓国とのゆかりを感じています」との陛下みずからのいわゆる「天皇のゆかり発言」によって、生母高野新笠と武寧王とのかかわりは周知されたところである。

その由来については『帰化人』（中公新書、一九六五）ほかで、かなり早くから言及したが、高野新笠の父は和乙継《わのおとつぐ》でその祖先が百済の武寧王の子の純陁《じゅんだ》太子につながることは、勅撰の史書である『続日本紀』が新笠皇太后の崩伝に「后の先は百済の武寧王の子純陀太子より出づ」と明記しているのにもうかがわれる。

この伝承は中宮大夫をつとめた和気清麻呂が、高野新笠のためにまとめた『和氏譜』にも書きとどめられていたと考えられる。武寧王とその王妃の陵は一九七一年の発掘調査でたしかとなり、その墓誌石（買地券石）によって、五二三年の五月に六十二歳で崩じたことが明確となった。その太子が、『日本書紀』の継体天皇七年八月の条にみえる「淳陀太子」である。桓武天皇の母高野新笠皇太后の諡《おくりな》は「天高知日之子姫尊《あめたかしるひのこひめのみこと》」であったが、その諡も、百済の建国神話に基づいていた（『続日本紀』）。

## 2　新政の開始

天応元年（七八一）の四月三日、光仁天皇不予《ふよ》のため、皇太子山部親王への譲位となり、同日、桓武天皇の即位が実現した。そして翌日、実弟の早良《さわら》親王が皇太子に任じられた。こうして桓武朝廷のあらたな政治がはじまるのである。

しかし即位後の治安が平穏にすぎたわけではない。即位の翌年の一月には、塩焼王《しおやきおう》（新田部親王の子）を父とする氷上川継《ひかみのかわつぐ》の謀反事件があり、ついで同年の三月には、天武天皇系の皇胤である三方王らが天皇を呪詛《じゅそ》した厭魅《えんみ》の事変があった。こうした政争の渦があったにもかかわらず、桓武朝廷による新政は着実に前進した。

たとえば、天応二年の四月十一日に造宮省・勅旨省・造法華寺司・鋳銭司が廃止される行政改革が断行され、同年六月十四日左大臣藤原魚名《うおな》が氷上川継事件に連座して罷免された。そしてその後任の藤原田麻呂が翌年三月、六十二歳でこの世を去ってからは、太政大臣はもとよりのこと、ついに左大臣の任命もなかった。桓武朝廷の政治を特色づけたひとつは、藤原氏の廟堂参加がかなり制限され、皇族の廟堂への参加がきわだつことである。

例示すると、光仁朝廷の宝亀八～十一年の間では藤原氏の廟堂参加者はおよそ八名であったが、延暦五年（七八六）から同八年まではわずか三名（延暦九年では二名）というありさまであった。延暦十五年の七月十六日、右大臣藤原継縄《つぐただ》が七十歳で薨じたおりは、藤原氏の四人はすべて参議であって、右大臣・大納言・中納言のいずれにも藤原氏は任じられず、神《みわ》王が右大臣に、壱志《いちし》（師）濃《の》王が大納言に就任した。渡来系の人々が有力な官僚となったのとあわせて（後述参照）注目すべき動向であった。

内政では員外官（令の規定の定員外の役人）の整理や国司の治政をただす勘解由使《かげゆし》や問民苦使《もみくし》（巡察使）の設置などが実施され、対外関係では蝦夷征討の強化、渤海使の来日（三回）、遣渤海使の派遣（四回）、遣唐使の派遣（一回）などが展開された。

桓武天皇の勅命をうけて長岡の地の視察がなされたのは、延暦三年（七八四）の五月十六日であった。そして藤原種継《たねつぐ》をはじめとする人びとが造長岡宮使に任じられ、都づくりが着手されたのは、同年の六月十日であり、平城京から長岡京への遷都が決行されたのはそのおよそ五か月後の十一月十一日であった。

古代中国の讖緯《しんい》説では、十干十二支の組み合せが一巡する辛酉《かのととり》の年には天命の革《あらた》まる革命があり、甲子《きのえね》の年には万事が革まる革令があるという。桓武天皇即位の年が辛酉であり、長岡遷都の年が甲子であって、さらに延暦十三年十月二十二日、都が長岡京から平安京へ遷された日が辛酉の日であったことをみのがせない。

長岡京への遷都の理由については、さまざまに論議されているが、その目的のなかに平城京に隠然たる勢力をもつ寺院勢力の排除があったことは、長岡新京への寺院の移転が認められなかった状況にもうかがわれる。だがそれだけではない。その主たる理由は、つぎの詔にも明らかである。

延暦六年十月八日の詔には「朕、水陸の便を以て都をこの邑に遷す」とのべられ、さらに翌年の九月二十六日の詔でも「水陸に便ありて郡を長岡に建つ」と明記されている。陸路の要城であったばかりでなく、鴨川・桂川・木津川・宇治川が合流して淀川となる淀川水系に立地する水利の便もあった。そして淀川は大阪湾にそそぐ。

平成十六年（二〇〇四）は、長岡京の発掘調査がはじまってから五十年になる。延暦三年からわずか十年の都であったために、「まぼろし」の都などといわれたりもしたが、内裏・朝堂院などの遺構にとどまらず、最近では長岡京から平安京へ都が遷る前の天皇の在所となった東院あるいは北苑などもみつかっており、本格的な都づくりのなされていたことが判明してきた。長岡京は造都のたんなる通過点ではなかった。

## 3　種継暗殺事件

長岡遷都の翌年、延暦四年（七八五）の九月二十三日、都づくりのつづく長岡京で大事件が勃発した。造営の現場を視察していた造京長官の藤原種継《たねつぐ》が暗殺されたのである。種継は式家《しきけ》藤原宇合《うまかい》の孫にあたる（宇合の三男清成《きよなり》の子）。藤原種継は『続日本紀《しょくにほんぎ》』が「天皇はなはだ委任して、中外の事、皆決《けつ》を取る」とのべているように、桓武天皇の信任は篤かった。

そして長岡京の都づくりの中心人物であった種継が、大伴継人《つぐんど》・竹良《ちくら》らによって暗殺されたのである。桓武天皇は同年八月二十四日から先の都であった平城京の旧京に滞在中であった。この平城旧京への行幸の主たる目的は、皇女朝原内親王が伊勢神宮の斎宮《いつきのみや》として平城旧京での斎居を終り、伊勢へ向かうのを見送るためであった。実際に同年の九月七日には朝原内親王が平城旧京から伊勢神宮へとおもむく。

朝原内親王を見送った桓武天皇はなぜかすぐには長岡京に還幸されなかった。遷都反対派の動向が見守られていたのかもしれない。急報があってただちに長岡京に還幸、事件の翌日（二十四日）には、大伴継人・竹良ら数十人を逮捕して処罰し、同年の八月二十八日には、すでにこの世を去っていた大伴家持《おおとものやかもち》も事件に関係があったとして官位を剥奪《はくだつ》、家財を没収し、その子永主《ながぬし》らは流罪となった。

そればかりではない。同母の皇太弟《こうたいてい》である早良《さわら》親王にも容疑がおよんで、九月二十八日には乙《おと》訓寺《くにでら》に幽閉、さらに皇太子を廃して淡路島への配流となった。無実を訴えた早良親王は十余日断食、淡路移送の途中でついに絶命となる。

その憤死は桓武天皇にとっての悲痛の重荷となった。たびたびの淡路島早良親王陵への勅使派遣、崇道天皇の追号、奈良の八嶋陵への改葬なども、その怨霊鎮魂のためであった。私見では没収された家持の家財のなかに、『万葉集』の歌稿があったのではないかと推定している。

桓武天皇が国際的な開明のみかどであったことは、延暦四年の十一月十日に長岡京の南方にあたる交野《かたの》（大阪府枚方市片鉾本町あたり）で郊祀《こうし》が執行されたのをみてもわかる。十一月冬至の日に都の南郊の天壇で天帝を祀るのは、中国の皇帝の慣例であった。わが国ではじめて郊祀を執行されたみかどが桓武天皇である。「天神の郊祀」は『日本書紀』の神武天皇四年二月の条に「天神を郊祀し用《もつ》て大孝を申《の》べたまふ」とみえているが、この記事には『日本書紀』編者の知識にもとづく潤色があって、その「郊祀」をただちに史実とみなすわけにはいかない。

『続日本紀』の延暦六年十一月五日の条には、その郊祀の状況がかなり詳細にのべられている。当時大納言であった藤原継縄《つぐただ》（後に右大臣）を遣わして交野の祭壇で昊天《こうてん》上帝をまつり祭文を奏上したが、その祭文は『大唐郊祀録』の唐の皇帝による祭文とほとんどかわりがない。末尾の

「高紹《こうしょう》天皇・配神作主《はいしんさくしゅ》（あわせてまつる配祀の神）」の部分だけが異なるにすぎぬ。この「高紹天皇」とは父君の光仁天皇であり、昊天上帝と共に、光仁天皇を祭祀しているのが独自の箇所となっている。

桓武天皇の代に唐の皇帝の郊祀を宮廷祭儀のなかに積極的にとり入れられたのである。この郊祀が桓武天皇のおりだけに執行されたとみなす説もあるが、そうではない。桓武朝以後においても郊祀がなされたことは、たとえば文徳天皇の斉衡二年（八五五）十一月に郊祀が行われている（『文徳実録』）。

なぜ交野で郊祀が行われたのか。そのひとつの理由には、その地域が桓武天皇の信任をうけた百済王明信《くだらおうみょうしん》の本拠地であったことが深いかかわりをもつ。百済王氏とは百済滅亡のおりの義慈《ぎじ》王《おう》の子である善光《ぜんこう》（禅広）が、舒明天皇三年（六三一）に渡来してわが国にとどまり持統朝のころから百済王を称するようになった渡来系氏族である。その直系の百済王明信は藤原継縄の妻でもあった。

## 4　朕の外戚

桓武朝廷における有力な氏族に百済王氏がある。前述したように百済滅亡のおりの義慈王の息子で、舒明天皇三年（六三一）にわが国に渡来した善光（禅広）の孫が百済王敬福《きょうふく》であった。敬福は天平二十一年（七四九）の四月、陸奥《むつ》の小田《おだ》（宮城県涌谷町黄金迫《こがねざこ》）から東大寺大仏造立のために黄金九百両（総計）を献上した人物として有名である。

この百済王敬福の孫が藤原継縄《つぐただ》の妻となった百済王明信《みょうしん》であった（父は敬福の子理伯）。光仁天皇の代から女官（命婦《みょうぶ》）として活躍し、桓武朝廷では尚侍《ないしのかみ》（内侍所の長官）となって桓武天皇に奉仕した。桓武天皇の信頼が篤かったことは、延暦六年（七八七）の八月二十四日、高椅津《たかはしのつ》（京都市南区吉祥院のあたり）行幸のおりに、その地の藤原継縄の邸へ立ち寄って、とくに明信に従三位が贈られたのにも明らかである。

百済王氏が桓武朝廷と深いまじわりをもっていたことは、百済王氏出身の女人で桓武朝廷の後宮に入った者が少なくとも九名を数えるのをみてもわかる。

百済王理伯の弟武鏡の娘の教仁との間には太田親王、明信の弟の俊哲の孫にあたる貞香との間には駿河内親王、明信の子乙叡《おとただ》の娘の南子との間には伊登《いと》内親王が誕生している。延暦九年二月二十七日、大納言従二位藤原継縄は右大臣に昇進、ついで百済王玄鏡は従四位下、百済王仁貞が従五位上という叙位があった。その時の詔のなかで「百済王らは朕の外戚なり」（『続日本紀』）とのべられているのも、こうした百済王氏とのつながりがあってのことである。

長岡京から平安新京へ。延暦十二年の三月一日からはじまる桓武天皇の新京巡覧は六度にわたったが、そのなかで最も多く臨御をみたのは継縄の別業《あまりどころ》（別荘）であり、ほかに乙叡の園池もあった。

平安新京への遷都の計画が具体化したのは、延暦十二年（七九三）の一月十五日である。大納言であった藤原小黒麻呂《おぐろまろ》らが山背国葛野郡宇太村へ派遣された。その地域調査は「都を遷さむが為」（『日本紀略』）であった。なぜ長岡京から平安新京への遷都が計画されたのか。早良親王の怨霊が畏怖されたためとか、あるいは葛野の地域には古くから秦氏《はたうじ》が居住しており、その経済力や技術力とのつながりがあったためとか、さまざまな見解がある。しかしそれらの説のみで、平安遷都の理由を充分に説明することはできない。

平安新京に遷ってからも早良親王の怨霊の祭祀はしばしば行われており、長岡京を棄都したかららといって、怨霊の畏怖が解消したわけではなかった。葛野の開発に秦氏が大きな役割を果たしたことはたしかであり、初代の平安京の造営大夫（長官）となった藤原小黒麻呂の妻が秦島麻呂《はたのしままろ》の娘であり、『拾芥抄《しゅうがいしょう》』に所収する『天暦御記』に平安宮の大内裏はもと秦河勝の邸宅跡であったとする伝えもある。しかし秦氏とのつながりは長岡京の場合もあって、造営長官であった藤原種継の母は秦氏の娘であり、秦足長《はたのたりなが》や太秦公宅守《うずまさのきみやかもり》らも長岡造京の功労者であったように、秦氏との関係のみを新京遷都の理由とするわけにはいかない。

ここで改めて注目すべきは平安遷都の実質的推進者が和気清麻呂や平安京造営使の有力メンバ

ーであった菅野真道《すがののまみち》らであったことである。清麻呂は「長岡新都、十載（十年）を経ていまだ功成らず、費《ついえ》あげてかぞふべからず」と桓武天皇に進言した（『日本後紀』）。実際に延暦七年九月二十六日の詔に「宮室いまだならず、興作稍《ようや》く多く、徴発の苦、頗《すこぶ》る百姓にあり」とみえるとおり、長岡京の都づくりには多くの障害があった。

そして長岡京は西北部から東南部へ傾斜する地形にあり、つねに水害の危険があった。そのことはたとえば延暦十一年六月・八月などの洪水の被害をみてもわかる。平安新京は長岡京よりもはるかに水陸の便があり、より本格的な新都の建設にふさわしい立地条件にめぐまれていた。

## 5　平安楽土

延暦十三年（七九四）の十月二十二日、桓武天皇は長岡京から平安京へ遷都した。平安京はこのおりから明治元年（一八六八）十月十三日、江戸城が東京城と改称されて皇居となるその時まで、日本の首都としての位置を保有した。

同年の十月二十八日には「葛野の大宮は山川も麗《うるわ》しく、四方国《よものくに》の百姓は参出来《まいいでく》る事も便にして」の詔があり、さらに十一月八日の詔には「山勢実に前聞に合う」とあって「此の国は山河襟《きん》帯《たい》にして、自然に城を作《な》す。この形勢によりて新号を制すべし。よろしく山背国を改めて山城国となすべし。また子来《しらい》の民・謳歌《おうか》の輩《やから》、異口同辞し、号して平安京といふ」とのべられていた。

交通の便がよく、四神相応の地であることを列挙して、都の置かれた山背国を山城国と改める異例の指示があって、都の名をはっきり「平安京」と明記されているのはみのがせない。さらに注意すべきは、「また近江国滋賀郡の古津は先帝（天智天皇）の旧都、今輦下《れんか》に接す、昔号を追ひて大津と改称すべし」と言及されていることである（『日本紀略』）。

桓武天皇が天智天皇→施基（志貴）皇子→光仁天皇という天智系の皇統を強く自覚されていたことは、前に言及した交野《かたの》の郊祀で、昊天上帝《こうてんじょうてい》にわが父光仁天皇を配祀されたばかりでなく、平安「遷都の由」を延暦十二年の三月、伊勢神宮についで山階陵（天智天皇陵）・前田原陵（施基皇子陵）・後田原陵（光仁天皇陵）に奉告されているのをみてもわかる。したがって遷都にかんする詔のなかでも天智天皇の旧都が特筆され、新京に隣接する外港ともよぶべき大津が強調されたのである。

延暦十四年元旦には前殿での宴《うたげ》があって、大歌《おおうた》・雅楽が奏され、一月十六日には宮中の宴で踏歌があって、廷臣たちは「新京楽　平安楽土　万年の春」と唱和した（『類聚国史』）。まさしく「平安楽土」を祈念しての新京の実現であった。

延暦十二年の九月二日には、平安新京の宅地の班給が実施され、翌年の七月一日には長岡京の東西の市と市人が平安京の地へ遷されて、着々と都づくりが進捗した。いみじくも鴨長明が『方丈記』のなかで「この京のはじめ聞ける事は、嵯峨天皇の御時、都と定まりける」と指摘しているように、遷都によって一挙に都が完成したわけではない。そこには桓武天皇・平城天皇・嵯峨天皇という三代におよぶ遷都から定都へのみちのりが必要であった。延暦十四年の元旦の朝賀が廃止されたのは、そのさいは大極殿が未完成であったからであり、延暦十五年になって朝賀が再開されている。

桓武朝廷の政治には注目すべきことがらが多い。天応二年（七八二）の六月十四日、左大臣藤原魚名《うおな》が罷免されてからは、ついに桓武朝廷に左大臣は置かれなかった。藤原氏の政治への参画がかなり制限されたのも、その特色のひとつであった。光仁朝廷の宝亀八〜十一年の間で朝政の廟堂に参加した藤原氏はおよそ八名であったが、延暦五年から八年まではわずか三名（延暦九年は二名）であり、延暦十五年の七月十六日に右大臣藤原継縄《つぐただ》が七十歳で薨じたおりは、藤原氏の四人はすべて参議であった。

皇族の廟堂参加はめざましく、たとえば神王《みわ》は右大臣に、壱志濃王《いちしの》は大納言に就任している。また前述した百済王明信をはじめ菅野真道《すがののまみち》や坂上田村麻呂など、渡来系の人びとの活躍も注目される。

行政改革も断行されて、員外官（定員外の役人）の廃止や国司の政治を粛正するための勘解由使《かげゆし》の設置あるいは問民苦使《もみくし》の派遣など、画期的な政治の革新が行われた。桓武朝の政治としては軍事（蝦夷征討）と造作（都づくり）のみが論じられがちだが、最澄（伝教大師）や空海（弘法大師）が乗船した延暦二十三年（八〇四）の遣唐使派遣、さらには桓武朝に遣渤海使（送渤海使を含む）を四回派遣、渤海使の来日が三回あったことも忘れてはならない。

桓武天皇という漢風の諡《おくりな》は、中国の古典『詩経』のなかの周頌《しゅうしょう》「桓」の詩「桓桓《かんかん》たる武王、厥《そ》の土を保んじ有《たも》つ」に由来する。千七十有余年の首都の伝統、その前提は平安新京のみかどによって構築されたのである。

# 京都の文化の伝統

## 1　平安遷都の詔

長岡京から新しい都である平安京へ、桓武天皇が遷幸されたのは、延暦十三年（七九四）の十月二十二日であった。京都の三大祭のひとつとなっている平安神宮の時代祭が毎年十月二十二日に執行されているのは、その遷幸の日に由来する。そして同年の十一月八日、遷都の詔がだされた。その詔で注目すべき点が三つある。

（一）それまで山背国《やましろのくに》と表記していたのを改めて山城国《やましろ》とする。

（二）この新京は平安京と称する。

(三) 近江の古津はむかしのように大津と改称する。

この三点がそれである。

このように新京の所在する国名を改めたり、新京を平安京と号すと命じたりした遷都の詔は、これまでにはない。藤原京・平城京・長岡京などは、古文献にみえるが、天皇みずからが命名されたのは、この詔がはじめてである。なぜ近江の古津を大津とよぶことを強調したのか。桓武天皇の父である光仁天皇は、その前までの天皇が天武天皇の系統であったのに対して、天智天皇の系統であったからである。光仁天皇は天智天皇の孫であり、桓武天皇は天智天皇の曾孫であった。天智天皇が大津に都した天皇であったから、遷都の詔でわざわざ大津に言及されたのである。

『京都新聞』で正月に、京都府と滋賀県の知事と私が鼎談したおり、京滋連合が話題になったが、早速この遷都の詔を紹介した。平安京は当時流行した踏歌《とうか》のなかの歌詞「平安楽土」とも関連するが、平安京の歴史をかえりみればわかるように、その実際は非平安京であった。

## 2　非平安京と京都

鴨長明が『方丈記』に安元三年(一一七七)四月の平安京の大火について、その被害は「都のうち、三分が一に及べり」と書いているのも誇張ではない。治承四年(一一八〇)からはじまる源平の争乱（治承・寿永の内乱）でも兵火は都に波及した。

それればかりではない。応仁元年（一四六七）から文明九年（一四七七）までの長きに及ぶ応仁・文明の大乱では、京都の大半が焼失した。

「火事は江戸の花」などというけれども、京都でも大火はたびたびあった。天明八年（一七八八）の一月三十日から二月二日まで燃えつづいた火事によって、家屋三万六千七百九十七軒、寺は二百一カ寺、神社は三十七社が焼けたことが記録にみえている。

元治元年（一八六四）の七月十九日、幕府軍と長州藩の軍とが交戦した蛤御門《はまぐりごもん》の変（禁門の変）にはじまる大火は、鉄砲焼けとか京焼けともよばれている。町の数で八百十一町、村方一カ所が類焼し、家数二万七千五百十七軒・土蔵千三百十六カ所・寺社塔頭二百五十三カ所、寺社境内建家百五十五軒・大名屋敷四十カ所、公家屋敷十八カ所、このほかに東本願寺・仏光寺・曇華院などの有名寺院も焼亡した（『京都の歴史7』学芸書林による）。

いまは平安京と平安京のあとの京都が決して平安な都でなかったことを、代表的な事例にもとづいて列挙したが、そうした兵乱や大火のなかから、京都は不死鳥のようによみがえり、その災厄を乗りこえ、日本の首都として発展してきたのである。

平安京が京都と称されるようになったのは、いったいいつごろか。通説は中御門《なかみかど》右大臣藤原宗忠の『中右記《ちゅうゆうき》』の承徳二年（一〇九八）の三月二十一日の条に「京都」とみえるのが早いとされている。だが、永延二年（九八八）の十一月八日の「尾張国郡司百姓等解文《げぶみ》（上中文書）」には「京都・朝妻両所」としるされており、十一世紀後半のころから京都とよぶのが一般化したと考えられる。

## 3　伝承と伝統

伝承と伝統は異なる。伝承は故事来歴を守ることだが、伝統は古きを守って時代の要請にこたえながら、たえず新しい歴史と文化を創造することである。京都は伝承のまちではなく、伝統のまちであった。

「古都保存法」が実施された時、西陣の古老が「京都もとうとう古都になりましたか」と嘆かれたが、たしかに京都はたんなる古都ではなかった。

延暦十三年から明治元年（一八六八）の十月十三日、江戸城を東京城と改称して東京城が皇居となるまで、京都は千七十四年の都であった。千年あまりもつづいた都は、世界でも珍しい。その千年の都である京都は、そのはじめから国際性を有していた。唐の首都・長安城をモデルに平安京が造られたが、長安ばかりでなく、唐の副都・洛陽城も参考にして都づくりが進められた。平安京の坊《ほう》（まち）名を調べてみるとわかるように、長安の坊名を平安京の坊名にしたのは崇仁《すじん》坊《ぼう》ほか五つで、洛陽の坊名は教業坊《きょうぎょうぼう》ほか八つであった。

そして右京は長安、左京は洛陽とよぶようになった。しかし右京は次第にさびれて、京都の代名詞は洛陽になった。洛中・洛外とか入洛・上洛というのは、京都イコール洛陽とみなされたからである。平安京以前にあっても京都盆地は国際性をおびており、たとえば朝鮮半島の新羅《しらぎ》を直接のふるさととする秦氏《はたうじ》は五世紀のころから伏見のあたりに居住するようになり、さらに嵯峨の方面へと進出する。大宝元年（七〇一）に秦都理《とり》が松尾大社を創建し、和銅四年（七一一）には秦伊侶巨《いろこ》が伏見稲荷大社を造営した。そして秦河勝《かわかつ》が葛野《かどの》の太秦寺《うずまさ》（後の広隆寺）を建立している。

つぎに注目されるのは京都の歴史や文化は北白川縄文遺跡をはじめとして、縄文時代から現代まで、すべての時代の遺物や遺跡が存在することである。その全時代性は、京都の歴史と文化を特徴づけるといってよい。全国の国宝の約二〇パーセント、重要文化財の約一五パーセントが京都にある。その内容は広汎であり、兵乱や大火のなかで文化財を守ってきた先人の努力にはなみなみならぬものがあった。

さらにみのがせないのは、京都の文化の多様性である。平安時代以来、朝廷は京都にあったから、王朝の文化が花を開き、公家の文化が生きつづけた。足利尊氏から足利義昭まで十五代におよぶ室町幕府があったばかりでなく、江戸時代にも各藩の藩邸があって、武家の文化も京都の文化をいろどった。商工業者のいわゆる町家の文化はいうまでもなく、山水河原者《せんずいかわらもの》などとよばれた被差別民衆の文化力が、京都の文化を大きく支えた。

勅使の参向する勅祭社が多いのも京都であり、仏教の各宗派の本山が集中しているのも京都である。社寺の文化が京都の文化をきわだたせていることは誰の眼にも明らかである。

「観光」という言葉は中国の『易経』の「国の光を観る」にもとづく。物見遊山が観光ではない。国の輝きを観ること、あるいは観せることが本来の観光である。京都の文化の伝統を是非とも観光客に実感していただきたい。

京都市は自治八〇周年にあたる昭和五十三年（一九七八）十月に「世界文化自由都市」を宣言した。自信と誇りをもって「世界文化自由都市」を、京都なら内外に宣言できる。古きを重んじながら、不断に創意と工夫を重ねてきた京都の文化の伝統を再発見したい。伝承と伝統を混同してはならない。新しい歴史と文化を創造することが伝統につながる。

# 第Ⅲ部　古代の東アジアと日本

# 古代の日本と東アジア

## 1　今来《いまき》の才伎《てひと》

まわりを海で囲まれている弧状の島国日本は、アジア大陸の東部に位置する東海の列島である。太平洋側を暖流の日本海流（黒潮）が北上し、黒潮は九州南方でわかれて対馬海流となり、日本海側をも北上する。そして北からは寒流の千島海流（親潮）が千島列島にそって南下し、三陸海岸沖から房総沖へ、日本海側をリマン海流が間宮海峡を南下し、対馬海峡におよぶ。

日本の古代史を島国のなかのみで論ずるわけにはいかない。海上の道によって朝鮮半島の国々や中国・渤海あるいは南の島々とのかかわりをもつ。東アジアの歴史や動向とけっして無関係ではなかった。ここでは主として朝鮮半島の加耶・百済・新羅・高句麗、そして唐・渤海の関係を中心に考察することにしよう。

古代日本は朝鮮半島の国々と友好的であり、朝鮮半島から渡来した人びとが高句麗系の高麗《こま》(狛)氏、新羅《しらぎ》系の秦《はた》氏、百済・加耶《かや》系の漢《あや》氏であった。これらの渡来人たちが、いかに古代日本の発展に寄与したかは、たとえば飛鳥文化の内容をかえりみただけでもわかる。聖徳太子が四十九歳で亡くなったのを悲しみ、橘《たちばなの》郎女《いらつめ》が天寿国への往生を念じて作らしめた「天寿国繡帳」の「令者」は秦久麻《くま》であり、「画者」は東《やまとの》(倭)漢末賢《あやのまけん》・高麗加西溢《こまのかせい》・漢奴加己利《あやのぬかこり》であった。

これらの人びとは新しい技術をもって渡来し、今来《いまき》の才伎《てひと》とよばれたが、そもそも大和の飛鳥を開発したのは、これらの人たちである。縄文時代から飛鳥には人びとが住んでいたが、弥生時代後半に飛鳥川の大洪水によってムラは消滅、五世紀の後半に渡来した今来の才伎らが再開発にとりくんだのである。陶部《すえつくり》・鞍部《くらつくり》・錦織《にしごり》などの須恵器・馬具・織物技術者や蝦夷征討で有名な坂上田村麻呂のもともとの出身地は明日香村の檜前《ひのくま》に住んだ東漢氏の居住地であった。

聖徳太子の仏教の師は高句麗の慧慈《えじ》であり、儒教の師は百済の覚哿《かくか》であった。崇峻天皇元年(五八八)蘇我馬子は初期仏教では最大規模の飛鳥寺の建立に着手した。そして同年百済僧慧聡らをはじめとする寺工・瓦博士・鑪盤《ろばん》博士・画工らが大和の飛鳥に入った。その伽藍配置は高句麗の清岩里廃寺(金剛寺)や定陵寺と同じタイプの一塔三金堂であり、その舎利容器は百済の最後の都（扶余）の王興寺の舎利容器ときわめて類似することが注目されている。そして高句麗の大興王（嬰陽王）が黄金三百両を飛鳥寺の建立のため贈ったと『日本書紀』にみえている（『元興寺縁起』では三百二十両）。

高句麗使の渡来は欽明天皇三十一年（五七〇）のころからであり、高句麗使が持参した烏の羽根に書いた上表文を百済系の渡来人王辰爾《おうじんに》が解読したエピソードは『日本書紀』の敏達天皇元年（五七二）五月の条にみえている。

推古天皇十八年（六一〇）の三月に高句麗から渡来した曇徴《どんちょう》は『易経』・『詩経』・『書経』・『春秋』・『礼記』の五経を熟知しており、絵具や紙や墨を作り、碾磑《すづうす》（水力を利用した臼）をしあげたという（『日本書紀』）。高句麗の高僧慧慈については前述したが、高句麗僧の恵便《えびん》に蘇我馬子は師事し、司馬達等の娘である嶋を得度させて善信尼とし、善信尼はわが国最初の女性留学生として百済におもむき、仏教を深く学んで帰国して活躍した。

『日本書紀』の推古天皇十二年九月の条に「黄書画師《きぶみのえし》・山背《やましろ》画師を定む」とみえているが、黄書画師は高句麗からの渡来人であり、その子孫の黄書《きぶみ》本実の画師グループが、キトラ古墳や高松塚古墳の壁画を描いた可能性がある。

天智天皇五年（六六六）の五月には玄武若光《げんむじゃっこう》らが渡来し、若光は武蔵《むさし》国（埼玉県）に住んで従五位下となり王姓を与えられた。埼玉県日高市の高麗神社は若光を主神としてまつり、霊亀二年

（七一六）五月十六日には、高麗人千七百九十九人を武蔵国に移して高麗郡を設けた（『続日本紀』）。大阪府の八尾市の許麻神社はもと高麗王の霊神をまつり、この地域にも高麗人が多く住んでいたことがわかる。

新羅系の秦氏は、漢氏や高麗氏が点的に分布したのに対して、北九州から秋田県まで面的に分布した（『渡来の古代史』角川学芸出版）。とくに京都太秦《うずまさ》の秦河勝《はたのかわかつ》は有名で、葛野秦寺（後の広隆寺）を創建し、国宝となっている弥勒像をまつり、秦都理《はたのとり》は京都市西京区の松尾大社を大宝元年（七〇一）に造営し（『本朝月令』所引『秦氏本系帳』）、伏見区深草の秦伊侶巨《いろこ》（具は誤り）は和銅四年（七一一）に伏見稲荷大社を建立した（『社司伝来記』）。

## 2　外交の激変

いまは善隣友好の歴史の若干をかえりみたにすぎないが、いつの世も外交関係の悪化によって友好の史脈は断たれる。唐の高宗は永徽二年（六五一）に新羅を援《たす》けてまず百済を征圧し、ついで高句麗を滅ぼすという政策をうちだす。事実上六六三年に百済は滅び、六六八年に高句麗は滅亡して、統一新羅の世へと移行する。

唐・新羅が百済の総攻撃を決行したのは六六〇年であった。百済は敗北して百済の義慈王・王族・貴族は唐へと連れ去られた。唐は熊津都督府をはじめ五つの都督府を設けたが、都督や各地行政各人は在地豪族を任命した。百済の遺民たちが百済の復興をめざすのには好都合であった。

舒明朝に「人質」として渡来していた義慈王の皇子豊璋《ほうしょう》を国王とし、百済救援を名目とした天智朝は、倭国の水軍一七〇隻で豊璋を護衛し、六六二年の五月に豊璋は即位した。そして一万七〇〇〇人の軍勢で新羅を攻撃した。六六三年の八月二十七日、唐の水軍一七〇隻が白村江（錦江）の河口のあたりで倭の水軍を待ちうけて戦ったが、一時退却して戦機をうかがい、二十八日再び会戦、唐の水軍が倭の水軍を挟み撃ちにして、倭国の軍勢は大敗、死者多数、四〇〇隻が焼失した。この両日がいわゆる白村江の戦いである。敗北するや国王豊璋は高句麗へ逃亡、百済は最終的に滅亡した。

ところが六六七年のころから唐と新羅の関係はついに対唐戦争となった。倭国は六六九年（第六回）から七〇二（第七回）までの間遣唐使の派遣を中止し、六七一年唐は倭国が新羅を攻撃するよう要求してきた。新羅は倭国と唐が結託することを阻止しようとして、六七一年から七〇〇年までの間に二十五回も新羅使を派遣し、日本への低姿勢の「朝貢」を示した。しかし六八六年のころから新羅と唐の関係が修復して良好になると、「朝貢」の姿勢を見直し、「亢礼《こうれい》」（対等）の関係をうちだしてくる。

天平十年（七三八）のころに書かれた「大宝令」の注釈書である『古記』（『令集解』）に「隣国

は大唐、蕃(藩)国は新羅なり」とある。「日本版中華思想」については別に詳述したが(『環』五八号、藤原書店、二〇一四)、こうした新羅を「伐《う》つべし」とする論が朝廷内に高まり、天平宝字五年(七六二)には実際に征討軍の陣容がととのえられたこともあった。

## 3 唐と渤海

古代の東アジアを論ずる時に、唐そして中国の東北地区東南部から沿海州にまで勢力を伸張した渤海を忘れるわけにはいかない。舒明天皇二年(六三〇)から承和五年(八三八)まで遣唐使は十五回(迎入唐使一回・送唐客使二回を含む)であり、その時代を遣唐使時代とよぶ学者は少なくない。しかし唐使の来日はわずか九回(正式は八回)であった。

ところが遣渤海使は神亀五年(七二八)から弘仁二年(八一一)まで(送渤海使を含む)十五回、渤海使は神亀四年(七二七)から延喜十九年(九一九)までなんと三十四回に及ぶ。そして来着地の判明している二十九回はすべて北ツ海(日本海)側であった。遣唐使がわが国の歴史や文化に与えた影響はきわめて大きいが、渤海使の来日の回数をみただけでも、遣唐使のみを重視する史観をそのままに支持するわけにはいかない。

もとより遣唐使・遣渤海使といっても時期により、その目的と性格を異にするのであって、遣唐使についていえば第六回（六六九年）までとそれ以後では前期と後期の違いがあり、前期の遣唐使船が二隻ないし一隻で北路であったのに、後期はおよそ四隻（ほかに一隻1、二隻1）で南路であった（ただし渤海路1）。そして前期では、六五三年・六五四年・六五九年・六六五年・六六九年とあいついで派遣されており、唐の朝鮮三国に対する政策のなかで倭国の勢力を保持しようとした外交姿勢があった。そして後期はおおむね十数年に一回の割合で文化の導入と交易が主たる目的となっている。

渤海使についてもそれぞれの検討が必要である。初期の目的は政治的・軍事的提携であったが、七五九年以後は交易を中心とする経済使節へと変化していったことに注目する必要がある。

日本から唐への輸出品としては火打ち道具（出火）としての水晶・メノウ・出火鉄（火打ち金）などが珍重されたが、素材がすぐれていたので唐では輸入するのに熱心であった。唐から日本への輸入品としてはまず漢籍と仏教経典であり、書籍によって唐の制度・歴史・思想・文学や仏教の内容を知ることに重点があった。そして仏像をはじめとする美術工芸品や香料・薬物・動植物などがあった。

渤海との交易では、渤海使によって唐の宣明暦がもたらされたように、唐の物も導入されたが、渤海側が求めた品物は、高級繊維製品がもっとも多く（綾・錦・絹・絁《あしぎぬ》など）。日本への信物（進物）としては圧倒的に多かったのは貂《てん》・大虫（虎）・熊・豹《ひょう》などの毛皮類であり、人蔘・蜜なども貴重とされた。

日本から渤海へ渡ってきた渤海使（第四回・七五八年）に贈られた舞女十数名が、十数年後には渤海から唐へ贈られる悲劇もあった（『続日本紀』『新唐書』）。

遣唐外交は順調にはじまったわけではない。第一回の派遣のあと唐の使節高表仁が派遣され、「王と礼を争い、朝命を宣べずして還る」（『新唐書』、『旧唐書』は「王子」とする）としるす。これは日本が冊封体制に入ることを拒否したことを物語る。事実日本国の君主は朝貢はするが、唐の爵号・軍号を受けず、冊封体制から冊封関係の外交関係に入った。遣唐外交は菅原道真の進言によって停止となるが（「菅原道真と渤海使」、『古代国家と東アジア』、角川学芸出版）、遣唐使の停止によって、日本が「鎖国」のような状態になったと錯覚している人もいる。しかし「大唐商売人」との交易はその後も実際に行われており、唐の商人らの来日は継続して、文物の輸出入は行なわれていた（『扶桑略記』・『日本紀略』）。

日韓・日中関係が悪化している日本の現状のなかで、古代日本と東アジアのつながりを改めて想起する。

# 高句麗文化とのまじわり

## 1　高句麗との国交

古代における日本列島と朝鮮半島との関係は、きわめて深いつながりをもっていた。朝鮮半島南部の西側、百済との関係については「古代の日本と百済の文化」(『大和魂《やまとごころ》』の再発見』所収、藤原書店)などで、朝鮮半島南部東側の新羅とのまじわりにかんしては「古代日本と新羅」(『古代国家と東アジア』所収、角川学芸出版)ほかで、かなり詳細にのべたが、ここでは朝鮮半島北部を中心とする高句麗とのかかわりを改めて検討することにしたい。

漢の武帝が設定した楽浪・玄菟・真蕃・臨屯の四郡のなかで、高句麗は玄菟郡の支配に抵抗して、紀元前一世紀のはじめに興起し、徐々に玄菟郡の勢力を駆逐し、鴨緑江とその支流渾江《こんこう》の流域を統治して、中国遼寧省の桓仁（卒本）を都にした。そして三世紀には吉林省集安の国内城に遷り、四二七年には平壌に遷都した。

遷都した平壌は、現在の平壌市街地ではなく、そこから東北へ六キロほど離れた大城山城一帯であった。周囲七キロあまりの大城山城は逃げ城の機能をもっていたが、その西南麓の清岩里土城がその居城となった。

高句麗は日本では高麗とも表記されているが、正式に高句麗との交渉がはじまったのは、いったいいつごろであったと考えるべきであろうか。

『日本書紀』には應神天皇二十八年九月の条に高句麗使が「高麗の王、日本国に教ふ」と上表したことをしるすが、高句麗の長壽王の二年（四一四）に建立された「広開土王」（好太王）陵の碑文によれば、高句麗は「倭」・「倭人」と敵対しており、日本国という国号が使われるのは天武天皇三年（六七四）の三月以降であって、應神天皇二十八年九月の上表文に「日本国に教ふ」とあったとする記述は史実とはみなしがたい。ついで仁徳天皇十二年の七月・八月の条に高句麗の「朝貢」を記載するが、これらも高句麗の鉄の盾・鉄の的《まと》を的《いくはの》の祖先とする盾人宿禰《たてひとのすくね》が射通したとする説話を『日本書紀』の編纂者らが造作して挿入したものであって、事実ではない。

確実な高句麗使の渡来は欽明天皇三十一年四月の条にみえる「高麗の使人」が「風潮に辛苦」

して越（北陸）に漂着したという記事である。欽明天皇三十一年（五七〇）のころからは、高句麗との交流がはじまったといえよう。そして高句麗使は北陸から近江へ向い、さらに京都府相楽郡（現木津川市）の相楽館《さがらかのむろつみ》（迎賓館）で饗応をうけている。

敏達天皇二年（五七三）・三年にも高句麗使が来着しており、高句麗使の多くは北ツ海（日本海）ルートで来航したことがわかる。しかし瀬戸内海ルートで難波に上陸した高句麗使もあって、推古天皇十六年（六〇八）四月の条には「難波に高麗館（迎賓館）」があったことがみえ、実際に皇極天皇元年（六四二）の二月六日には高句麗使が難波へ到着した例もある。

このように国交が具体化してくると、倭国からも遣高句麗使が派遣されて、そのまじわりは深まる。皇極天皇元年二月の津守連大海を代表とする遣高句麗使や、斉明天皇元年（六五五）九月の膳臣《かしわでのおみ》葉積《はつみ》を大使とする遣高句麗使をはじめとした人びとの高句麗との交流もあった。

欽明天皇三十一年の高句麗使持参の烏の羽根に書いた「烏羽《うは》」の上奏文を百済系の渡来人王辰爾《おうじんに》が解読したエピソードは、『日本書紀』の前述の敏達天皇元年五月の条にみえているが、王辰爾は船にかんする税を記録し、また船の長《おさ》ともなった人物で、船史《ふねのふひと》（後の船連《ふねのむらじ》）の祖とされた。この烏羽の表の伝えは後の世にも記録されて、現伝最古の漢詩集『懐風藻』の「序」にも「高麗上表して、烏冊《うさく》を烏文に圖く《えがく》」と伝えられている。よほど難解な上表文であったと思われる。

## 2　文化の受容

『日本書紀』の推古天皇十八年三月の条には、高句麗の嬰陽王《えいようおう》が曇徴《どんちょう》・法定《ほうじょう》を「貢上」し、曇徴は『易経』・『詩経』・『書経』・『春秋』・『礼記』の五経を熟知し、絵具や紙や墨をつくり、碾磑《みずうす》（水力を利用した臼）をしあげたとする。

こうした分野ばかりではない。仏教における高句麗文化の寄与はきわめて大きい。敏達天皇十三年（五八四）には蘇我馬子が高句麗のすぐれた僧恵便《えびん》を播磨国（兵庫県南部）でみいだして、恵便を馬子の師とする。そして司馬達等の娘である嶋《しま》を得度させて善信尼となし、善信尼の弟子二人を禅蔵尼・恵善尼にしたという（『日本書紀』）。善信尼は歴史にみえる最初の女性留学生であって、百済へおもむいてさらに仏教学を深めた。

わが国の現伝仏教説話集の最古といってよい『日本霊異記』（上巻・第六話）には、倭国の行善《ぎょうぜん》は推古天皇の代（『続日本紀』や『扶桑略記』で元正朝とする）に高句麗へ留学僧として「遣学」したとするが、遣高句麗使にはかなりの留学僧が参加していたに違いない。

廐戸皇子《うまやどのみこ》の思想に大きな影響をおよぼした人物のなかで、きわだって注意をひくのは、高句《こうく》麗僧慧慈《りそうえじ》の存在である。慧慈は推古天皇三年（五九五）五月に渡来し、推古天皇二十三年に帰国するまで約二十年間倭国に滞在した。

慧慈は廐戸皇子の師となり、廐戸皇子は「内教（仏教）を高麗僧の慧慈に習」ったという。慧慈が渡来してきたその年、廐戸皇子は二十二歳であった。そして翌年十月、廐戸皇子は伊予へ慧慈らと共におもむいた。これは僧仙覚《せんかく》の『万葉集註釈』に引用する『伊予国風土記』逸文とされるものにのべるところである。

松山市道後温泉の伊社邇波《いさにわ》の丘には、湯岡《ゆのおか》の碑があって、廐戸皇子が慧慈らと、湯岡のあたりを逍遙《しょうよう》したことを碑文にしるす。もっとも、『釈日本紀《しゃくにほんぎ》』に引用する文との間には違う部分があって、「恵慈」（慧慈）の箇所は「恵忩」（慧聡）となっている。しかし『釈日本紀』よりも『万葉集註釈』のほうが成書年代は少し早く、この場合は慧慈であったとするのが妥当であろう。

のちに舒明《じょめい》天皇のほか斉明女帝や山部赤人らも伊予の温泉におもむいているが、伊予の温湯で、渡来してから一年五カ月ばかりたった慧慈と廐戸皇子とが一緒に逍遙したとするなら、そのであいの意味にいっそうの深まりが加わろう。

飛鳥寺《あすかでら》に住した慧慈は「三宝の棟梁《とうりょう》」の一人として尊敬されたが、廐戸皇子との結びつきは密接であって、慧慈は帰国後廐戸皇子がなくなった報に接して、大いに悲嘆し、廐戸皇子を「これ実《まこと》の大聖なり」とたたえ、「来年の二月の五日（『日本書紀』にしるす忌日）を以って必ず死なむ」と誓願したという説話さえが形づくられたほどであった。

『日本書紀』は「慧慈、期《ちぎ》りし日に当りて死《みまか》る。是を以って、時の人彼も此も共に言《い》はく『それ独《ひと》り上宮太子《じょうぐうたいし》の聖《ひじり》にましますのみに非《あら》ず、慧慈もまた聖なりけり』」と叙述する。『日本書紀』において廐戸皇子のみならず、慧慈もまたすでにして「聖」僧とあがめられ神秘化されていた。

廐戸皇子薨後のこの後日譚《ごじったん》は、高僧慧慈を美化し潤色したものであろうが、それにしてもこうした説話が誕生するくらいに、廐戸皇子の師たる慧慈の存在は人びとに強く印象づけられていたのである。廐戸皇子の師には、慧慈と同年に渡来してきた百済の高僧の慧聡がおり、博士の覚哿《かくか》がある。しかし慧聡や覚哿については、こうしたエピソードは形づくられなかった。慧聡も覚哿らも朝鮮三国や隋の動静を廐戸皇子に伝えたであろうし、さらに推古天皇五年に来朝した百済の阿佐《あさ》太子は、直接に百済を主とする情報をもたらしたにちがいない。

だがそれ以上に慧慈の廐戸皇子における役割は多大であった。仏教の直接の師であった慧慈は、当時の国際情勢にたいする廐戸皇子の認識についても少なからぬ影響を与えたであろう。

近年発見された敦煌《とんこう》本の『勝鬘経義疏《しょうまんきょうぎしょ》』によって、聖徳太子の撰述とされる「三経義疏」(『法華経義疏』『勝鬘経義疏』『維摩《ゆいま》経義疏』)のなりたちが改めて検討されつつあるが、「三経義疏」の依拠したテキストが南朝梁《りょう》の三論成実《じょうじつ》師たちのものであったこともたしかめられてきた。廐戸皇子は「勝鬘経」や「法華経」を講じたたぐいまれな才能の人であったが、その師慧慈がそれら経典の注釈にあたり、廐戸皇子に教示した可能性は少なくない。『上宮聖徳法王帝説《じょうぐうしょうとくほうおうていせつ》』に廐戸皇子が三経の注釈をつくるにあたって慧慈の教えをうけたことをのべるのもたんなるこじつけとはいいがたい。

大和飛鳥の真神原に寺地をさだめた蘇我氏の氏寺飛鳥寺の造営は、崇峻天皇三年（五九〇）のころから本格化する。この年には善信尼らが百済から帰国しているが、善信尼らはその早期完成を切願したという（『元興寺縁起』）。人夫たちに山にはいって木材をきりださせ、崇峻天皇五年十月には仏堂と回廊ができあがる。崇峻天皇が暗殺されたのはその翌月であった。

政争の渦のなかに飛鳥寺の造営はつづけられ、推古天皇元年（五九三）正月には仏舎利《ぶっしゃり》を塔の心礎に安置し、刹柱《せっちゅう》（塔の心柱）が建てられた。そして推古天皇四年十一月に飛鳥寺を「造り竟《おわ》る」。もっとも、『日本書紀』によれば、推古天皇十三年に司馬達等の孫（多須奈の子）鞍作《くらつくりの》止《と》利《り》（鳥）が銅像と繡像の丈六仏をつくることになって、翌年に完成し、金堂に安置したという（『元興寺縁起』には推古天皇十七年の完成とする）。

とすれば、推古天皇四年から推古天皇十三年のころまで、飛鳥寺には九年ばかりの間、本尊がなかったことになる。これはいったいどうしたことか。そこで推古天皇四年の飛鳥寺の完成というのは、中金堂および塔の完成であって、いわば第一期工事の完成であり、その後も造営はつづいて、第二期工事に東西金堂ができあがり、その第二期のおりに丈六の仏像がつくられたとする説や、飛鳥寺の本尊丈六仏は止利仏師の制作ではなく、新しく渡来した技術者の手になるものである、とかの説がいろいろと提出されている。

飛鳥寺の発掘成果によって、東西両金堂がはじめから設計されていたとしても、中金堂と塔の建築様式と東西両金堂の様式との間には、ずれのあることがたしかめられており、飛鳥寺の完成はまず塔と中金堂ができ、ついで東西両金堂が造営されるというプロセスをたどったと考えられる。推古天皇四年以後もその仕上げのための作業はつづけられたのであろう。

それにしても飛鳥寺の建立にかたむけた大臣馬子の執念はすさまじいものがあった。その規模はかつて大野丘の北に塔を建てた比ではない。本格的な寺院の造営であった。飛鳥寺の発掘調査は、貴重な問題を数多く提供したが、とりわけ塔と三金堂からなる伽藍《がらん》配置は高句麗の清岩里廃《せいがんりはい》寺《じ》（金剛寺）や同じく平壌で出土した定陵寺跡と類似している。

飛鳥寺の寺司には馬子の長子とする善徳がなり、推古天皇三年に渡来してきた高句麗の僧慧慈《えじ》と百済の僧慧聡がはじめて飛鳥寺に居住した。

推古天皇十三年に鞍作止利が丈六の仏像をつくることになったおり、高句麗の嬰陽王（大興王）が黄金三百両を贈ったとは『日本書紀』にしるすところである。『元興寺縁起』の丈六仏光背銘では黄金三百廿両と記述し、戊辰年（六〇八、推古天皇十六年）に、隋使裴世清《はいせいせい》らが倭国に「来りて文を奉ず」とのべる。

当時の高句麗と隋との関係は緊張状況にあった。五九八年に、隋は第一回の高句麗遠征をこころみたが、これを契機に朝鮮三国（高句麗・新羅・百済）の対立と抗争が激化する。五九五年高句麗僧慧慈と百済僧慧聡が渡来したころには、高句麗と新羅は戦火をまじえていた。そして六〇五年には新羅と百済が交戦する。六〇七年になると高句麗は百済を攻撃した。百済は高句麗討伐を隋に進言し、六〇八年には新羅が高句麗征討のために隋の救援を求めた。

高句麗は難局に直面していた。高句麗は六〇〇年に遣隋使をだし、六〇七年には隋の煬帝《ようだい》から入朝を勧告され、六〇九年にはふたたび隋へ使節を派遣した。高句麗王からの黄金三百（廿）両の寄進が事実とすれば、孤立しつつある高句麗の倭国接近策の表われといえよう。

飛鳥寺の造営をめぐって高句麗とのつながりが深められていったことをみのがせない。廏戸皇子の国際社会への認識を、いっそう深化させずにはおかない情勢がそこにあった。

飛鳥寺の造営に高句麗の王が黄金を献上したのは、あるいは慧慈が本国にその状況を報告したのによるのかもしれない。なお飛鳥寺は天武天皇九年（六八〇）四月に官寺となったことを付記する。

高句麗系の人びとで画師として活躍した人びとの多いことも注目にあたいする。

推古天皇十二年（六〇四）九月には、「黄書画師・山背画師を定む」と『日本書紀』にみえている。弘仁六年（八一五）にまとめられた『新撰姓氏録』（山城諸蕃）に「黄文連は高麗国人久斯那《くしな》王より出づ」と書くように「黄書画師」は高句麗系であり、『天寿国繍帳《てんじゅこくしゅうちょう》』の銘文によれば、

「画者」として「東漢末賢《やまとのあやのまけん》・高麗加西溢《こまのかせい》・漢奴加巳利《あやのぬかこり》」を列記する。「高麗加西溢」が高句麗出身であったことはまちがいない。

高句麗系の黄書画師集団の本拠が山背国久世郡久世郷のあたりにあって、七世紀後半から八世紀前半のころに活躍したことは別に論述したが(「今来文化の面影」『古代再発見』所収、角川書店)、黄書画師たちの祖先が高句麗からの渡来人であったことは、『新撰姓氏録』(山城諸蕃)や「薬師寺仏足跡記」などでたしかめることができる。

高句麗系の画師として注目すべき人物に、高麗画師子麻呂《こまえしのこまろ》がいる。彼は『日本書紀』の斉明天皇五年(六五九)の条によれば、高句麗の使人を私邸に招いており、またこの高麗画師子麻呂と同一の人物ではないかと思われる画工狛竪部子麻呂《こまたてべのこまろ》は、白雉四年(六五三)に「仏菩薩の像を造る」とある。もし両者が同一人物であったとすれば、狛(高麗)子麻呂は、造像にもたずさわり、画工より仏師へとその地位を高めていったことになる。

高句麗系の黄書画師とつながりの深い人に、黄書造本実《きぶみのみやつこほんじつ》がある。彼は天智天皇十年(六七一)の三月に水臬《みずはかり》(水準器)を献じているが、薬師寺の「仏足石記」には、使人として唐に赴き、善光寺で仏足跡図を写して帰国したとあるから、遣唐使の一行に加わって唐にいたり、直接に唐の文物を学んで持ち帰ったことになる。彼の加わった遣唐使が何年のものであったかはさだかでないが、少なくとも天智天皇八年(六六九)の河内直鯨《かわちのあたいくじら》の遣唐使までであることは間違いない。

最も可能性のあるのは、天智天皇八年時の遣唐使への参加ではなかったか。

黄書造本実は、薬師寺の薬師如来像の造像にも関係したと考えられるが、その台座彫刻の玄武と高松塚の玄武さらに台座彫刻の朱雀とキトラ古墳の朱雀とがきわめて様式的に類似していることも見逃せない。画師が造像にも関与したことは、前記の狛子麻呂の例をみても明らかである。黄書造（黄文連）は、天武天皇十二年（六八三）に造姓より連姓となったが、黄書連本実は持統天皇八年（六九四）には鋳銭司となり、銭貨の鋳造ともかかわりをもつ。そして大宝二年（七〇二）には持統太上天皇の「作殯宮司」の一人となり、慶雲四年（七〇七）の六月には文武天皇の殯宮に奉仕し、同年十月には「御装司」の一人として造陵にも関係した。

キトラ古墳や高松塚古墳築造のころの画師としては、多くの人びとが認めるように黄書画師グループの存在が浮かびあがってくる。黄書連本実はそのリーダーであったかもしれない（ただしキトラ古墳の玄武は高松塚の玄武と類似するが、白虎はおもむきを異にし、朱雀も飛翔しようとする躍動の姿を示し、十二支像＝子・丑・寅・午・戌・亥がたしかめられている）。

以上検討してきたように、日本古代の文化の展開に高句麗文化も大きな役割をはたしたことがわかる。その史実を私の身近な京都市ならびに木津川市の高句麗系文化にそくしてさらにかえりみることにしよう。

昭和十三年（一九三八）の発掘調査で、木津川市山城町上狛で、高麗寺跡がみつかり、中門を入って右手に塔跡、左手に金堂跡が検出され、その伽藍配置は、奈良県斑鳩町の法隆寺の東の岡本に所在する法起寺式であることが判明し、しかも塔の心礎に舎利孔のあることがわかった。

前に木津川市のあたりに、高麗使を饗応する相楽館（高槭《こうい》館ともいう）が設けられていたことをのべたが、この地域の地名には上狛・高麗などがあって、高麗系の人びとが数多く居住していた。

高麗寺の存在は『日本霊異記』（中巻第十八話）にも天平年中（七二九―七四九）のこととして「高麗寺の僧栄常」の説話が記載されており、東西約一九〇メートル・南北約一八〇メートルの寺域の周辺上狛東遺跡で高麗寺の造営とかかわりをもったと考えられる渡来人の大型の建物跡が出土したのも注目される。塔と金堂の瓦積み基壇は見事で、飛鳥時代の創建とみなされている高麗寺の造営が、高度の技術によることを物語る。中門の位置から四方に正方形の回廊をめぐらし、南門を飾った七―八世紀の鴟尾《しび》も出土した。出土した土器や瓦から平安時代末期から鎌倉時代のはじめのころに廃寺になったとみなされている。

京都市東山区祇園町に鎮座する祇園社は八坂神社である。承平（九三一―九三八）年間に成立した現伝最古の漢和辞書『和名類聚抄《わみょうるいじゅうしょう》』には、山城国愛宕郡に八坂郷をしるす。したがって祇園社は八坂郷のゆかりで八坂神社と称されてきたが、その地域に本拠を置いた八坂造は、『新撰姓氏録』（山城国諸蕃）が「狛（高麗）国人より出づ」と書くとおり、高句麗系の氏族であった。

京都市西京区樫原廃寺跡の発掘調査では助言をしたが、七世紀後半に造営されたと思われる八角塔の基壇が姿を現わした。日本の八角塔としては最も古いが、高句麗の青岩里廃寺の塔が八角塔であったように、八角塔は高句麗系であり、おそらく橿原廃寺を建立したのは、高句麗系の人びとであったと思われる。

## 3　高句麗の建国神話

高句麗の建国の始祖が鄒牟《すうむ》（朱蒙）であったことは一一四五年に高麗の金富軾が編集した『三国史記』（「高句麗本紀」始祖の条）に、「始祖、東明聖王、姓は高氏、諱は朱蒙。〔一に云はく、鄒牟。一に云はく、衆解。〕」とあり、同書百済本紀、始祖条に「百済の始祖、温祚王。其の父は鄒牟。或は朱蒙と云ふ」とみえるのに明らかである。高句麗と百済の始祖が同じ「鄒牟」とすることはみのがせない点だが、こうした鄒牟を建国の始祖とする神話が四一四年には明確に存在したことは、先にのべた中国吉林省集安市にある、高さ六・三九メートルの角礫凝灰岩の四角柱の広開土王陵の碑文の冒頭に、

「惟《こ》れ昔、始祖鄒牟王の創基なり。北夫余自《よ》り出づ。天帝の子にして、母は河伯の女郎なり。卵剖《さ》けて降生す。生まれながらに而《し》て聖□有り。□□□□□駕を命じ巡幸し、南へ路を下りて夫余の奄利《あむり》大水に由る。王、津に臨みて言ひて曰く。我は是れ皇天の子にして、母は河伯

の女郎、鄒牟王なり。」

ではじまるのにもたしかである。

そしてその始祖神話は、日本にもよく知られていて、たとえば『新撰姓氏録』（右京諸蕃下）高麗の長背連条に「高麗の国主《こにきし》、鄒牟〔一名《またのな》は朱蒙〕自《よ》り出づ」とみえ、同書（山城国諸蕃）高麗の高井造条に「高麗の国主、鄒牟王の廿世の孫、汝安祚《じょあんき》王自り出づ」とみえる。そして同書（未定雑姓）河内国の狛染部条に「高麗国の須牟祁《すむけ》王の後なり」、同じく狛人条に「高麗国の須牟祁王の後なり」とある「須牟祁王」とは「鄒牟王」のことであった。また同書（左京諸蕃下）百済の和朝臣条に「百済国の都慕王の十八世の孫、武寧王自り出づ」、同じく百済朝臣条に「百済国の都慕王の卅世の孫、恵王自り出づ」、同じく百済公条に「百済国の都慕王の廿四世孫、汶淵王自り出づ」とある「都慕王」も鄒牟王を指す。

そして「都慕王」のことは、同書（右京諸蕃下）の菅野朝臣条、同じく百済伎条・不破連条、（河内国諸蕃）河内連条、および『続日本紀』延暦八年十二月丙申条、同九年七月辛巳条などにみえている。

それよりも驚くべき記述が『日本書紀』にある。

高句麗の鄒牟王による建国神話が、『日本書紀』編纂者の間に認知されていたことは、たとえば『日本書紀』の天智天皇七年十月の条（本文）に「高麗の仲牟王、初て国を建つる時、千歳治めむことを欲しき、母夫人の云はく『若ひ《たと》善く国を治むとも得べからじ、但しまさに七百年の治有らむ』といひき」などとあるのをみてもわかる。

この文の「高麗の仲牟王」とは、高句麗の鄒牟王のことであり（『三国史記』新羅本紀には「中牟王」としるす）、「母夫人」とは好太王碑文などにみえる「母河伯女郎」のことである。もとよりその母夫人の言葉は『日本書紀』編者らの付加だが、『紀』の編纂関係者は、なんらかのかたちで、高句麗の建国神話を知っていたのである。

『日本書紀』の編纂関係者ばかりではない。宮廷の貴族・官僚層もまた、高句麗の建国神話ないしその関係伝承を知っていたと考えられる要素がある。たとえば『日本書紀』の大化元年七月の条には、難波の津の館にあった高句麗の使節に対して、巨勢臣徳太《こせのおみとくた》が「詔」を伝達するくだりがある。曰く「明神御宇日本天皇の詔旨、天皇の遣す使と、高麗の神子の奉遣の使と……」。この「詔」に「明神御宇日本天皇」などとあるのは、後の知識による潤色だが、問題は「高麗神子奉遣之使」（原文）と表記するところにある。これは注目すべき書きぶりといえよう。高麗使ではなく、わざわざ「神子奉遣之使」と記述する。「奉遣」の用字もみのがせないが、「神子」とするのは、好太王碑文などに高句麗建国の始祖を「天帝之子」と伝えるのと関連する。高句麗王を「神子」とするその意識が、鄒牟王の建国神話などのうけとめ方と無関係であったとはいいがたい。

すでに指摘したことがあるように、日本の神武東征伝承における磐余彦《いわれひこ》（神武）と饒速日尊《にぎはやひのみこと》との葛藤には、高句麗の鄒牟王と松譲王の国譲りの神話とは、もとより異なる点があるけれども、その枠組みにおいて類似する要素のあることもみのがせない（「降臨伝承の考察」、『古代伝承史の研究』所収、塙書房）。

その点を高句麗の建国神話の日本の貴族・官僚たちのうけとめ方と関連して、その類似点を参考までに述べておこう。

鄒牟、朱蒙、そして東明王の所伝内容にはそれぞれの発展内容があって別の吟味を要するが、こうした朱蒙の神話をめぐる伝承のなかで注目すべきひとつに、朱蒙と松譲王をめぐる葛藤と国譲りの伝えがある。『旧三国史』逸文には高句麗の始祖朱蒙がその生国夫余から南へおもむき、沸流水のほとりにおいて都を建てようとした時、すでに松譲王が先住の王者として都を造営していたという所伝をめぐって、およそつぎのようにしるされている。朱蒙は松譲王と弓矢のわざをきそって勝利し、従臣が「天の与ふる」鼓角を盗む。そして朱蒙は「西狩して白鹿を獲り、蟹原に倒懸して、呪ひて曰く、天若し雨降りて、沸流の王都を漂没せざらんか、我、固より汝を放たざらむ、この難を免れむと欲すれば、汝、能く天に訴ふべし、その鹿哀鳴して、声天に徹す、霖雨七日にして、松譲、都を漂流す、王、葦索を以て横に流し、鴨馬に乗り、百姓皆その索を執る、朱蒙鞭を以て水を画すれば、水即ち減ず、六月松譲、国を挙げて来投す」とのべるのである。

この松譲王と朱蒙との葛藤・国譲り伝承は、『三国史記』の高句麗本紀ではより歴史化されているが、天帝の子とする沸流国の松譲王と天帝の子で河伯の娘を母とする朱蒙との争いの伝承のおよそは書きとどめられている。弁論で闘い弓を射る芸で争って、松譲王は能く対抗するが勝てずについに帰順する。そしてこれを『三国史記』では編年化して「二年夏六月、松譲、国を以て来臨す、その地を以て多勿都となし、松譲を封じて主となす、麗語に謂ふ旧土を復するを多勿となすと、故に以て名づく」とするのである。

こうした朱蒙と松譲王の葛藤と国譲りについては、「この松譲王の国ゆずり伝説中、朱蒙が雨を降らせて相手を屈服させるあたりはわが日向神話のホホデミの物語に似ている」とする三品彰英説（『日本神話論』、『三品彰英論文集』第一巻所収、平凡社）などがある。これらの対比には傾聴すべき点があるけれども、その神話の枠組みによって吟味すると、磐余彦（神武天皇）と饒速日尊（あるいは宇摩志麻治命）との葛藤に類似する要素をも考慮する必要があろう。

①朱蒙が天帝の子で河伯の娘を母として出生したのと、磐余彦が天神の子である鸕鷀草葺不合尊（『古事記』では鵜葺草葺不合命）と海神の娘の玉依姫（『古事記』では玉依毘売命）との間に出生したこと、②磐余彦の九州から大和への東征と対応するかのように、朱蒙が生国夫余より沸流水のほとりにおもむくこと、③あるいは鄒牟あるいは東明が、亀などの助けで河水を渡るのと、磐余彦がその東征で、『古事記』が亀の甲に乗った槁根津日子が「海道」の案内者になること、④そ

して沸流に先住の王者として天帝の子である神器（鼓角）をもった松譲王がおり、天神の子である饒速日尊が先住の王者として天降って、「天津瑞」（『古事記』、『日本書紀』では「天表」、『先代旧事本紀』では「天璽瑞宝十種」の神器）を保持していたこと、⑤さらに朱蒙は鼓角を奪い、饒速日尊（『先代旧事本紀』では宇摩志麻治命）が神器を奉献して帰順し、松譲王も饒速日尊らもその地になお勢力を保持したことなど、対応する点が少なくないからである。

沸流・温祚の二兄弟の来住による百済の建国説話と『古事記』の伊波礼毘古命と五瀬命の二兄弟による東征との間にはすでに指摘されているように、類似の要素を内包する。しかし大和平定の詞章では朱蒙と松譲王の葛藤とその国譲りの方がより似つかわしい要素をもつ。

日本神話の研究においても、朝鮮半島の神話との比較をなおざりにするわけにはいかない。高句麗の建国神話を日本の貴族や官僚の多くは知っていたが、鄒牟王と松譲王の争いや国譲りについても、あるいは知っていたかもしれない。

# 新羅との軌跡

## 1　遣隋外交と新羅征討

古代の日本と朝鮮半島との関係については、かつての「日鮮同祖論」や「任那《みまな》日本府論」などではなく、昨今では史実にそくした善隣友好の関係史の究明が前進してきた。たとえば飛鳥文化をめぐる研究の成果をみても、いかに古代日本の文化が、朝鮮三国（百済・新羅・高句麗）と深いかかわりをもっていたかがつぎつぎに実証されている。そのありようは、「天寿国繡帳《てんじゅこくしゅうちょう》」の「令者」が秦久麻であり、「画者」が東漢末賢・漢奴加己利・高麗加西溢であったことひとつをとりあげても、その密接なつながりをうかがうことができる。

しかし古代の日朝関係がたえず友好的で、常時親善のみのりをあげていたわけではない。すでに指摘したことがあるように（『聖徳太子』平凡社）、推古朝においても新羅征討は実施されており、推古女帝の代行者ともいうべき廐戸皇子《うまやどのみこ》（聖徳太子）も最初から平和外交を展開していたわけではなかった。

推古天皇八年（六〇〇）は、南朝宋順帝の昇明二年（四七八）の遣使を最後に、およそ一二〇年ばかり中国への遣使朝貢が途絶えていたのを復活させた第一回の遣隋使が派遣された年であった（『隋書』東夷伝倭国の条）。

そしてその六〇〇年は境部臣が大将軍、穂積臣が副将軍となって新羅へ出兵した年でもあった。遣隋使の派遣はとかく聖徳太子の平和外交の具体化であったかのように評価されがちだが、その実相は必ずしもそうではなかった。なぜ突如として推古天皇八年に第一回の遣隋使の派遣が実施されたのか。なぜこの年に蘇我の一族であった境部臣（『書紀集解』は境部臣摩理勢とするが、境部臣雄摩侶の可能性がある）を将軍とする新羅征討の「万余」の軍が渡海して攻撃したのか。

その事情についてては、昭和五十三年（一九七八）の十二月に、つぎのような当時の東アジアの情勢が背景にあったことをのべた（『聖徳太子』）。

「五八九年、隋は南朝の陳《ちん》をほろぼして、それまで南北に分裂していた中国を統一した。そして五九八年には水陸三十万の大軍を動員して、第一次高句麗征討をこころみた。高句麗はねばり強く抵抗し、結局高句麗嬰陽王《えいよう》の謝罪によって、一時国交の回復をみる。五九〇年、高句麗嬰陽王は隋から遼東郡公に封じられていたが、百済の威徳王も帯方郡公《たいほう》に封じられていた。五九四年には新羅の真平王《しんぺい》が楽浪郡公《らくろう》となる。中国に朝貢して官爵号を与えられる冊封体制《さくほう》のなかに朝鮮三国はくみこまれていた。しかも第一次高句麗征討を契機に、朝鮮三国の対立は激化の一途をたどった。

崇峻天皇四年（五九一）新羅征討をくわだてて北九州に大軍を結集したことがある。新羅と倭国との関係は悪化しつつあった。敵対すべき新羅にさえ、隋の冊封体制がおよんだ。倭国が北九州に集結した軍をといて、大和に引きあげたのは、推古天皇三年のことである。

六〇〇年の遣隋使派遣は、『日本書紀』にはしるしていないが、『隋書』に明記するところである。この年の遣隋外交と新羅攻撃とは一見矛盾するかにみえる。しかしそうではない。隋の王朝と交渉をもつことによって、隋王朝から東夷の「大国」として倭国が承認されるのを期待しての遣隋使派遣であり、それによって新羅を威嚇《いかく》しようとする意図がひめられていたのであろう」と。

この見解は現在もなお変える必要はないと考えている。そして、

「この遣隋外交と新羅征討の推進者はだれであったか。そこには新羅征討の積極的主張者である大臣蘇我馬子と、この時点ではこれに同調していた内外国事の大王代行者たる廐戸皇子の外交方針があった。蘇我氏の新羅征討強硬策にたいする廐戸皇子の遣隋平和友好外交の対立、などとい

うわけにはいかない。

なぜなら六〇〇年の新羅征討が失敗と徒労に終わったその後も依然として新羅侵攻策は継承されており、推古天皇十年には、厩戸皇子の同母弟である来目《くめ》皇子を将軍とした征新羅軍が編成されるという事情も存在したからである。このたびの新羅征討将軍は蘇我の一族ではない。王族将軍であり、しかも将軍は厩戸皇子の実弟であった。翌年来目皇子が北九州で病没して征討は不発に終わったが、あらためて征新羅将軍になったのは、厩戸皇子の異母兄弟である当摩《たぎま》皇子である。

厩戸皇子の近親者が王族将軍に任ぜられているのは、厩戸皇子もまた新羅征討に協力し、かつ主導的であったことを物語る。しかし推古天皇十一年七月、当摩皇子の妻（舎人姫王《とねりひめぎみ》）がなくなって、当摩皇子は大和に帰る。こうして新羅征討計画はあえなく挫折《ざせつ》した。

なにゆえに、将軍の妻の死を期に、征新羅軍が中止をみたのか。決定的な理由は、六〇二年に百済が新羅を攻撃し、ついで高句麗も新羅を討つという、朝鮮三国間の情勢変化にあったと思われる。六〇二年の十月に百済僧観勒《かんろく》が来たり、閏十月高句麗僧の僧隆、雲聰が渡来しているが、あるいはそうしたおりに、新しい情報がもたらされたのかもしれない。

厩戸皇子の思想と行動は、新羅征討中止という外交路線の変更、そして、遣隋外交の積極化という史脈のなかにあらたな展開をみせる」

と指摘した（『聖徳太子』）。

聖徳太子のいわゆる平和外交にも時期による変化があった。こうした日朝関係史における二つの顔(表と裏)は、「日本国」と「天皇」の意識が具体化してきた七世紀後半になるとますます顕在化してくる(「日本国」と「天皇」の意識の具体化については、「日本国と天皇の登場」(『歴史読本』五〇巻一一号)で詳述した)。

六六〇年の七月、百済は唐・新羅の連合軍による総攻撃をうけ、百済の義慈王は太子以下を率いて逃亡先の熊津城を出て唐軍に降《くだ》った。こうして事実上百済は滅ぶ。しかし百済の遺臣らは百済の復興軍を組織して抵抗し、倭国は百済の救援を名目として出兵したが、六六三年の八月、白村江における戦いで倭国の軍勢は大敗する。百済を滅亡させた唐軍らはついで高句麗を攻略して、六六八年の九月ついに高句麗も滅んだ。

こうして朝鮮三国の時代は終わり、いわゆる統一新羅の時代に入るが、日本は唐を「大唐」とし、新羅や渤海を日本に朝貢する「蕃国」とみなす、日本版中華思想(後述参照)にもとづいた外交政策をあらわにした。たとえば『日本書紀』の持統天皇三年(六八九)五月二十二日の条には、新羅の天武天皇崩弔問級飡《きゅうさん》(第九位)金道那への詔が記載されている。その詔には(1)前年(六八八)新羅に、天武天皇の喪を告げるため、田中朝臣法麻呂らを派遣した際に、新羅側が前例と称して蘇判《そうかん》(第三位)の官人に対応させたことは、孝徳天皇の喪を告げるために巨勢稲持《こせのいなもち》らを派遣したおりに翳飡《えいさん》(第二位)の官人が応接したのと異なり、(2)天智天皇の時の弔使は、孝徳天皇の時の弔使は一吉飡《いっきつさん》（第七位）の官人であったのに今回は汲飡（第九位）の者であること、（3）従来は多数の船で朝貢するのが前例であるのに、此度はわずかに一隻であることなど、種々の違例・無礼を指摘して、この旨を新羅王に伝えよと命じた事情が記載されている。そこには東夷のなかの「中華（中国）」とする日本に対して、新羅を日本へ朝貢する「蕃（藩）国」であるとみなした外交姿勢が露骨に表明されている。

他方、唐と対立した新羅は、倭国が唐につかないように、連年「朝貢」の姿勢をとったが、六八六年のころから唐との関係が修復すると、倭国と亢礼《こうれい》（対等の関係）を要求するようになる。

## 2 「蕃国」視のなかで

日本の律令国家が日本版中華思想を内包していたことは、「大宝令」や「養老令」がしるすように、「隣国」はすなわち「大唐」であり、「蕃国」が新羅や渤海《ぼっかい》とみなしたのにも明らかである。そして日本みずからは「中国」あるいは「華夏」「華土」と称した（『続日本紀』文武天皇三年七月十九日の条、『仝』養老六年四月二十五日の条、霊亀元年九月二日の条、延暦九年五月の陸奥国解文など。『日本書紀』の雄略天皇七年是歳の条の「中国に事へず」の「中国」も倭国（日本国）を指す）。したがって、日本の国土のなかにも、蝦夷《えみし》（毛人）や隼人《はやと》などの人びとを「夷狄」として設定したのである（平成十七年十一月の第一四回アジア史学会研究大会の記念講演「日本古代国家と東アジア――華夷の思想をめぐって」でも詳しく論述した）。

こうした華夷の思想は、遣唐の押使・執節使・大使と遣新羅・遣渤海の大使の位階の差異にもはっきりと示されていた。たとえば遣唐使については大宝二年（七〇二）に出発した執節使の粟田真人《あわたのまひと》は正四位下であり、天平五年（七三三）の大使であった多治比広成は従四位上、養老元年（七一七）の押使となった多治比県守は従四位下であったように、おおむね四位の者が押使・執節使・大使に就任した。

ところが遣新羅や遣渤海の大使のランクは、遣唐使の場合よりも低い。たとえば大宝三年（七〇三）に遣新羅大使に任命された波多広足は従五位下、慶雲元年（七〇四）任命の幡文通は正六位上、養老三年（七一九）に任命された白猪広成は従六位下、養老六年の津主治麻呂は正七位下であった。五位の者が多かったが、六位の者、場合によっては七位の者もいた。遣渤海使（送渤海使を含む）はどうであったか。神亀五年（七二八）の引田虫麻呂は従六位下であり、天平十二年（七四〇）の大伴犬養は従五位下、天平宝字二年（七五八）の小野田守は従五位下、そして同四年の陽侯玲璆《やこりょうきゅう》は外従五位で、五位もしくは六位の者がその任に当たった。このように遣唐使と遣新羅使・遣渤海使の位階の比較をしても、新羅や渤海を下位とみなしていたことが判然とする。

『続日本紀』の宝亀十年（七七九）四月二十一日の条には、領唐客使の二件の問い合わせに対する政府の裁定が載っている。その一は、唐使の行列が武器（仗《じょう》）を携行し旗を行列の前後に立てて行進するのを認めるか否かであり、その二は、「往時遣唐使粟田朝臣真人が楚州を出発して長楽駅（長安の東郊）に到ったおりには拝謝はなかった。新羅の朝貢使王子泰廉《たいれん》が平城京に入る日、官使が宣命して迎馬した。新羅使は馬上で答謝したが、渤海国使は下馬して再拝儛踏した。唐使の接遇にはいずれの例に准じたらよいか」というものであった。

『続日本紀』には「進退の礼、行列の次第は具《つぶさ》に別式に載せ使（領唐客使）の所に下さしむ」としるすのみで、その詳細は不明だが、ここで注目されるのは、同じように「蕃国」の使節として応対しながら、新羅使は馬上で答謝し、渤海使は下馬して「再拝儛踏」することが例となっていたことである。渤海使は新羅使よりも下とみなされていたことがわかる。

中国を「大唐」として特別に扱ったことは、宝亀十年（七七九）五月の唐使に対する接遇のありようをみても明らかである。その朝見にさいして廷議は対立したが、礼見にさいしては「御座を降る」としている（『続日本紀』大沢清臣本「壬生家文書」）。

このように唐を「隣国」「大唐」とし、新羅や渤海を「蕃国」とする対外姿勢をとったが、にもかかわらず、新羅や渤海と日本との間でくりひろげられた交流には、改めて注目すべき内容が織りなされていた。七世紀から九世紀にかけての日本の外交については、遣唐使のはたした役割を重視して、しばしば遣唐使時代などとよばれている。しかしそうした見解をただちに支持するわけにはいかない。

なぜなら遣唐使の派遣は、舒明天皇二年(六三〇)から承和五年(八三八)までの間に入唐したのは一五回で、そのうちの一回は迎入唐使、二回は送唐客使であった。唐使の来日は九回を数えるが、国書を持参した唐使は八回にすぎない。遣新羅使・新羅使や遣渤海使・渤海使の回数は、遣唐使・唐使よりもはるかに多い。

ちなみに遣新羅使は推古天皇三十一年(六二三)から元慶六年(八八二)までの間に三九回、新羅使は推古天皇十八年(六一〇)から延長七年(九二九)までの間に七五回(『世界歴史事典』資料編、平凡社による)、遣渤海使(送渤海使を含む)は神亀五年(七二八)から弘仁二年(八一一)までの間に一五回、渤海使は神亀四年(七二七)から延喜十九年(九一九)までの間に三四回におよぶ。その回数は遣唐使・唐使をはるかに超えていた。そしてその交渉は軽視できない内容を示す。

日本の政府は前述したように新羅を「蕃国」視していたが、新羅使の交渉は唐よりも頻繁であって、たとえば遣唐使は天智天皇八年(六六九)の派遣から大宝二年(七〇二)の派遣までの期間、中絶していた三〇年ばかりの間に、『日本書紀』は遣新羅使を一〇回派遣し、新羅使は二五回来日したことを記載する。そこには唐と対立した新羅が、唐に倭国がつかないように連年「朝貢」した事情があった。『日本書紀』の記事がすべて信頼しうるかどうかは改めて検討する必要があるけれども、新羅との交渉がきわめてさかんに行われたことはたしかであった。

そしてこの期間に新羅からは「調《みつぎ》」がもたらされた。その「調」の内容についての『日本書紀』の記載は、「珍異等物」とか「種々物」とか、あるいは「六十余種」とか「百余種」とかと抽象的だが、具体的にたしかめうるのはつぎのような例である。水牛一頭・山鶏一隻（天智天皇十年六月）、薬（天武天皇四年正月）、金・銀・鉄・鼎・錦・絹・布・皮・馬・狗・騾・駱駝（天武天皇八年十月）、金・銀・銅・鉄・錦・絹・鹿皮・細布・霞錦・幡・皮（天武天皇十年十月）、馬二匹・犬三頭・鸚鵡二隻・鵲二隻（天武天皇十四年五月）、細馬一匹・騾一頭・犬二狗・鏤金器・金・銀・霞錦・綾羅・虎豹の皮・薬物・屏風・鞍皮・絹布（朱鳥元年四月）、金銀・絹・布・皮・銅・鉄・仏像・彩絹・鳥・馬・彩色（持統天皇二年二月）、金銅阿弥陀像・金銅観世音菩薩像・大勢至菩薩像・綵帛・錦・綾（持統天皇三年四月）などであった。

その招来物がどのようなものであったか、そのおよそは上記によってうかがうことができるが、たとえば持統天皇称制前紀に「高麗・百済・新羅の百姓男女并せて僧尼六十二人」の貢進をのべるように、筑紫大宰を介して招来する人びともあった。これらの「招来」のなかに「屏風」があったこともみのがせない。

正倉院の鳥毛立女屏風下貼文書の「買新羅物解《ばいしらぎもののげ》」のなかに「併風」とみえるのは屏風だが、朱鳥元年（六八六）四月の新羅の調のなかの屏風には四神などの絵画が描かれていたかもしれない。高松塚壁画古墳よりもやや古いとみられているキトラ古墳の壁画のありようとの関連を考慮するのに参考となる。新羅との交渉は実際に七世紀の後半の時期においても唐よりもはるかに密接であって、日本の「浄御原令《きよみはらりょう》」や「大宝律令」などが具体化してくるのは、遣唐外交が中絶していた期間であった。そしてこの時期には新羅との交渉はきわめてさかんであった。日本における律令体制の完成には、新羅律令とのかかわりも当然あったとみなすべきであろう（日本の神祇令と新羅との関係については、「古代国家と祭儀」『論究・古代史と東アジア』岩波書店）。

## 3　修好と征韓

いまは遣唐使の派遣が中絶していた天智天皇八年（六六九）から大宝二年（七〇二）までの期間を中心に、対新羅外交のありようをかいまみたが、政府間の交渉ばかりでなく、私的な交易が実際になされていたことは、たとえば『日本書紀』の斉明天皇五年是歳《このとし》の条にしるす、「高麗の使人」が市で羆皮《ひぐまのかわ》を「錦六十斤」で売ろうとしたエピソードや、『続日本紀』の神護景雲二年十月二十四日の条にのべる、左右大臣に大宰府の綿各二万屯、大納言諱・弓削御浄清人に各一万屯、従三位文室浄三に六千屯、中務卿従三位文室大市・式部卿従三位石上宅嗣に各四千屯、正四位下伊福部女王に千屯を賜与したのを「新羅交関物を買ふが為なり」と記述する例からも察知できよう。

こうした公的・私的まじわりのなかで、新羅との交流が展開された。和銅二年（七〇九）五月二十日、新羅の金信福らが「方物」をもたらしたおりに、右大臣であった藤原不比等みずからが、新羅使を弁官庁内に招いて「新羅国使、古より入朝すれども、然も未だ曾つて執政大臣と談話することをえず、しかるに今日披晤《あ》ふ（対面する）は、二国の好みを結びて、往来の親《したし》みなさんと欲するなり」と語った（『続日本紀』）が、そこには修好の意欲が反映されていた。

だが政府間の修好関係は、七二〇年代に入ると破綻《はたん》してくる。養老五年（七二一）十二月はじめに来日した新羅使を、元明太上天皇崩御のためと称して大宰府から帰国させ（『続日本紀』）、翌年十月には新羅は毛伐郡城を築いて日本の海賊の進路を遮る姿勢を示した（『三国史記』）。そして天平三年（七三一）の四月には、新羅は日本の兵船三〇〇艘《そう》を撃退し（『三国史記』）、翌年五月にはしばらく中絶していた新羅使が来日して来朝の年期を三年に一度とする旨を申し入れた（『続日本紀』）。同年の八月に東海・東山・山陰・西海の四道に節度使を任命したのも新羅の動向を警戒してのことであった（ただし二年足らずで停止）。

天平七年（七三五）二月には新羅使が本国を王城国と称したことを理由に放還したが、翌年四月に派遣された遣新羅使は、常礼と異なって使の旨を拒否されている。天平九年二月、こうした新羅の態度に対する朝廷の論議がたかまり、遣使して問責せよとの意見や出兵して征討すべしとの意見があり、同年四月には神功皇后ゆかりの香椎廟に奉幣して「新羅無礼の状」を告げた（『続日本紀』)。そして天平十四年の十月にも遣新羅使が拒否されている(『三国史記』)。その後両国政府の往来はなかったが、天平勝宝四年(七五二)六月には新羅王子金泰廉ら三百七十余人の新羅使が来日して、両者の関係は好転したかにみえた。

しかし天平宝字元年(七五七)十一月には蕃礼を欠く新羅への武力行使が論じられるようになる(『経国集』)。翌年九月、遣渤海使小野朝臣田守らが帰国して十二月入京、唐朝における安禄山・史思明反乱の情報をもたらした。小野田守はかつて遣新羅使となり、新羅から申し入れを拒否された人物でもあった。当時の執政者は藤原仲麻呂であったが、父武智麻呂が政権を掌握していた天平初年の対新羅強硬政策の路線を継承して、天平宝字三年(七五九)六月十八日、大宰府に新羅征討のための派兵の具体案である行軍式《こうぐんしき》を造らせた。

同年三月二十四日に大宰府は辺境防備の不安四カ条を朝廷に言上していたが、政府はすでに船舶の建造などのための兵士の使役(一〇日間)は認めていた。そして八月六日には香椎廟に「まさに新羅を伐《う》つべきの状」を奉告した。九月四日には、新羅からの渡来人で本国に帰りたい者には、公粮《こうろう》を給して引き揚げさせるよう指令し、さらに同月十九日には新羅征討の準備は三年以内とし、北陸・山陰・山陽・南海の四道に計五〇〇艘の船を造ることを命じた。

天平宝字四年の九月に新羅使金貞巻らが来日したが、藤原仲麻呂は陸奥按察使《あぜち》として蝦夷征圧に活躍し帰京していた息子の朝獦《あさかり》を大宰府へ派遣して新羅使に尋問させた。「新羅すでに音信なく、また礼義を闕《か》く」とその無礼を詰問し、専対の人・忠信の礼・仍旧《じょうきゅう》の調・明験の言を具備して出直せと本国に伝えることを強硬に申し入れた（『続日本紀』）。

翌年（七六二）正月には、美濃・武蔵の少年各二〇人を選んで新羅語を学ばせている。美濃・武蔵には新羅系の渡来人が居住しており（『日本書紀』の持統天皇元年四月の条には、新羅の僧尼や百姓を武蔵国に居住せしめ、『続日本紀』の霊亀元年七月の条には、新羅人を美濃国に、天平宝字二年八月の条や、同四年四月の条に武蔵国に移住させたことがみえる）、それらの渡来人の子弟に新羅語を改めて習得させたのも、新羅征討軍の通訳として採用することを意図したためであろう。そして同年十一月十七日には東海・南海・西海の三道に節度使が配置され、船舶約四〇〇艘、兵士約四万・水手約一万七〇〇〇の陣容がととのえられた（岸俊男『藤原仲麻呂』吉川弘文館）。

天平宝字六年（七六二）の四月には大宰府に弩師《おおゆみし》を置き、十一月三日には伊勢大神へ奉幣、ついで十六日には「新羅を征するための軍旅を調習するを以てなり」として香椎廟に奉幣、二十六日には天下の有力神祇《じんぎ》に弓矢を奉り、二十八日にも「天下の群神」に奉幣している（『続日本紀』）。香椎宮（廟）への遣使奉幣が多いのも、『日本書紀』の物語る神功皇后の新羅征討説話が香椎宮と深いゆかりをもっていたからである。

このように古代にも征韓論は新羅征討計画として具体化していった。だがそのもくろみは決行を目前にしてついに挫折する。なぜ挫折したのか。その新羅征討は藤原仲麻呂らが反対派の不満を外敵に向けさせるための手段であって、そのねらいは政権維持をはかろうとしたものとする見解もあるが、仲麻呂の新羅征討計画は父武智麻呂の意志をついで推進されたものであり、その挫折の要因は、淳仁天皇と孝謙太上天皇の対立が激化し、淳仁天皇を擁立する藤原仲麻呂政権への反発が強まって、仲麻呂の専制支配が根底から動揺してきたことにあったとみなすべきであろう。もはや新羅征討計画を実施するゆとりは藤原仲麻呂政権にはなかった。

## 4 国境を超えて

征韓論といえば、明治六年（一八七三）十月の西郷隆盛らの征韓派と大久保利通らの非征韓派の対立による西郷らの下野が有名だが、古代にも日本の為政者による征韓論は、前述のように明らかに存在した。そしてそれはたんなる論争にとどまらず、実際に新羅征討の軍事行動として具体化していた。

もっとも明治六年の征韓論争における非征韓派は、善隣友好の立場から征韓に反対したわけではない。欧米視察の経験から農民一揆などの頻発を憂えたその非征韓論は、まず内治を重視したにすぎない。大久保や木戸孝允らの非征韓派は西郷らの征韓派を失脚させて、欧米視察の留守に西郷らによって奪われていた政治の主導権をとり戻そうとしたのである。

西郷の「内乱を冀《こいねが》ふ心を外に移して国を興す」とする征韓論も一枚岩ではなく、同じ征韓派でものちに士族反乱へと走るグループと自由民権運動に連なってゆくグループとが混在していた。すでに指摘したことがあるように、征韓論は明治に入って具体化したのではなく、江戸時代も十七世紀後半のころからしだいに顕在化してくる(上田正昭「歴史のなかの朝鮮観のゆがみ」『三千里』一四号)。

新羅との外交関係にあっても、たとえば天平勝宝五年(七五三)の一月、日本の遣唐使が唐の朝貢に参列したおり、東班の一位が新羅で二位が大食《だいじき》、西班の一位が吐蕃《とばん》で二位が日本であったのに対して、「古より今に至るまで新羅の日本国に朝貢すること久し」と抗議して、日本と新羅の席次を入れ替えさせたという遣唐使の報告(『続日本紀』天平勝宝六年一月三十日の条)にもみいだされるような「蕃国」観は生きつづいていた。

そして天平宝字七年(七六三)二月に来日した新羅使金体信らに対して、三年前(七六〇)の九月に新羅使金貞巻らに厳重に申し入れたことが遵守されているかどうかと尋問したが、金体信は「常貢」であって「自外は知るところにあらず」と答えたので入京を許さず、「王子にあらずんば、執政大夫らをして入朝せしめよ」と新羅の国王に告げるよう命じている。なお外敵の侵攻にそなえて天平勝宝八年(七五六)の六月からはじまった怡《い》土《と》城の築城は、天平神護二年(七六六)の二月に完成していた。

神護景雲三年（七六九）の十一月には、新羅使の金初正らが来日したが、先年の金貞巻との間の約定が守られていないとして賓客の礼はせず、ただし唐の情報をもたらし、在唐の藤原清河の書状を伝えたことを嘉賞して大宰府で饗応《きょうおう》した。宝亀五年（七七四）のころになると新羅人らが北九州へしきりに来着するようになり、大宰府に勅して必要な船や食料を与えて帰国させるよう命じている（『続日本紀』『類聚三代格』）。

宝亀十年の十月には、新羅使金蘭蓀らの入京を認め、翌年正月の朝貢には唐使・新羅使が参列した。そして叙位・賜物があり、宝亀十一年の二月、金蘭蓀らの帰国に当たって、上表文を持参しない金蘭蓀らは本来なら入京させずに放還すべきところ、遣唐判官の海上三狩《うなかみのみかり》らを護送してきた労によって、賓礼をもって応接したことを告げている。さらに大宰府及び対馬に対して、上表文を持たない者は入境させてはならないと命じていることが注目される。

その後も「蕃国」視の姿勢が変わったわけではない。そうした観念が朝廷のなかになおも生きつづいていたことは、桓武天皇の生母である高野新笠《たかののにいかさ》の父が和乙継《わのおとつぐ》（百済の武寧王の血脈につながる）であったゆかりもあって、和家麻呂が延暦十五年（七九六）の三月に参議となったのを「蕃人相府に入る」と称したのにもみいだされる（『日本後紀』）。新羅からの漂着民もあとを絶たず、たとえば弘仁三年（八一二）の三月一日、同年の九月九日あいついで放還するという状況であった。

とりわけ注目すべき事件が弘仁十一年（八二〇）の二月に、遠江と駿河で勃発した。この両国に居住する新羅人七〇〇名ばかりが反乱を起こして、人民を殺し屋舎を焼くという事件である。政府は遠江と駿河の兵をもって討伐させたが鎮圧することはできず、反乱軍は伊豆へ入って穀物を奪い船に乗って海上へでた。この反乱を「言語の通ぜずして意思の疎通しないため」とか、「先に従順を粧い投下したる徒が、其以前より投化したる徒と共謀」した「暴動」とかとみなすような見解はあたらない。「蕃国」視した新羅の人びとに対する差別と強制のために新羅人らが反乱せざるをえないきびしいくらしに追いこまれていたためであろう。この反乱がいかにねばり強いものであったかは、相模・武蔵など七カ国の軍勢を動員して、漸く鎮圧できたのをみても明らかである（日本紀略）。

弘仁十一年の新羅人の反乱をきっかけとして、天長元年（八二四）の三月二十八日には新羅人一六八名に口分田のあまりの乗田二十四町八段を授けて口分田とし、種子ならびに農具購入費を与えるという懐柔策、他方では同年五月十一日に新羅人を陸奥へ、さらに八月二十日の大宰府管内に居住する新羅人を、渡来の新旧を論ぜず、陸奥の空閑地へ移住させるというような強硬策をとることになる（『類聚国史』『日本三大実録』）。そして承和三年（八三六）以後は新羅人の「帰化」は認めずに放還する排外的態度を強化した。このような姿勢は天長八年（八三一）九月七日、大宰府に来日した新羅商船の船内をすべて検査し、朝廷が必要とする品物をまず確保し、駅馬などを使用して進上させている政策にも反映されていた（『類聚三代格』）。

もっともこうした処置には、新羅との民間交易がさかんとなって、人びとが新羅からの商品を高価で購入するという状況のあったことも軽視できない。

いまは八世紀から九世紀にかけての新羅に対する日本政府の外交姿勢を中心に考察してきたが、そうした建て前とは異なって、実際には、国境を超えたまじわりのあったことをみおとしてはならない。国と国のいわゆる国際関係よりも、人間と人間のまじわり、私のいう民際のありようこそ肝要である。

新羅の使節を迎えて、貴族・官人の間ではしばしば宴が催されたが、平城京ではたとえば長屋王の邸で新羅使を招いての宴会があった。そのことは『懐風藻』に載す「長王（長屋王）が宅にして新羅の客を宴す」の背奈王行文《せなのきみゆきふみ》・調忌寸古麻呂《つきのいみきこまろ》・刀利宣令《とりのせんりょう》・下毛野《しもつけの》虫麻呂・安倍朝臣広庭らの漢詩にも詠みこまれていて、いかに情趣豊かな交友がおりなされたかを知ることができる。刀利宣令の「秋日長王が宅にして新羅の客を宴す」の詩には「玉燭秋序を調《ととの》へ、金風月幃《げつい》を扇《あお》ぐ。新知未だ幾日もあらね、送別何ぞ依々《いい》ぞ。山の際に愁雲断え、人の前に楽緒《らくしょ》稀なり。相顧みる鳴鹿の爵《さかずき》、相送る使人が帰《かえる》」と。新羅の使節とお会いしてからまだ幾日もたっていないのに、早くも別れを見送るとは、なんと離れがたく耐えがたいことか。これらの漢詩には「蕃国」やイデオロギーを超えた人間としての慕情がみちあふれている。

天平七年（七三五）といえば、来日した新羅使を放還し、翌年には日本からの遣新羅使が「使の旨」の言上を新羅から拒否されるという、日本と新羅との関係が悪化していたおりであった。

しかし政府間の対立とは違って、来日して大伴坂上郎女《さかのうえのいらつめ》と親交のあった新羅の尼理願が、天平七年に死去したおりに、坂上郎女が悲嘆した万葉秀歌（四六〇、四六一）には、国境を超えた熱く太い絆が理願と坂上郎女を結んでいた。〝言はむすべ　せむすべ知らに　たもとほり　ただひとりして　白たへの　衣袖干《ほ》さず　嘆きつつ　我が泣く涙　有間山　雲居たなびき　雨に降りきや〟という歌の一節一節にも、人間としての悲しみと嘆きが宿っている。

正倉院の「鳥毛立女屏風」の下貼文書、その「買新羅物解」は、天平勝宝四年（七五二）の六月に入京した新羅使金泰廉らに、有力な貴顕の家から購入予定の新羅物の種類・価値を注して大蔵省ないし内蔵寮に報告した文書と考えられているが、その内容は香料・薬物・顔料・染料・金属・調度など多彩であって、当時における新羅との交易が新羅物ばかりでなく、新羅による唐・南海・西アジアなどの物産の仲介あるいはその転売を主としていたことを物語る（東野治之「鳥毛立女屏風下貼文書の研究」『正倉院文書と木簡の研究』塙書房所収。正倉院の宝物のなかに、新羅物がかなりあることを改めて注目したい）。

そのような多岐におよぶ交易が、新羅との頻繁な交渉の背後にあって、そのありようが後代の新羅商人との交易にうけつがれていることを察知できよう。

新羅との交流にはつぎのようなエピソードもあった。宝亀十年（七七九）正月の朝貢に参列した新羅使の一行には、著名な新羅の高僧元暁の孫である薩仲業（薛仲業）がおり、日本の上宰（一説に石上宅嗣）また日本の真人（淡海御船）から贈られた詩序に、『金剛三昧経論』の著者元暁の孫に会えたことを喜び詩を贈るとしるすと伝える（『続日本紀』「高仙寺誓幢和上塔碑文」『三国史記』）。

こうした新羅文化への関心は、貞元二年（七八六）の十月、日本王の文慶が兵を率いて新羅を攻めようとしたが、新羅に万波（あらゆ波浪）を息《や》める笛（息笛）があると聞いて撤兵し、使者を送って金五十両を請うたと『三国遺事』（紀異第二）に記載する説話にもうかがわれる。翌年七月、日本は再び使者を遣わし、金千両をもって万波息笛を請うたという。そこで新羅王は所在不明と拒否して日本の使者へ銀三千両を与え、金をうけとらず帰国させ、その後に万波息笛を内黄殿に納めることにしたと物語る。

宝亀十一年（七八〇）の五月十一日、武蔵の国新羅郡の沙良真熊らに広岡造の氏姓が与えられたが、沙良真熊は新羅琴の名手であって、渡来系の人びとのなかには芸能にひいでた人物もいた。また弘仁六年（八一五）に大宰府に到来した新羅僧は、在日およそ八年の後、唐へおもむいたが、還俗《げんぞく》して李信恵と名乗り、『巡礼行記』によれば円仁の通事となったことがわかる。

文化を媒体とする交流もなされており、日本と新羅との関係は、「蕃国」視の故にそのすべてがゆがめられたのではなかった。延暦十年（七九一）に倭人二〇〇名が唐の揚州に渡って、市で交易をしたとする史料もあり（台北の国立中央図書館台湾分館蔵『唐会要』）、日本の商人の活動も軽視できない。日本と新羅との交易は、遣新羅使や新羅使との間のみで行われたと思われがちだが、早くから新羅商人も活躍していた。

日朝の関係史は、古代においても善隣友好の光のみが輝いていたのではない。この小論で考究したように「蕃国」視と征韓論が渦まいた時代もあった。しかしその制約と限界を乗り越えての「誠信」のまじわりのあったことを再発見したい。

# 百済文化の影響

## 1　飛鳥文化の内実

日本列島で仏教文化がはじめて結実したのは、六世紀の後半から七世紀の前半にかけての飛鳥時代であった。そのはじまりは百済《くだら》の聖明《せいめい》王の代に、百済から僧道深《どうじん》らが渡来したのにみいだすことができる。

かつては『日本書紀』が壬申年（欽明天皇十三年＝五五二）に達率《だちそつ》（百済の官位十六階の第二）怒《ぬ》唎《り》斯《し》致《ち》契《けい》らが、聖明王の命をうけて渡来し、「金銅の釈迦像一体・幡蓋《はたのきぬがき》と経論《きょうろん》の若干を飛鳥の朝廷にもたらした」とする説が有力であったが、戦後は戊午年（欽明天皇七年＝五三八）に「仏像・経教并《ならび》に僧ら」を伝えたとする『上宮聖徳法王帝説《じょうぐうしょうとくほうおうていせつ》』や同年、「太子像并びに灌仏《かんぶつ》器一具及び説仏起書巻一篋《いちきょう》」をもたらしたとする説が通説となった。

私が百済からの仏教の伝来でかねてから注目してきたのは、仏像や仏典・仏具などが伝えられたことよりも、仏教の教えを説く僧尼の渡来であった。「仏の相貌端麗《かおきらきら》し」とほめたたえても、それは仏像の美しさを讃嘆したにすぎないのであって、仏像の渡来イコール仏教の伝来であったとするなら、京都府南丹《なんたん》市園部《そのべ》町の垣内《かいと》古墳や奈良県広陵《こうりょう》町の新山《しんやま》古墳から仏像を描いた仏獣《ぶつじゅう》鏡《きょう》の出土をもって仏教伝来のあかしとしなければならない。両古墳ともに四世紀後半の築造であって、四世紀後半には仏教が伝来していたことになる。

仏教伝来のたしかな証拠はなによりもまず仏の教えを説く僧尼の渡来である。仏像や仏典・仏具の意味を理解しなければ、まことの仏教伝来とはならない。ものの歴史ではなく、人間の歴史をみきわめる必要がある。文物史ではなく文化史を理解することが肝心なのである。

仏教が朝鮮半島に近い対馬《つしま》や北九州にまず入ったことは、対馬市上県《かみあがた》町佐護《さご》の旧廃寺跡で、素朴な石の祠《ほこら》のなかに、本体と台座を一緒に鋳造した一鋳造《いっちゅうづくり》の小銅仏がみつかったが、台座脚部に十六行の銘文があって、北魏の興安三年（四五三）の如来坐像であることが判明した。平安時代後期の有力官僚であった大江匡房《おおえのまさふさ》の書いた『対馬貢銀記《つしまこうぎんき》』には、比丘尼《びくに》が欽明天皇の代に仏法を伝えたとのべ、『維摩会縁起《ゆいまええんぎ》』や鎌倉時代にまとめられた仏教史の『元亨釈書《げんこうしゃくしょ》』では、その比丘尼を百済の法明尼《ほうみょうに》であったとしるす。

大和の地域よりも早く仏教が北九州に伝わっていることは、福岡県の霊山寺や大分県の満月寺の開基伝承が大和の諸寺よりも古いのにも反映されている。

僧尼の渡来が仏教伝来の中核となることを前に指摘したが、『日本書紀』の欽明天皇十五年二月の条には、先に渡来していた僧道深ら七人を新たに渡来してきた僧曇慧《どんえ》ら九人と交替させたことを明記する。おそらく欽明天皇七年のころに道深らは百済からヤマト朝廷のもとへ入来していたのであろう。

廐戸皇子《うまやどのみこ》（聖徳太子）や蘇我馬子《そがのうまこ》が仏教を信奉したことは有名だが、太子は百済僧慧聰《えそう》、百済の儒学者覚哿《かくか》、そして高句麗僧慧慈《えじ》を師とした。『三国仏法伝通縁起《さんごくぶっぽうでんづうえんぎ》』には、慧聰は三論《さんろん》・成実《じょうじつ》の学僧で太子の師となったことを特筆している。太子のブレーンには新羅系の秦河勝《はたのかわかつ》もいたが、廐戸皇子と百済とのつながりも深い。

蘇我馬子は高句麗の恵便《えびん》を師としたが、司馬達等《しばだちと》の娘嶋《しま》を得度《とくど》させて善信尼《ぜんしんに》となし、善信尼の弟子二人（禅蔵尼《ぜんぞうに》・恵善尼《えぜんに》）をあわせた「三の尼を崇敬」したという。そして崇峻天皇元年（五八八）には、善信尼らを百済へ仏法を学ぶために留学させている。記録に残るはじめての海外留学尼であり、その留学先は百済であった。善信尼らが百済から帰国したのは同三年三月であり、櫻井寺《さくらいでら》（向原寺《むくはら》）に居住した。

善信尼らが百済へおもむいた崇峻天皇元年は、百済と倭国の関係の密接なつながりを象徴するできごとがあった。百済から百済使のほか百済僧の慧聰らが渡来して、仏舎利を贈ったばかりでなく、聆照律師《りょうしょうりつし》・令威《りょうい》・恵衆《えしゅう》・恵宿《えしゅく》・道厳《どうむ》・令開《りょうけ》ら、寺工《てらたくみ》太良未太《だらみだ》の文賈古子《もんけこし》、鑪盤博士《ろばんのはかせ》の将徳白昧淳《しょうとくはくまいじゅん》、瓦博士《かわらのはかせ》の麻奈文奴《まなもんぬ》・陽貴文《ようきもん》・㥄貴文《りょうきもん》・昔麻帝彌《しゃくまたいみ》、画工《えかき》の白加《びゃくか》らが大和へ入った。そして蘇我馬子は、百済の僧らに戒律を受ける法《のり》について教えを請《こ》うた。

そして同年に蘇我馬子は飛鳥《あすか》寺（法興《ほうこう》寺）の建立に着手した。百済僧ばかりでなく、寺工・鑪盤博士・瓦博士・画工ら多数が渡来したことをみのがせない。飛鳥寺は蘇我氏の氏寺《うじでら》として建立されたが、日本の初期仏教の段階では最も規模が大きく、『日本書紀』では「大法興寺」とも記されている。推古天皇四年（五九六）の十一月に完成し、馬子の子である善徳《ぜんとこ》を寺司に、百済僧恵聰・高句麗僧慧慈らが住んだ。

発掘調査の結果、高句麗の清岩里廃寺（金剛寺）や定陵寺と同じタイプの一塔三金堂であることが判明し、塔の心礎上方からは舎利《しゃり》容器（建久七年＝一一九六の火災後、木箱に納めて埋納）がみつかった。近時、百済最後の都泗沘《しび》（扶余《ふよ》）の王興《おうこう》寺の発掘調査で、舎利容器が出土したが、『三国史記』（『百済本紀』）によれば法王二年（六〇〇）正月に建立された王興寺の舎利容器と飛鳥寺の舎利容器との類似が注目されている。その類似はたんなる偶然ではない。

前述したように、百済僧のほか百済の寺工・鑪盤博士・瓦博士らが飛鳥寺の建立作業を指導しているからである。なお、飛鳥寺は天武天皇九年（六八〇）には官寺《かんじ》になった。

飛鳥文化と百済とのつながりは、たとえば聖徳太子が推古天皇三十年（六二二）の二月、わずか四十九歳で亡くなったのを悲しんだ橘郎女《たちばなのいらつめ》が、天寿国《てんじゅこく》への往生を念じて作らしめた「天寿国繡帳《てんじゅこくしゅうちょう》」の「画者」のなかに、百済・加耶系の東漢末賢《やまとのあやのまけん》や漢奴加己利《あやのぬかこり》が名をつらねているのをみてわかる。そして舒明天皇十一年（六三九）の七月に、はじめての勅願寺といってよい百済大寺《くだらおおでら》（奈良県桜井市の吉備池廃寺）の造営がはじまったが、そのリーダーは東漢書直県《やまとのあやのふみのあたいあがた》であったし、皇極三年（六四四）十一月に高市《たかいち》郡高取《たかとり》町丹生谷《にうだに》の桙削《ほこぬき》寺（二十八坊をそなえたという）を建立することになるが、それには東漢氏の一族である長直《おさのあたい》が関係し、白雉元年（六五〇）には漢山口直大口《あやのやまぐちのあたいおおくち》が仏像を作ったと伝える。法隆寺の金堂広目天像の銘には「山口大口費《あたい》」ほか二人が製作者であったと明記するが、この大口費は漢山口直大口であった。

飛鳥時代の仏師として有名な鞍作止利《くらつくりのとり》（鳥）の父の多須奈《たすな》は、用明天皇の病気の平癒を祈って仏像をつくる。馬具製造の技術が仏像づくりに応用されたので、鞍部《くらつくり》とか鞍作《くらつくり》を名乗ったのだが、後代には祖父の司馬達等は「大唐《だいとう》」の人とか「南朝梁《なんちょうりょう》」の人などとされるようになる。「鞍部」は朝鮮半島から渡来した者に多く、「村主《すぐり》」を称したのも同様であって、達等の娘善信尼が百済へ求法《ぐほう》したことなど、百済との関係をみのがせない。止利はその秀技をもって、飛鳥寺の丈六の銅像や法隆寺の金堂釈迦三尊像などを作り、止利式《とりしき》・止利様《とりよう》とよばれるほどに飛鳥時代の造仏に大きな影響をおよぼした。

飛鳥文化は日本列島におけるはじめての仏教文化であったが、その直接のふるさとは百済であった。したがって、敏達天皇十三年（五八四）の九月に鹿深《かふかの》（甲賀）臣《おみ》が弥勒の石像を、佐伯《さえきの》連《むらじ》が仏像をそれぞれ百済から持ち帰ったりもしたのである。

## 2　飛鳥文化から白鳳文化へ

『日本書紀』巻第十四（雄略天皇の巻）の雄略天皇五年六月の条と同天皇七年是歳の条には注目すべき記事が載っている。

六月の条は「筑紫《つくし》の各羅嶋《かからしま》にして兒《こ》を産《う》めり。仍《よ》りて此の兒を名づけて嶋君《しまのきみ》と曰《い》ふ」という文である。一九七一年七月、韓国忠清南《チュンチョンナム》道《ド》公州《コンジュ》の宋山里《ソンサンニ》で武寧《ぶねい》王（斯麻《しま》）と王妃の陵が検出され、その墓誌石によって癸卯年（五二三）五月七日、武寧王が六十二歳で亡くなったことが明らかになった。斯麻は実名で武寧王は諡《おくりな》だが、『三国史記』の「百済本紀」が武寧王二十三年（五二三）「夏、王薨」と書いている記載が史実であることを実証したばかりでなく、同年ただちに聖明王が即位したとする伝えもたしかであることが証明された。聖明王の即位年については『三国遺事』など三つの説があっただけに、その墓誌は貴重であり、『日本書紀』の嶋（斯麻）君が各羅島（佐賀県唐津市加唐島）で誕生したとする伝承の信憑性も高まった。

『続日本紀《しょくにほんぎ》』が桓武天皇の生母高野新笠《たかののにいがさ》の崩伝を延暦八年（七八九）十二月の条に記述して、「后の先（先祖）は百済の武寧王の子純陁《じゅんだ》太子より出づ」とはっきり書いている史実とのかかわりもより明確になった。『日本書紀』の継体天皇七年八月の条に「百済の太子淳陀《じゅんだ》（純陁）薨《みまかる》」とあり、高野新笠の諡が百済の建国神話にもとづいて「天高知日子姫尊《あまのたかしるひのこひめのみこと》」とされているのも見失なってはならない。

二〇〇一年の十二月、日韓ワールドカップとの関連で、いまの陛下が「桓武天皇の生母が百済の武寧王の子孫であると、『続日本紀』にしるされていることに、韓国とのゆかりを感じています」と記者会見で述べられたのは、史実にそくしての発言であった。

雄略天皇七年是歳の条は「天皇《すめらみこと》、大伴大連室屋《おおとものおおむらじむろや》に詔《みことのり》して、東漢直掬《やまとのあやのあたえつかみこと》に命《おお》せて、新漢陶部高貴《いまきのあやのすえつくりのこうき》・鞍部堅貴《くらつくりのけんき》・画部因斯羅我《えかきのいんしらが》・錦部定安那錦《にしごりのじょうあんなこむ》・譯語《おさ》（通訳）卯安那《うあんな》らを、上桃原《かみつももはら》・下桃原《しもつももはら》・真神原《まかみのはら》の三所《みところ》に遷《うつ》し居《はべ》らしむ」である。

坂上《さかのうえ》氏の『坂上系図』に引用する『新撰姓氏録』の逸文では、應神天皇の代に渡来したという阿智《あち》王（阿知使主《あちおみ》）の子が都賀《つか》（掬）使主《おみ》で、雄略天皇の代に使主《おみ》も直《あたえ》に改めたとする。新《いまき》とは「今来《いまき》（新しく渡来）」で、須恵器《すえき》や馬具の製作者、画師、高級織物の技術者そして通訳など、技術革新の担い手を高市郡飛鳥の上桃原・下桃原・真神原に居住させたことは興味深い。

高市郡は『日本書紀』の欽明天皇七年七月の条や『新撰姓氏録』逸文が「今来郡」と表記しているとおり、今来の才伎《てひと》たちが数多く住んだ地域であり、とりわけ明日香村の檜前《ひのくま》（檜隈）を中心に北限は橿原市の五条野町から大軽町・見瀬町の一部におよぶ小地域、東限は明日香村の立部や上平田あたり、西限は高取川（檜隈川）の右岸で一部は真弓（檀弓）にいたり、南限は高取の土佐・子島・清水谷におよんだ（古代の檜隈）。したがって、檜隈民使博徳《たみつかいはかとこ》など、地名「檜隈」を名におびる人びとも史料にかなり登場してくる。

漢氏《あやうじ》で生駒・金剛山の東側（大和側）に住むグループを東漢氏《やまとのあやうじ》、西側（河内側）に所在するグループを西漢氏《かわちのあやうじ》とよんだが、檜前の地域に居住した東漢氏の支族で有力な氏族が坂上氏で、檜《ひの》前忌寸《くまのいみき》とも名乗った。桓武天皇の代の征夷大将軍の坂上田村麻呂《さかのうえのたむらまろ》の父である坂上苅田麻呂《さかのうえのかりたまろ》の宝亀三年（七七二）の四月二十日の朝廷への奏言が『続日本紀』に載っている。

「檜前忌寸《ひのくまのいみき》を大和国高市郡司《たけちのぐんじ》に任する元由《もとのよし》は、先祖阿智使主《さきつおやあちおみ》、軽嶋豊明宮《かるしまのとよあかりのみや》に馭宇《あめのしたしらしめ》しし天皇（應神天皇）の御世に十七県《あがた》の人夫《ひとども》を率《い》て帰化《まいおもむ》けり。詔《みことのり》して、高市郡檜前村を賜《たま》ひて居《お》らしめき。凡そ高市郡の内には、檜前忌寸と十七県の人夫地《ところ》に満ちて居り。他の姓の者は、十にして一・二なり。是を以て、天平元年十一月十五日、従五位上民忌寸袁志比《おしび》ら、その所由《よし》を申しき。天平三年、内蔵少属従八位《うちのくらのしょうぞくじゅうはちい》上蔵垣《うえくらかき》忌寸家麻呂《いえまろ》を少領に任《にん》じき。天平十一年家麻呂を大領に転《うつ》して、外従八位下蚊帳《かや》忌寸子虫を少領に任じき。神護元年、外正七位上文山口《ふみのやまぐち》忌寸公麻呂《きみまろ》を大領に任じき。今、此の人ら、郡司に任ぜらるること、必ずしも子孫に伝えざれども、三腹《さんふく》逓《たがい》に任ぜられて、今に四世になりともうす。勅《みことのり》を奉《う》けたまはるに、『譜第《ふだい》を勘《かんが》ふること莫《な》く、郡司に任ずることを聴《ゆる》すべし』とのたまふ。」

この奏言では、檜前忌寸の氏人を高市郡の郡司に任命することが、先祖の阿智使主以来の系譜にもとづくと主張されている。

その檜前に日本で最も有名な高松塚壁画古墳やキトラ壁画古墳が存在するのである。高句麗や唐の壁画古墳との関係がさまざまに論議されたが、百済・加耶系の東漢氏の本貫に存在する両古墳の壁画が、朝鮮半島とりわけ高句麗の古墳壁画と関連する要素が多いのもそれなりの理由がある。高松塚の副葬品のなかには唐の海獣葡萄《ぶどう》鏡があり、この鏡の同笵《どうはん》の鏡が長安（西安市）の独《どっ》弧《こ》思《し》貞《てい》墓《ぼ》からみつかった。そしてその墓の築造年代は墓誌によって神功二年（六九八）であることが判明した。

したがって高松塚の海獣葡萄鏡は慶雲元年（七〇四）か慶雲四年に帰国した遣唐使によってもたらされた可能性がある（もしくは七〇〇年・七〇三年の新羅使か遣新羅使か）。七世紀末ないし八世紀はじめの築造と考えられる高松塚の横口式石槨《せっかく》とキトラ古墳のそれとを比較すると、キトラ古墳の築造は高松塚よりも古いと考えられる。

二〇〇八年、韓国国立扶余博物館が収蔵する木簡を整理したさいに、七世紀の荷札の木簡に

「那尓波連公《なにわのむらじきみ》」と書いてあるのがみつかって話題をよんだ。この木簡は扶余双北里遺跡から出土した木簡で、七世紀なかばに、百済に派遣された難波連が持参した贈品に付けられた荷札とみなされている。問題は「連公《むらじのきみ》」をどのように解釈するか、連（かばね）＋《プラス》公（尊称）とみるか、天武天皇十三年（六八四）十月の八色《やくさ》の姓《かばね》以前のかばねとするか、「連公」を熟語としてとらえ、かばね「連」に先行する称号と解釈するか、さまざまな見方があるが、明日香村の石神《いしがみ》遺跡から出土した七世紀なかばごろの木簡の「石上大連公《いそのかみのおおむらじのきみ》」の「連公」と同じように、連（かばね）＋公（尊称）と理解するのが妥当であろう。

百済と倭国との関係は、『古事記』『日本書紀』が応神天皇の代に百済の和邇《わに》（王仁）博士が渡来して学問の師となったように（後述参照）、きわめて密接な関係があった。倭国からも百済へ入国し、後に百済から渡来して百済造《くだらのみやつこ》を名のり、天武天皇十二年九月には、百済連《くだらのむらじ》と改正し、『正倉院文書』にみえる平城京（左京）の人として居住した百済連弟人のような人たちもいた。

## 3　百済王氏の活躍

百済から渡来した氏族で最も重要な役割を果たしたのは百済王氏《くだらおうし》である。百済の義慈王の王子豊璋《ほうしょう》（豊章）は、舒明天皇三年（六三一）三月、大和朝廷の人質として弟と伝える善光《ゼンコウ》（禅広）と共に入国した。

唐の高宗は永徽《えいき》二年（六五二）に朝鮮三国に対する政策を明らかにし、新羅と連合してまず百済を滅ぼし、ついで高句麗を征討する姿勢を示した（『旧唐書』『資治通鑑』）。実際に唐と新羅の連合軍は六六〇年に百済総攻撃を決行し、熊津城（公州）・泗沘城（扶余）があいついで陥落、義慈王らは高句麗へ逃亡、多くの王族・貴族は唐へと連れ去られた。唐は熊津都督府をはじめ五つの都督府を設けて百済の統治をこころみたが、都督や各地の行政官には百済在地の豪族を任命した。

唐は六六〇年の十二月、百済についで高句麗を滅ぼすために高句麗の王都長安（平壌）へ大軍を進めた。百済の復興をめざす百済人は、その間隙に起ちあがり、豊璋を帰国させて六六二年に王となし、余自信《よじしん》や鬼室福信《きしつふくしん》らは百済の遺民を率いて各地で抵抗した。

斉明天皇みずから北九州へおもむき、六六三年の九月には、百済救援を名目として出兵した二万七千の軍勢が新羅を攻撃した。ところが六六三年の六月、再建されたばかりの百済王朝で内紛が具体化し、名将鬼室福信は豊璋王の命によって殺された。

この内紛が悲劇のはじまりであった。そして六六三年八月二十七日、唐の水軍百七十艘が白村《はくすき》江《のえ》（錦江）のあたりで倭の水軍を待ち受けて戦い、翌日機をうかがって再び会戦、唐の水軍は倭の水軍を挟み撃ちして、倭軍は大敗した。この両日の合戦が世にいわれる白村江の戦いである。

百済の滅亡によってヤマト朝廷を頼みに渡来してきた百済の人びとは多い。天智朝の学頭《ふみのつかさ》職《かみ》（後の大学寮の長官）となった鬼室集斯《きしつしゅうし》、法官大輔《たいふ》（式部省の次官）に任命された余自信・沙宅《さたく》紹明《しょうみょう》をはじめとしてその多くが近江朝廷の有力官人となり、日本の文学史上、漢詩・漢文学がさかんとなる画期ともなった。

倭国にとどまった善光は持統朝に百済王の号を与えられ、その後裔は奈良時代から平安時代へかけて実力を発揮し、政界に重きをなした。

百済王善光の曾孫が百済王敬福《きょうふく》であった。敬福は天平神護二年（七六六）の六月二十八日、六十九歳で亡くなったが、『続日本紀』の薨伝《こうでん》によれば、善光の孫郎虞《ろうぐ》の三男で、自由奔放で酒色を好み、聖武天皇の信任をえて、貧しい者には理由をつけて物を与え、上総・陸奥・常陸・出雲・伊予・河内の国守を歴任したが、私財は蓄えなかったという。しかし、判断は的確で、行政能力にすぐれていたとのべられている。

敬福の生涯においてもっとも注目すべきできごとがある。天平十五年（七四三）の十月十五日、盧舎那《るしゃな》大仏の建立を聖武天皇が発願し、いよいよ完成が近づいていたおりであった。高さ五丈三尺五寸の東大寺大仏造立には黄金を欠かすことはできない。朝廷が苦慮していたさい、天平二十一年（七四九）の二月、当時陸奥守であった敬福が、少（小）田郡内で黄金を掘りだし、黄金九百両（総計）を献上した。

聖武天皇は歓喜して、同年の四月一日、東大寺へ行幸、大仏前殿で大仏に北面して「この大倭国には天地開闢《かいびゃく》以来」、「黄金は人国（外国）より献《たて》まつることはあれども、この地《くに》は無きものと念《おも》へるに」との宣命が奏された。その吉報は越中守であった大伴家持のもとにも入る。そこで家持が詠んだ長歌（『万葉集』四〇九四）のなかに〝海行かば水漬《みづ》く屍《かばね》　山行かば草生《む》す屍　大君の辺《へ》にこそ死なめ　顧《かえり》みはせじと言《こと》立て〟の歌詞がみえる。

昭和十二年（一九三七）の国民精神総動員強調週間のラジオ番組のため、日本放送協会の小野賢一郎文芸部長が信時潔《のぶとききよし》に依頼して作曲されたのが、あの〝海ゆかば〟であった。初演奏は同年の十月十二日の東京日比谷公会堂で開催された国民精神総動員中央連盟の結成式であり、十一月二十二日からは国民歌謡として放送されるようになり、太平洋戦争中には大本営発表とりわけ日本軍玉砕のラジオ放送の前奏曲としてさかんに使われた。〝海ゆかば〟が百済王敬福とかかわりをもつことを知る人は少ない。

敬福は天平勝宝二年（七五〇）五月に宮内卿となり、さらに河内守となったが、百済王氏は河内国茨田《まんだ》郡枚方《ひらかた》（大阪府枚方）を中心とする地域を本居とするようになる。『古事記』の仁徳天皇の条には、「秦人《はたびと》」が茨田堤《まんだつづみ》や茨田三宅《まんだみやけ》を作るとしるし、『日本書紀』の仁徳天皇十一年是歳の条に、「新羅人」が「この役（茨田堤の造築）に従事した」とのべ、さらに『播磨《はりま》国風土記』（揖保郡）に河内国茨田郡枚方里の「漢人《あやひと》」が移住してきたことを記載するように、早くから渡来の人びとが居住していたが、それを前提として敬福が河内守になったおりから百済王氏の本拠ともいうべき地域となった。

　国の特別史跡百済寺跡が大阪府枚方市中宮西之町にあるが、この寺は百済王氏が氏寺として建立した寺であり、発掘調査によって、中門と金堂を回廊でつなぎ、中門を入って東塔と西塔がある薬師寺式伽藍配置であることがたしかとなった。そしてさらに同寺の造営や修理にあたる「修理院」の鋳造遺構や大型多尊塼仏《せんぶつ》の破片九点がみつかり、百済寺を築地《ついじ》で囲んでいたことも明らかとなった。そして百済寺跡の近くには敬福ゆかりの百済王神社が鎮座する。

　天平勝宝四年（七五二）の四月九日、「なす所の奇偉、あげて記すべからず、仏法東帰より斎会《さいえ》の儀いまだかつてかくの如く盛んなるはあらざるなり」（『続日本紀』）と称賛された大仏開眼供養会が執行された。あの巨大な大仏鋳造のリーダーは「大仏殿碑文」に「大仏師従四位下国中公麿《くになかきみまろ》（麻呂）」と明記するとおり、六六三年のころに亡命してきた百済の徳率《とくそつ》（官位の第四）国骨富の孫であった。したがって「碑文」にも「元百済国人」とのべるのである。その居住地であった大和国葛下《かつらきしも》郡国中村にちなんで国中の氏を称した。

　斉衡《さいこう》二年（八五五）の地震で仏頭が落下して修復、平安時代末の平重衡《たいらのしげひら》による焼き討ち、さらには戦国時代末の三好・松永の合戦で大仏殿ほかの諸堂が炎上し、現在の大仏は江戸時代の鑄造で、蓮弁の二葉のみが天平のむかしをいまに伝えるといわれている。しかし公麻呂がすぐれた仏師であったことは、彼の製作であることが『正倉院文書』によってたしかな東大寺三月堂の不《ふ》空羂索観音像《くうけんじゃくかんのんぞう》の威容をみてもわかる。なお大仏建立の大勧進として活躍した天平の高僧行基《ぎょうき》の父は高志才智《こしのさいち》であり母は蜂田古爾比売《はちだのこにひめ》であって、両親ともに百済系の渡来人であったことも忘れてはならない。

桓武《かんむ》朝廷と百済王氏との関係はきわめて密接であった。敬福の孫の明信《みょうしん》は、大納言から右大臣に栄進した藤原継縄《つぐただ》の妻となり、桓武天皇の信頼をえて尚侍《ないしのかみ》（内侍所《ないしどころ》の長官）として活躍した。そして桓武天皇の後宮には九人の百済王氏の娘が入り、教仁《きょうにん》は太田親王、貞香《じょうきょう》は駿河内親王を生んでいる。したがって桓武天皇は延暦九年（七九〇）二月の詔《みことのり》で「百済王らは朕の外戚《がいせき》なり」といわれたのである。

前に言及したように、枚方の地域は百済王氏の本拠地であったが、『続日本紀』によると延暦四年（七八五）の十一月と同六年の十一月には、枚方の交野《かたの》（枚方市片鉾本町のあたり）で、中国の皇帝と同じように天神を祭る郊祀《こうし》を行なった。とくに後者の例は詳細で、百済王明信の夫の藤原継縄が奏上した祭文を記載している。その祭文は唐の皇帝の郊祀の祭文と同じであり（『大唐郊祀録』）、最後に桓武天皇の父光仁天皇をあわせ祭ることをわずかにのべている点が異なるだけである。

郊祀を実施した確実な最初の天皇は桓武天皇だが、なぜ交野で執行されたのか。それは桓武天皇が延暦二年（七八三）から延暦二十一年の間に、実に十三回も交野行幸をしたこととも関連する。枚方の地域が百済王氏の本拠であった史実とけっして無関係ではない。

## 4　王仁博士とやまとうた

安宿郡に隣接する古市郡は、西文《かわちのふみ》（書）氏《うじ》の本貫であり、奈良盆地の東文氏《やまとのふみうじ》とならんで重要な役割を果たした。内外の記録にたずさわり、朝廷の大祓《おおはらえ》で、道教の神々に祈る「呪《じゅ》」を奏上したり、あるいはその支族には河内の馬飼などにたずさわる馬史《うまのふひと》や馬首《うまのおびと》などもいた。なお羽曳野古市二丁目にある西琳寺は西文氏の氏寺であった。

その文氏の祖とするのが『記』・『紀』がともに百済から渡来してきたとする百済の和邇吉師《わにきし》（王仁）である。『古事記』（中巻）應神天皇の条には、和邇吉師が「論語十巻・千字文一巻」を伝えたとしるす。『論語』は二十巻だが、前十巻・後十巻のいずれかを指すとすればその「十巻」が誤りとは断定できないが、問題は『千字文』である。『千字文』は梁の武帝が周興嗣《しゅうこうし》（四七〇〜五二一）に命じて編集させた文字習得のテキストだが、いわゆる應神天皇の代よりはかなり遅れた時代に完成した書で、王仁博士の渡来した時代にはまだ存在していない。谷川士清《ことすが》は魏の時代に作られた『千字文』だと苦しい解釈をしたが（『日本書紀通証』）、魏の時代に『千字文』があったかどうかは疑わしい。本居宣長は「此御代のころ、未《いまだ》此書世間に伝はるべき由なければなり」と否定しながら、「実には遥に渡参来《わたりまいりき》たりめども、其書広く用ひられて、殊《こと》に世間に普《あまね》く習《ならい》誦《よ》む書なりしからじ、世には應神天皇の御世に、和邇吉師が持参来つるよしに語《かたり》伝へたりしなるべし」(『古事記伝』)と妥当な見解をのべている。

『日本書紀』は巻第十應神天皇十五年八月の条に百済から王仁博士を招くことになった事情を記載し、同天皇十六年の二月に、王仁が百済から渡来して仁徳天皇の異母弟である菟道稚郎子《うぢのわきいらつこ》の師となったと伝える。そして両書ともに「文首《ふみおびと》(書首)の祖(始祖)」と書きとどめている。

現伝最古の漢詩集である『懐風藻』の「序」に「王仁始めて蒙《くらき》を軽島《かるしま》(應神朝)に導き」とするし、また大同二年(八〇七)に斎部広成《いんべのひろなり》がまとめた『古語拾遺』に「軽島豊明《とよあかり》の朝(應神朝)に参りて、百済王博士王仁を貢る」と記述し、現伝最古の仏教説話集の『日本霊異記』がその「序」に「軽島豊明宮御宇誉田《ほむた》天皇」(應神天皇)の代に「外書(儒書)来り」と書いているように、八世紀のなかばから九世紀のなかばのころには、多くの人びとが百済の王仁博士が学問を伝えたことを知っていた。

「王仁伝承の虚実」については『古代日本のこころとかたち』(角川学芸出版、二〇〇六、所収)で詳述したが、王仁博士が日本の人びとに広く知られるようになったのは、紀貫之《きのつらゆき》が『古今和歌集』の「仮名序《かなじょ》」のなかで、やまとうた(和歌)のはじまりと発展について、次のように物語っているからである。

「なにはづ（難波津）のうたは、みかど（仁徳天皇）のおほむはじめなり」と書いて以下のように注記した。少し長くなるが、重要な箇所なので引用する。

「おほさざきのみかど、なにはづにて、みことききこえける時、東宮をたがひにゆづりて、くらゐにつきたまはで、三とせになりにければ、王仁といふ人のいぶかり思ひて、よみてたてまつりける哥《うた》也。この花はむめの花をいふなるべし」

この注にいう「おほさざきのみかど」とは仁徳天皇のことであり、菟道稚郎子が大王の位を大《おお》鷦鷯《さざき》尊に譲って空位が「三とせ（三年）」におよんだことは、『日本書紀』の仁徳天皇即位前紀に「猶《なお》、位を大鷦鷯尊に譲りますによりて、久しくあまつひつぎ（皇位）しろしめさず、爰《ここ》に皇位空《むな》しくして、既に三歳を経ぬ」とのべるとおりである。このあたりの記述も『日本書紀』に基づいているが、問題はそのことを不審とした王仁が、「よみてたてまつりける哥」とするのが、〝なにはづにさくやこのはな冬ごもりいまははるべとさくやこの花〟であるとしるすことである。

つづいて注は「この花はむめ（梅）の花をいふなるべし」とする。「この花」については「木の花」説もあるが、注では「梅の花」とみなしている。「仮名序」はさらに次のようにのべる。

「あさかの山のことばは、うねめのたはぶれよりよみて（中略）、このふたうたは、うたのちゝはゝのやうにてぞ、てならふ人の、はじめにもしける。

そもそも、うたのさま、むつなり。からのうたにも、かくぞあるべき。そのむくさのひとつに

は、そへうた、おほさざきのみかどを、そへたてまつれるうた、

　なにはづにさくやこのはな冬ごもり

　いまははるべとさくやこの花、といへるなるべし」

ここにいう「あさか（安積）山のことば」とは、『万葉集』（巻第十六）の〝安積山影さへ見ゆる山の井の浅き心をわが思はなくに〟（三八〇七）を指す。

紀貫之は「このふたうた（二首）」すなわち王仁の「難波津の歌」と『万葉集』の「安積山の歌」は、「歌の父・母のようにてぞ、てならう（手習う）人のはじめにもしける」というのである。

実際に滋賀県甲賀市宮町遺跡から出土した木簡には表と裏にこの両首が書かれており、手習いの習書木簡であることが判明したが、私がかねてから注目してきたのは、王仁博士の作と伝える「難波津の歌」は現在までに少なくとも木簡に十八点、土器に十二点、建築部材に三点、瓦に二点、檜扇に一点というように数多くみえることである。

それらの出土した古代の遺跡や天井板などに書かれた例は、畿内を中心に、東は越中（富山県）西は阿波（徳島県）におよび、時代は七世紀後半から十世紀前半まで、長期間にわたっている。なぜこれほどに「難波津の歌」が長くしかも幅広く書かれてきたのか。そこには難波津が西日本の海上の道の表玄関であり、『日本書紀』の欽明天皇元年九月の条の「難波祝津宮《なにわのはふりつのみや》」と書かれているように、難波津は神まつりの聖地でもあったからではないか。大嘗祭《おおなめのまつり》の翌年に難波津で大《おお》

八洲《やしま》の霊を天皇の御衣に付着する八十島祭《やそじま》が行なわれたのも偶然ではない。

百済の王仁博士の歌とする「難波津の歌」にちなんで、大正十年（一九二一）につくられた大阪市歌の歌詞のなかに、〃東洋一の商工地　咲くやこの花さきがけて〃と詠まれ、その四年後、大阪市に此花区が設けられたのも、大阪の文化と百済のつながりを象徴する。

※なお朝鮮半島の南部にあった諸国連合の加耶（五六二年に滅亡）については、田中俊明氏の『古代の日本と加耶』（山川出版社）を参照されたい。

# 古代の東アジアと京都盆地

## 1 『新撰姓氏録』の左京・右京の「諸蕃」

『新撰姓氏録』の完成がいつであったか。これまでにもいろいろと議論されてきた。それは『日本紀略』には、弘仁五年（八一四）六月一日の条に、「中務卿四品葛多親王、右大臣従二位藤原朝臣園人等、勅を奉りて姓氏録を撰す。是に至りて成る」としるし、他方『新撰姓氏録』の上表文には、弘仁六年七月二十日に上表したとのべているからである。諸説があったが、現在では弘仁五年六月一日に完成したけれども、記事の増補や改訂がなされて、翌年の七月二十日に再上表されたとみなすのが通説となっている。したがって『新撰姓氏録』の完成は弘仁六年であったとみなしてよい。

氏族の系譜の集成は、天平宝字五年(七六二)に『氏族志』の編纂が計画されたが、恵美押勝(藤原仲麻呂)の乱などのために中絶し、桓武天皇の延暦十八年(七九九)に各氏族に対して本系帳の提出を命じ、氏族の系譜の撰録事業がはじまったが、桓武天皇の崩去によって、嵯峨天皇がその事業を継承することになる。こうして「平安京の左京・右京」、山城国、大和国、摂津国、河内国、和泉国の順に平安京を含む五畿内一一八二氏の出自の系譜ができあがった。出自によって皇別・神別・諸蕃に分けて記載し、最後に未定雑姓(系譜未詳の氏族)を掲載した。一一八二氏の内訳は、左京・右京から和泉国までで、皇別三三五氏・神別四〇四氏、諸蕃三二六氏・未定雑姓一一七氏となっている。

渡来系の氏族の諸蕃がかなりの数を占めるが、それは平安京においてなおいちじるしい。平安京の左京皇別は一一八氏であり、右京皇別は六七氏であって、左京・右京皇別の合計は一八五氏となる。左京神別は八二氏であり、右京神別は六五氏であって、その合計は一四七氏であった。ところが左京諸蕃は六二氏、右京諸蕃は一〇二氏で、その合計一六四氏は、左京と右京の神別氏族の合計を抜いている。いかに平安京に渡来系の氏族が多数居住していたかをうかがうことができる。

『新撰姓氏録』には「逸文」がかなりあり、その内容にも曽孫を四世孫とする場合や玄孫を四世孫と書いたり、同神あるいは同一人物が違った文字で書かれている場合など、その内容のすべてを信頼するわけにはいかないけれども（佐伯有清『新撰姓氏録』研究篇、吉川弘文館）、そのおよそのありようをうかがうことは可能である。

『新撰姓氏録』の「諸蕃」では「漢」・「百済」・「高麗」にわけているが、たとえば「左京諸蕃上」の冒頭には、「太秦公宿禰　秦始皇帝の十三世の孫、孝武帝の後なり」とする。これは中国を「大唐」として、新羅系の秦氏の始祖を秦始皇帝に付会したものであって、もとより信頼することはできない。「大宝令」や「養老令」の公文書の様式などを定めた「公式令」の注釈で、天平十年（七三八）ごろの『古記』に、「隣国は大唐」、「蕃国は新羅」とみなし、中華を敬慕しての始祖の改変であった。したがって「漢」の分類のなかには新羅系の渡来氏族もかなり含まれている。

アジア大陸の東に位置する弧状の日本列島には、中国や南海の掖玖（屋久島）などからも渡来してきた人びとも多くいるが、渡来系氏族を代表するのは朝鮮半島から渡来してきた高麗（狛）氏・漢氏《あやし》（中国の漢人ではない）、そして秦氏である。高麗氏のふるさとが朝鮮半島北部の高句麗であることは、『日本書紀』が「神功皇后摂政前紀」や「応神天皇七年九月の条」をはじめとし、すべて高麗とするし、『続日本紀』が同様に和銅四年十二月の条ほかでやはり高麗と書いているのをみてもわかる。前述した『新撰姓氏録』においても高句麗を高麗と表記し、「未定雑姓」の河内国狛染部や同狛人について「高麗国の須牟祁《すむけ》王の後」と明記しているのをみても明らかである。高句麗の長寿王が四一四年に先帝の好太王（広開土王）の功績をたたえて建立した広開土王陵碑にみえる鄒牟王が須牟祁王である。一一四五年に高麗の史家金富軾がまとめた『三国史記』の「高句麗本紀・始祖の条」に「東明聖王」とし「諱《いみな》は朱蒙」「一に云はく鄒牟、一に云はく衆解」とあり、同書の「百済本紀・始祖の条」に「鄒牟或は朱蒙」とみえる建国の始祖とされる人物である。韓国ドラマ「朱蒙」で多くの人びとに知られるようになった。

ついでながらにいえば、高句麗と百済の建国の始祖は同一人物であり、『新撰姓氏録』の「左京諸蕃」（下）の百済の和朝臣の条にみえる「百済国の都慕王の十八世の孫、武寧王より出づ」などの都慕王とは高句麗の建国神話の始祖鄒牟王のことであった（後述参照）。

問題は漢氏のふるさとである。漢氏では生駒・金剛山脈の東側、奈良県明日香村の檜前《ひのくま》を中心とする東《やまとの》漢氏と、その反対の西側の河内に分布する西《かわちの》漢氏が有名だが、ここでも『続日本紀』の延暦四年（七八五）六月十日の坂上苅《かり》田麻呂の上表文に「後漢霊帝の曽孫阿智王の後なり」と中華の国の皇帝の子孫とこじつけている。しかしこれは『古事記』中巻応神天皇の条に阿直史《ふひと》の祖とする阿知吉師《きし》が牡馬壱疋・牝馬壱疋を百済から「貢上」したとのべ、『日本書紀』が応神天皇二十年九月の条に「倭《やまとの》直の祖阿知使主《あちのおみ》とその子都加《つかの》使主、並《ならび》に己が党類十七県を率いて来帰」と記述するのが本来の姿であった。この「党類十七県」が実数であったかどうかはともかく、この祖先伝承は後の世までも長く記憶されており、たとえば坂上苅田麻呂が宝亀三年（七七二）の四月二十日の上表文にも「先祖阿知使主、軽島豊明宮に馭宇天皇（応神天皇）の御世に十七県の人夫を率いて帰化」と記している。そして高市郡内には「他の姓の者は、十にして一・二なり」と大和国の高市郡にはいかに同族が多く居住していたかを強調している。

それならなぜ漢氏《あや》を名乗ったのであろうか。「あや」の由来については、韓国慶尚南道咸安の地域の加耶《かや》の有力な国であった安羅とみなす説が有力である。しかし漢氏は加耶の人ばかりでなく、阿知史や阿知使主が百済から渡来しているように、漢氏は朝鮮半島南部西側の加耶・百済系とみなすのが妥当ではないかと思っている。

高句麗にかんする遺跡としては、京都府木津川市上狛の高麗寺跡が有名で、現伝仏教説話集の最古である『日本霊異記』にもみえている。『日本書紀』の欽明天皇三十一年（五七〇）四月の条に高句麗の使節が北陸へきて、近江路から木津川市のあたりに入る。そこで高句麗使の迎賓館である「相楽館」などが設けられた。京都盆地におけるゆかりの史跡としては、現存最古の漢和辞書『和名類聚抄』に八坂郷がみえ、『新撰姓氏録』の「山城国諸蕃」に八坂造が居住していたことを記述して「出自狛国人」と書いているのが参考になる。そして西京区樫原廃寺では七世紀後半のころに建立された八角塔の基壇がみつかった。八角塔は高句麗の清岩里廃寺（金剛寺）や定陵寺など高句麗に多いのが注目される。

## 2　秦氏の活躍

高麗氏や漢氏は点的に分布しているのに対して、秦氏は北九州（大宝二年の戸籍や『豊前国風土記』逸文）から東北の出羽（久保田城漆書文書）まで面的に居住しており、とりわけ京都盆地の開発に大きな役割を演じた。

秦氏のハタについては①機織のハタ説、②梵語の綿布説、③韓国・朝鮮語のパタ（海）説あるいはハタ（大・多）説などがある。多くの人びとは秦氏をハタ氏とよんでいるが、『古事記』では「波陀」と書き、『万葉集』巻第十一の〝朱引《あかみ》く秦《はだ》もふれずて寐《ね》たれども心をけしく我がおもはなくに〟（二三九九）と歌っているように、本来は「ハダ」とよんでいたのではないかと考えられる。大同二年（八〇七）に斎部広成が忌部氏の伝承を中心にまとめた『古語拾遺』では、雄略朝のできごととして、秦酒公が献上した「絹・綿・肌膚《はだ》に軟らかなり。故《かれ》秦の字を訓《よ》みて波陀と謂ふ」と伝えている。秦の字はもとハダと読まれていた可能性がある。

それなのに秦氏をハタ氏と称してきたのは何故か。独学で朝鮮半島の古地名の研究にとりくんでこられた鮎貝房之進説では『三国史記』の「地理志」に慶尚北道のなかに「波旦」という古地名があるのに注目された。しかし『三国史記』は日本でいえば平安時代末期の成立であって、その信憑性が長く疑われてきた。一九八八年の三月であった。共同通信が韓国慶尚北道蔚珍郡竹辺面鳳坪里で、甲辰年（五二四）の新羅古碑がみつかったことを報道した。私は早速現地に赴くことにし、当時ソウル大学の考古学主任教授であった金元龍先生と連絡をとり、蔚珍郡の郡長さんを紹介していただいた。金元龍先生は「私はまだ実見していないのに、先生は早いですね」と苦笑いされたのを改めて想起する。現地はソウルからかなり遠く、列車とタクシーを乗りついで、日本人では最も早く碑文を実見した。碑文には、確実に「波旦」という古地名があり、「奴人法」あるいは殺牛のまつりなどを記述した新羅古碑であった。この新羅古碑によってハタ氏のハタは波旦に由来することがきわめて有力となった。現在では秦氏を新羅系とみなし、朝鮮半島南部の東側を直接のふるさととすることが学界でも主流になっている。

　秦氏の伝承として注目すべきものに『日本書紀』の「欽明天皇即位前紀」に物語られている伏見深草の秦大津父《おおつち》の伝承がある。馬に乗って伊勢へ旅をし、「商売（交易）」をしている富豪として描かれ、「山背国紀伊郡深草里」の人であったと伝える。欽明天皇が即位するにいたって「大蔵省《つかさ》」の官人になったという。この「大蔵省」の官人とは『古語拾遺』が雄略天皇の条にしるす国の財政にかかわる蔵部（貢物・出納の管理などを担当した官人）を意味すると考えられる。馬の文化は軍事や交通ばかりでなく、交易の発展とも深いつながりをもっていたことを物語るエピソードである。馬が交易に使用されていた例は、『日本霊異記』の中巻第二十四話にも檜（奈良）の磐嶋が船ばかりでなく、越前の敦賀の交易に馬を使っていた説話などからもうかがうことができる。

新羅を直接のふるさととした秦氏が居住するようになった伏見深草の地域では、発掘調査によって弥生時代中期のころから農業をいとなむ人々のくらしがはじまっていたことが明らかになっている。そして四世紀末から五世紀の段階になると、韓式土器を使った渡来の人々が宇治市のあたりに居住し、さらに伏見深草のあたりへと勢力を伸張させる。さきに深草の秦氏が馬の文化を保有していたことに言及したが、古墳時代中期のV字形刃先を接着した風呂鍬《ふろぐわ》の普及や畜力耕具である馬鍬の登場は、深草に本拠をもつようになった深草秦氏によってもたらされた農具の革新と考えられている（上原眞人「おいなりさんよりも昔の稲作」『朱』五一号）。

伏見深草は秦氏らによって開発された豊かな土地でもあったから、朝廷ゆかりの屯倉《みやけ》が設けられていた。皇極天皇二年（六四三）十一月厩戸皇子（聖徳太子）の嫡子山背大兄皇子が、蘇我入鹿によって斑鳩宮を包囲され窮地におちいった時に、生駒山へ逃れた山背大兄皇子に「深草屯倉におもむき、ここより馬に乗り東国」におもむいて再起することを、三輪君文屋《ふみや》が進言したのも、馬の文化が伏見の深草では発達していたからであろう。大阪府の寝屋川市にも秦氏の勢力があって、秦・太秦《うずまさ》の地名があり、五世紀後半から六世紀のはじめにかけての太秦古墳群にそのありようが反映されているばかりでなく、馬の牧が北河内にあって、実際に馬の埋葬例が数多く検出されている。伏見深草秦氏と北河内の秦氏とのつながりも軽視するわけにはいかない。伏見秦氏の勢力は六世紀に入って京都市右京区の西南部から西京区東北部の嵯峨野・嵐山方面へと勢力を拡大していったことは、大型古墳や群集墳の築造のひろがりからもうかがわれる。

秦氏を代表する知名度の高い人物としては、秦河勝がいる。『日本書紀』の推古天皇十一年十一月の条には、聖徳太子が諸大夫に対して、「我、尊き仏像を有《も》てり、誰か是の像を得て恭《うやま》ひ拝《まつ》らむ」と問われたおりに、秦河勝が進み出て「臣、拝みまつらむ」と申し、蜂岡寺を造ったことがみえている。この蜂岡寺が後の右京区太秦に所在する広隆寺である。秦氏の有力者であった秦河勝は、聖徳太子のブレーンのひとりであり、「軍政人」（『上宮聖徳太子伝補闕記』）あるいは「軍允」（『聖徳太子伝暦』）としても活躍したと伝え、推古十八年（六一〇）十月の新羅使の入京の「導者」となったことが『日本書紀』にみえている。

後述するように京都盆地には多くの秦人が居住していたのでその地域に蜂岡寺を建立したというのにはそれなりの理由があるが、その蜂岡寺はいったいどこにあったのか。その有力な寺としては、発掘調査によって京都市右京区白梅町の北野廃寺であったと考えられている。飛鳥時代にさかのぼる遺物・遺跡がみつかったばかりでなく、「鵤室《いかるがのむろ》」と明記された墨書土器が出土した。聖徳太子が建立した法隆寺は「斑鳩《いかるが》寺」とよばれ「鵤寺」とも書かれていた。聖徳太子から下賜された仏像をまつる寺に、法隆寺ゆかりの「鵤室」があったとしてもそれなりの説明が可能であろう。

平安時代の政治書である『改革要略』に引用されている『雑令集解』の『古記』には注目すべき記事がある。『古記』は「大宝令」の注釈書で先にのべたとおり天平十年（七三八）ころに書かれたものだが、治水灌漑のための大堰川がみえている。大堰川とは保津川・桂川の古い川名だが、この葛野の大堰を設けたのも秦氏であった可能性が高い。秦氏は京都における有名な社を創建している。西京区嵐山宮町に鎮座する松尾大社は平安時代末にまとめられた辞書『伊呂波字類抄』に引用されている『本朝文集』、あるいは朱雀・村上両天皇の時（九三〇〜九六七）の行事をとりあげその沿革や起源を解釈した『本朝月令』に引用している『秦氏本系帳』によると、大宝元年（七〇一）に秦都理《とり》が松尾山を神体山（神奈備）とする信仰を前提に社を創建したと伝える。松尾大社と秦氏のゆかりは深く、現在は西京区松室小添町に鎮座し、松尾大社の境外摂社になっている神社に月読社がある。延喜式内社で、『続日本紀』の大宝元年四月三日の「勅」にも「葛野郡内の月読神」とみえる名神大社であった。『日本書紀』の顕宗三年（四八七）二月の条には壱岐島で月神が阿閉臣《あべのおみ》が事代《ことしろ》に託宣して歌荒樔田《うたあらすだ》を奉ったという注目すべき記載がある。「歌」は葛野の宇太であり、「あらす」は「ある」の他動詞で、葛野の宇太にある土地を奉献したという記述である。月読社の境内には太子社があって、その神像の調査をしたことがあった。高さ約五〇センチの小像だが、墨書があって寛保元年（一七四一）に後補され秦種愷《たねひろ》が修復したことがわかった。

月読社とも秦氏がかかわりをもっていたことが判明した。

　全国各地に稲荷社があるが、その総本社は伏見深草の伏見稲荷大社である。ここでもお山（稲荷山）を神奈備とする信仰を前提として社が建立される。岩波の古典文学大系本の『風土記』をはじめとして『山背（城）国風土記』逸文の「伊奈利と称《い》ふは、秦中家忌寸等が造った祖、伊侶具の秦公《はたのきみ》、稲《いね》梁を積みて富み裕《さきわい》き。即ち餅を用ひて的としかば、白き鳥と化成《な》りて飛び翔《かけ》りて山の峯に居り、伊禰奈利生ひき。遂に社の名と為《な》しき」とあるのをそのままにして、伊侶具秦公が伊奈利の社に造営したと書いている。私はかねがね「秦公伊侶具」ではなく、吉田（卜部）兼倶の奥書のある『神名帳頭註』の逸文では「伊侶具」を「伊侶臣」としていること、秦（大西）親業の『稲荷社事実考証記』が引用している『社司伝来記』に朱書して「或ひは名、鱗に作る」とわざわざ書いていることなどから、「伊侶臣」は「伊侶巨」であって（そうでなければ、公と臣の二つの姓《かばね》が重なる）、原伝は伊侶巨《いろこ》であって、「いろこ」は「うろこ」に通じ、その子孫の系譜には久治良《くじら》・鮒主《ふなぬし》など動物類を名とる者が少なくない。したがって原名「秦伊侶巨」であったのではないかと考えてきた。それならこの秦氏がいつごろ忌寸の姓を与えられたかというと、天武天皇十四年（六八五）六月からであって、社の創建は『社司伝来記』などによって、和銅四年（七一一）ということになる。

　秦氏は灌漑治水につとめて、京都盆地の開発に努力したばかりでなく、たとえば蜂岡寺を造り、松尾大社や伏見稲荷大社を創建するなど、社寺の文化にも大きな功績を残した。秦氏は京都盆地ばかりでなく、木簡などによって長岡京のあたりにも居住しており、延暦三年（七八四）の十二月には、たとえば秦忌寸足長は宮殿を造った業績によって正八位下から従五位上に、さらに太秦安守《やかもり》太政官院の垣を築いた功によって従七位上から従五位下に昇進というような秦氏の協力があった。秦氏の数がより多い京都盆地においてはなおさらであった。『倭名類聚抄』の葛野の郷の数は一二であった。天長五年（八二八）の「葛野郡班田図」によれば耕作者として記載される人々の本貫地（本籍地）は山田郷ほか七郷で左京・右京におよんでおり、記載されている人名の総計は一一四人である。（ただし同一人の名が何カ所かにわたって書きこまれたり、欠損の部分がかなりある）。この一一四人のなかで八二名が秦氏であったことがわかる。実にその数は七二パーセントであった（井上満郎『渡来人』リブロポート）。いかに秦氏の人びとが多かったかを察知することができる。したがって平安京の造営にたとえば秦忌寸都寸麻呂が造京工事の中心部分を担当することにもなるのである。

しかし長岡京の造営にかかわりのあった藤原小黒麻呂が秦島麻呂の娘を妻にしていたから秦氏が長岡京の造営に密接なつながりをもったからとか、平安新京の建設に葛野には秦氏が多数居住していたからとか、秦氏の役割を過大に評価することはできない。その背後には新しいメンバーの抬頭もあった。

## 3　二つの百済王

ここで注目されるのは、『続日本紀』に記載する延暦四年（七八五）十一月十日の条の郊祀である。郊祀は冬至の日に天帝を都の南郊の天壇でまつる中国皇帝の慣例の祭儀であり、わが国で郊祀を行なった最初の天皇は桓武天皇であった。都は長岡京であったが、郊祀を行なった場所は交《かた》野《の》であった（枚方市片鉾本町のあたり）。百済の事実上の最後の王は義慈王であり、その義慈王の子である豊璋と善光（禅広）は倭国へ渡来していたが、六六〇年唐・新羅の連合軍によって百済王は滅び、百済の遺臣たちは百済の復興を願って王子豊璋の帰国を求め豊璋は王として擁立されていたが、六六三年の白村江の戦いで敗北し、豊璋は高句麗へ逃亡した。倭国にとどまっていた王子善光は、持統期に百済王を名乗ることを許された。その善光の曽孫が百済王敬福で、天平二十一年（七四九）の二月、常隆守に再任していた敬福は、東大寺大仏殿建立のために黄金を献上した。その吉報に接した越中守大伴家持が詠んだ『万葉集』巻第十八の長歌（四〇九四）のなかに、あの有名な〝海行かば〟が詠みこまれている。その敬福の孫が百済王明信である。敬福が河内守であったころに建立したのが国の特別史跡百済寺（枚方市中宮）であり、その当時からこの地域は百済王氏の有力な本拠地であった。日本ではじめて枚方市の交野で郊祀がなされたのは、けっして偶然ではない。桓武天皇は百済王明信を重用して、内侍所の長官（尚侍）にしたが、彼女の夫が藤原曽我の次男であった藤原継縄《つぐただ》であった。延暦六年の十一月五日にも交野で郊祀が実施されているが、同年十月十七日にも交野への行幸があって、継縄の交野の別業（別荘）が行宮となっている。延暦三年から延暦二十一年までの間に桓武天皇は一三回も交野に行幸しており、その親密なありようを物語る。当時継縄は大納言であったが、最後は右大臣にまで昇進している。百済王氏の出身で桓武朝廷の後宮にして入内した娘は、少なくとも九名はいた。そして百済王武鏡の娘は太田親王を生み、明信の孫娘南子を伊登内親王を生んでいる。延暦九年の二月十七日、桓武天皇みずからによって「百済王らは朕が外戚なり」との詔がだされたのもこうしたありようにもとづく。

一九六五年の六月に出版した『帰化人』に、桓武天皇の生母である高野新笠が『続日本紀』に「后の先は百済武寧王の子純陀太子より出づ」と明記されており、百済の武寧王の血脈につながることを指摘したが、この百済王は義慈王の流れとは異なる。純陀太子のことは『三国史記』ばかりでなく、『日本書紀』の継体天皇七年（五一三）八月二十七日の条にみえている。延暦八年十二月二十八日に高野新笠夫人（後に皇太后を贈られる）は崩去し、翌年の正月十四日、藤原小黒麻呂が誄《しのびごと》言を奉ったが、その和風の諡《おくりな》は「天高知《あめたかしる》日子姫尊」であった。重要なのは『続日本紀』のつぎの文である。「百済の遠祖都慕王は河伯（河の神）の女、日精（太陽の光）に感《め》でて生める所なり。皇太后は即ちその後なり、因《よ》りて諡を奉る」と書いている。第一節にのべた百済（高句麗の建国の始祖と同じ）の建国神話にもとづいて「天高知日子姫尊」という諡が贈られているのである。いかに桓武朝廷が百済王の二つの史脈に深いつながりをもっていたかがわかる。

## 4 平安京と長安・洛陽

平安京は東西四・九キロ、南北五・七キロであったのに対して、長安城は東西九・七キロ、南北八・二キロであった。したがって平安京は長安城の面積のおよそ三分の一であり、したがって長安城の朱雀大樹の幅は一五〇メートルであったのに、平安京の朱雀大路は約八五メートルであった。長岡京から平安京へ都が遷ったのは、延暦十三年であったが、延暦三年十一月の長岡京遷都からわずか十年ばかりでなぜ遷都となったのか。延暦四年の九月造京長官であった藤原種継が暗殺され、事件連座した皇太弟早良親王は無実を訴えて絶食して命を絶ったという不祥事があいついだ。そればかりではない。延暦十一年の八月九日には大洪水に見舞われた。しかし早良親王の怨霊への怖れや洪水などだけではなかった。和気清麻呂が「長岡新都、十歳（年）を経ていまだ功ならず。費《ついえ》あげてかぞうべからず」と桓武天皇に進言したことが（『日本後紀』延暦十八年二月二十一日の条）桓武天皇の新京へ遷都を促したとみなす説が有力である。実際にその進言をうけて桓武天皇は遊猟にことよせて葛野の地を調べさせている。そして葛野の地を遊猟するさいに藤原継縄一族の別業をたびたび利用していることもみのがせない。平安新京の造営使（長官）のひとりは菅野真道で百済の貴須王の子孫であり、もと津連《つのむらじ》であった菅野真道は民部大輔（次官）であり、民部卿（民部省の長官）である和気清麻呂の直属の部下であった。造宮判官の和気広世は清麻呂の長男であり、また清麻呂は摂津大夫（長官）も兼ねており、住吉浜主をはじめ摂津国の関係者が多い。平安造都における和気清麻呂の役割を軽視するわけにはいかない。

平安京は桓武朝にできあがったのではない。前述したように鴨長明が『方丈記』のなかで、「このみやこのはじめを聞ける事は嵯峨天皇の御時都と定まりけり」と書いているとおり、遷都イコール定都ではない。延暦二十四年の十二月七日桓武天皇が参議であった藤原緒嗣と参議に昇進していた菅野真道に「天下の徳政」を論議せしめたおりに、緒嗣が「当今天下苦しむ所は軍事（蝦夷征討）と造作（都づくり）なり」と答えて、真道は異議を唱えたという（『日本後紀』）。たしかに新京の建設は、蝦夷征討の軍事力に勝るともおとらぬ大事業であった。ところで、平安京は長安城のみをモデルにして造られたのであろうか。その点については、岸俊男氏がすでに考証されているが（「平安京と洛陽・長安」、『日本古代宮都の研究』岩波書店）、左京には長安城の坊名の永昌坊、崇仁坊があり、右京には永寧坊、宣義坊、光徳坊があった。そして左京には洛陽城の坊名の銅駝坊、教業坊、宣風坊、涼（淳）風坊、安衆坊、陶化坊があり、右京には銅駝坊、豊財坊、毓財坊が存在した。洛陽城の坊名の方が長安城の坊名よりも多く、長安城の坊名と洛陽城の坊名とが左京・右京とに混在していることがわかる。つまり長安城だけをモデルにしたのではなく、洛陽城も参考にしていたことを知ることができよう。それならいったい何年のころからこうした長安・洛陽両城の坊名が使われるようになったのであろうか。その初見は『三代実録』の貞観十六年(八七四)の八月二十四日の条にみえる右京の豊財坊からであって、清和天皇のころから使われるようになったことがたしかめられる。そして時代を追って唐風の坊名がつけられてゆく。

長安城は東側を万年県および西側を長安県と称し、洛陽城では京中に流れる洛水によって南北を分け、北を洛陽県・南を河南県とよんだ。長岡京では東を東京、西を西京とよんだことが『続日本紀』の延暦三年九月五日の条によって明らかだが、平安京では左京を洛陽、右京を長安とよんだのはいつごろからであったのか。左京を洛陽と称したのにもうかがわれるように、平安京の人々が、洛陽の存在を強く意識していたこともみのがせない。もとより平安新京は造都のはじめから左京すなわち洛陽、右京すなわち長安とよんでいたわけではない。そして当初から明確にわけていたのではない。平安京を長安とよんだり、洛陽とよんだりしていたと思われる。そして十世紀の後半、岸説によれば応和三年(九六三)のころになると左京は洛陽、右京は長安とする理解が具体化してくる。

それならなぜ洛陽が平安京や京都の代名詞のように使われるようになるのか。それは慶滋保胤が『池亭記』のなかで、「西京人家漸稀」と嘆き、「人は去る有りて来る無し、屋は壊るるありて造る無し」とし、「東京四条以北、乾《いぬい》艮《うしとら》二方、人々貴賤無く、多く群聚する所なり」とも記述しているように、西京（右京）は荒廃しはじめ、東京（左京）が繁栄しつつある状況と関係がある。『池亭記』は天元五年（九八二）に書かれているが、ここには右京は西京としるし、左京を東京と書いているのをみのがせない。岸説とは異なって、『類聚国史』の弘仁十四年（八二三）十月の条からみえる「東京」・「西京」が使われており、早くも十世紀後半には右京（西京）は衰退しつつあった。したがって西京つまり長安より東京つまり洛陽が発展して、平安京そして京都は洛陽とよばれるようになる。こうして上洛・入洛・洛中・洛外がさかんに使われるようになるのである。

しかし中国の長安城や洛陽城と平安京のありようには、決定的な違いがある。たとえば長安城は東西九・七キロであったのに対して、平安京は東西が四・九キロであり、長安城の南北は八・二キロであったが、平安京の南北は五・七キロで、平安京は東西よりも南北の方が長い。坊のありようにも相違がある。中国の坊は坊の周囲に牆垣を築き、四方に坊門を開いていたが、長岡京でも平安京でも、各条の条間路が朱雀大路に通ずる所に坊門は設けられた。とくに注目すべきは平城京・長岡京でも平安京でも都を囲む羅城を築造しなかったことである。平城京で羅城門の両翼に築地塀があったにすぎない。奈良県郡山市の下三橋遺跡で九条大路の南に瓦葺きの木塀が約一キロの範囲でみつかったが、これとても到底羅城とはいえない。平安京では『延喜式』の左右京職京程式に、南辺の一部に築垣が造られたとあるが、これも羅城とよぶには価しない。

古代の東アジアと京都盆地というテーマで、東アジアとかかわりのある渡来系氏族や宮都（羅城を構築していないので、あえて都城とはいわない）の問題をとりあげてきたが、ここで改めて想起するのは、『源氏物語』の乙女の巻で、紫式部が光源氏の子息夕霧の学問のありようをめぐって述べている「才《ざえ》を木《もと》にしてこそ、大和魂の世に用ひらるる方《かた》も強う侍《はべ》らめ」との文である。「大和魂」という用語の確実な初見だが、この「才」は漢才であり、紫式部のいう「大和魂」とは「日本人の教養や判断力」である。古代日本は東アジアから多くのものを学んだが、科挙（官吏登用の試験）や宦官《かんがん》（後宮に奉仕した去勢の男子の官人）の制度は受け入れなかった。都の大学や各国々の国学で『論語』・『孝経』などの儒教の経典を学習させたが、易姓革命を力説した『孟子』は学習のテキストにはしなかった。羅城を築造しなかったのも、その例のひとつである。開かれた宮都であったといえるかもしれないが、都の住民を守る意識が稀薄であったことも否定できない。

# 第Ⅳ部　日本文化の基層

# 賀茂御祖神と鎮座の由来

## 1　賀茂御祖の大神

全国各地のカモ（賀茂・鴨・加毛と書く）神社の総本社にあたるのが、別雷命《わけいかづちのみこと》の母神である玉依媛命《たまよりひめのみこと》と父神である賀茂建角身命《かもたけつぬみのみこと》を主神とする京都市の左京区下鴨、聖なる糺《ただす》の森に鎮座する賀茂御祖《かもみおや》神社（下鴨神社）と、京都市北区の上賀茂に鎮座する玉依媛命が母神である別雷命を主神とする賀茂別雷神社（上賀茂神社）である。

延喜五年（九〇五）から編纂がはじまって、延長五年（九二七）に完成した『延喜式《えんぎしき》』の「神名帳」にも、カモ社は常陸《ひたち》国から備前《びぜん》国・讃岐《さぬき》国にかけて鎮座するが、その多くが京都の下鴨社・

上賀茂社両社の神を勧請した神社であった。現在、全国に分布するカモ社は約千二百社におよび、そのほとんどが京のカモ社とのかかわりをもつ。

賀茂御祖神社という社名には、古語の「御祖」の意味がきわめてわかりやすく表現されている。たとえば『古事記』の上巻に大穴牟遅神《おおなむちのかみ》（大国主神）が兄弟神（八十神）の迫害をうけて、「この山赤い猪あり、かれ我どち追ひ下しなば、汝待ち取れ。もし待ち取らずは、かならず汝を殺さむといひて、火もちて猪に似たる大石を焼きて、転《まろば》し落しき。ここに追ひ下し取る時に、すなはちその石に焼き著《つ》かえて死《う》せたまひき。ここにその御祖命《みおやのみこと》哭《な》き患へて、天にまゐ上りて、神産巣《かむむす》日《ひ》の命に請《まを》したまふ時に、𧏛貝比賣《きさかいひめ》と蛤貝比賣《うむかいひめ》とを遣りて、作り活かさしめたまひき。」とある文の「御祖命」とは、大国主神の母神刺国若比売《さしくにわかひめ》であった。別雷神の母神を主神とする社であるからこそ、賀茂御祖神社と称されることになったといえよう。

「カモ」の表記については、『古事記』が「鴨」「迦毛」、『日本書紀』が「鴨」「賀茂」「甘茂」、『風土記』が「賀茂」「加茂」「賀毛」「可茂」としるし、木簡では「鴨」（飛鳥宮遺跡・藤原宮遺跡）、「賀茂」「鴨」「加毛」（平城宮跡）、「賀茂」（長岡宮跡）と書かれており、『続日本紀《しょくにほんぎ》』では「鴨」「賀茂」「賀母」、『万葉集』では「賀茂」、『和名類聚抄《わみょうるいじゅしょう》』では「賀茂」、『延喜式』では「鴨」「賀茂」「加毛」と表記されている。

「カモ」の語源に関しては、「カミ」説・鳥の「鴨」説・「カミヲ（おそるべき神の境界）」説などがあるけれども、「カミ」を語源とする説が有力である。

ところで「鴨」と「賀茂」の表記については、江戸時代の中頃から賀茂御祖神社については「鴨」を、賀茂別雷神社については「賀茂」を用いるようになったことが、『賀茂注進雑記』にみえている。

『延喜式』に「賀茂別雷神社」（亦名は若雷）・「賀茂御祖神社二座」とみえる「カモ」の社とそのまつりが、古文献にみえるのはいつごろであろうか。

『山背（城）国風土記』逸文には、

「妹《いろせ》、玉依日子《たまよりひこ》は、今の賀茂県主等《あがたぬしら》が遠つ祖《おや》なり。其の祭祀《まつり》の日、馬に乗ることは、志貴《しき》島《しま》の宮に御宇《あめのしたしろ》しめしし天皇《すめらみこと》の御世《みよ》、天《あめ》の下国挙《したくにこぞ》りて風吹き雨零《ふ》りて、百姓《おほみたから》含愁《うれ》へき。その時、卜部《うらべ》、伊吉《いき》の若日子《わかひこ》に勅《みことのり》して卜《うら》へしめたまふに、乃《すなは》ち卜へて、賀茂の神の祟《たたり》なりと奏《まを》しき。仍《よ》りて四月《うづき》の吉日《よきひ》を撰《えら》びて祀《まつ》るに、馬は鈴を係《か》け、人は猪《しし》の頭《かしら》を蒙《かがふ》りて、駈馳《は》せて、祭祀《まつり》を為して、能《よ》く禱《ね》ぎ祀《まつ》らしめたまひき。因《よ》りて五穀成就《たなつもののみの》り、天《あめ》の下豊平《したゆたか》なりき。馬に乗ること此《ここ》に始まれり」

と今も行われている競馬《くらべうま》の由来を、「志貴島の御宇天皇の御世」すなわち欽明天皇の代のできごととのべている。カモ社のまつりの記事は『続日本紀』の文武天皇二年（六九八）三月の条そして大宝二年（七〇二）四月の条、さらに和銅四年（七一一）四月の条などにもみえるが、『続日本紀』は、天平十七年（七四五）九月の条に賀茂（神社）への奉幣、延暦三年（七八四）六月に賀茂大神の社に奉幣の記事を載せ、また天応元年（七八一）四月二十日には「賀茂神二社の禰宜《ねぎ》等をして始めて笏《しゃく》を把らし」めたことを記述する。そして以下延暦三年（七八四）十一月二十日、「賀茂上下二社」に神階従二位を叙し、同年十一月二十八日に「賀茂上下二社」へ使を派遣して「修理」せしめ、さらに延暦四年十一月に「賀茂上下神社」に愛宕《おたぎ》郡の各十戸を神戸《かんべ》としたことがみえる。

東京大学の教授であった井上光貞説によれば、賀茂社が上社と下社に別れたのは「天平の末年から天平勝宝二年にいたる間」ということになるが、下鴨社の社伝によれば比叡山の西麓御蔭山《みかげやま》（摂社御蔭神社）に御祖神が降臨され、天武天皇六年（六七七）に高野川と加茂川の合流する河合の地域に社殿が造営された。また上賀茂社の社伝によれば神山《こうやま》（賀茂山）に降臨された別雷神を祭祀したと伝える。

平安時代の政治・法制の書である『政事要略』に引用されている『秦氏本系帳』には、「別雷社を上社」と称し、「御祖社を下社」と称すると記述されているが、下鴨神社の神が「鴨御祖神」と古くからよばれていたことは平安時代のはじめのころにまとめられた神戸や封戸などの法令集『新抄格勅符抄《しんしょうきゃくちょくふしょう》』に、「鴨御祖神　廿戸」として「山城十戸、丹波十戸、天平神護元年九月七日」と記載するのにも明らかである。そして天平神護元年（七六五）の九月七日に「神戸」

廿戸を下鴨神社に「奉充」したと記録する。

## 2 カモ社とカモ県主

カモの社にカモ県主の一族が古くから奉仕していたことは、『下鴨系図』の⑥世代の久治良《くじら》が、小治田朝《おはりだちょう》（推古朝）・岡本朝（舒明朝）・飛鳥板蓋朝《あすかいたぶき》（皇極朝）・難波長浦《なにわながら》（柄）朝（孝徳朝）に「祝《はふり》」として「仕奉」としるすのをはじめとする系譜伝承にもうかがわれる。そして「鴨県主賀立」の「五世子孫鴨県主主宇志、大津朝」に「祝」として「仕奉」したなどと記載する。

一部の見解では、『続日本紀』の宝亀十一年（七八〇）四月の条の「山背国愛宕郡人正六位上鴨禰宜真髪部津守等十一人に賀茂県主を賜ふ」とあるのによって、「賀茂県主」の成立は新しいとみなされているが、それはあやまりであって、天平五年（七三三）ごろの『山背国愛宕郡計帳』に「鴨県主比佐祢売《ひさみめ》」「鴨県主豊足」「鴨県主豊麻呂」「鴨県主豊次」「鴨県酒刀自売《とじめ》」などがみえ、また天平六年八月二十七日付の「優婆塞《うばそく》貢進解」に「鴨県主黒人」「鴨県主呰麻呂《あざまろ》」が明記されているのにも明らかである。

鴨脚家本《いちょうけぼん》の『新撰姓氏録』逸文には「大神朝臣と同祖、大国主神の後なり、子、大田々禰古《おおたたねこ》命《みこと》の称大賀茂都美命（一名は大賀茂足尼）賀茂神社を斎《いつ》き奉る。仍りて姓を賀茂と負《お》へり」とのべるように、カモ氏は古くからカモの社に奉仕してきた。そしてそのカモ氏の核がカモ県主であった。

それなら「葛野主殿県主《かどののとのもりあがたぬし》」と「カモ県主」との関係はどうなるのであろうか。『日本書紀』（巻第三）の神武《じんむ》天皇即位前紀には、神倭磐余彦《かんやまといわれひこ》天皇（神武天皇）の軍を熊野から大和へ先導した頭八咫烏《やたがらす》について、「其の苗裔は即ち葛野主殿県主部是《ら》なり」と記述する。八咫烏の子孫が「葛野主殿県主部」とするのは、この伝承のみであって、『古事記』には八咫烏が先導したとする記述はあってもその後裔者はしるさず、大同二年（八〇七）に斎部広成がまとめた『古語拾遺』では「賀茂県主が遠祖八咫烏は宸駕《みゆき》を導き奉りて、瑞《みづ》を菟田《うだ》の径《みち》に顕《あらわ》す」と記載する。

そしてさらに鴨脚家本『新撰姓氏録』逸文には、「鴨県主本系」として、

「賀茂県主と同祖神魂命《かみむすびのみこと》の孫《まご》、武津之身命《たけつみのみこと》の後なり。日本《やまと》磐余彦命子天皇（神武天皇）、中洲に向かわんと欲せし時、山中険絶にして跋渉するに路を失ふ。是において神魂命の孫、鴨建耳津身命《かもたけみみつのみのみこと》、大烏と化如《な》りて、翔《と》び飛《かけ》り導き奉りて、遂に中洲に達《いた》る。天皇其の功有るを嘉《よみ》せられて、特に厚く褒賞せり。天八咫烏《あめのやたからす》の号は此より始るなり。因て葛野県を賜りて居れり。男は玉依彦命の十一世孫、大伊乃伎命《おおいのきのみこと》、男は大屋奈世《おおやなせ》。若帯彦《わかたらしひこ》天皇（成務《せいむ》天皇）の御世に鴨県主に定め賜ふ。」

と記述している。

「鴨建耳津身命」が大烏となって先導した功によって「葛野県を賜り居れり」とするのである。多くの見解では葛野県主がカモの神に仕えてカモ県主になったとするが、カモ県主の氏族は、はじめから「葛野県」に居住したのではなく、その功によって「葛野県」を住居とするようになったとする鴨脚家本『新撰姓氏録』逸文の方に説得力がある。

なぜなら八咫烏の後裔を「葛野主殿県主部」とするのは、『日本書紀』の神武天皇即位前紀のみであるばかりでなく、そこには「其の後裔は即ち葛野主殿県主部是なり」として、「其の後裔は即ち葛野県主是なり」とは書きとどめていないからである。

すでに指摘されているように、ここに「葛野主殿県主部」とするのは、カモ県主が主殿寮の職掌について、「車駕行幸供奉」「秉燭《へいしょく》照路」などにあたった後の状況にもとづいての「葛野主殿」であり、その職掌を反映して神武天皇の軍の大和入りを先導した説話が形づくられたと考えられる。

したがって八咫烏の伝承とカモ県主とが結びつくのは、八世紀前後のころであって、慶雲二年（七〇五）の九月に、大和《やまと》国（奈良県）の宇陀郡に「八咫烏社」が設けられたのも偶然ではない（『続日本紀』）。したがって「葛野主殿県主部」を八咫烏の後裔とする伝承そのものが新しく、この記事は八咫烏の後裔を「葛野県主なり」とする記述ではなく、「葛野に住む主殿とかかわりをもつ県主ら」と表現したものとみなす方が自然であろう。

したがって葛野の地域に居住するようになった県主で、カモ社の神（カモ）まつりを奉仕するようになったから、カモ県主を称するようになったとみなすのが妥当であろう。

## 3　葛野の祭祀グループ

もし、葛野県主イコール鴨県主とみなすと、『山背（城）国風土記』逸文に物語るつぎの伝承と矛盾してくる。

「可茂《かも》の社《やしろ》。可茂《かも》と称《い》ふは、日向《ひむか》の曾《そ》の峯《たけ》に天降《あも》りましし神、賀茂建角身命《かもたけつのみのみこと》、神倭石余比古《かむやまといはれひこ》の御前《みさき》に立ちまして、大倭《やまと》の葛木山《かづらきやま》の峯に宿りまし、彼《そこ》より漸《ようやく》に遷りて、山代《やましろ》の国の岡田の賀茂《かも》に至りたまひ、山代河《やましろがわ》の随《まにま》に下《くだ》りまして、葛野河《かどのがわ》と賀茂河《かもがわ》との会ふ所に至りまし、賀茂川を見廻《みはる》かして、言《の》りたまひしく、「狭小《さ》くあれども、石川の清川《すみかは》なり」とのりたまひき。仍《よ》りて、名づけて石川の瀬見《せみ》の小川と曰《い》ふ。彼《そ》の川より上《のぼ》りまして、久我の国の北の山基《やまもと》に定《しづ》まりましき。爾《そ》の時より、名づけて賀茂《かも》と曰《い》ふ。」

この伝承によれば、大和の葛城（カモ）から南山城の岡田（カモ）に遷り、さらに山代河（木津川）をさかのぼって、久我の北の山もと（西賀茂大宮の森のあたり）へと移り住んだのがカモ氏ということになる。この伝承をそのままに信頼することはできないが、大和の葛城の地から葛野《かどの》の地へ遷居したとする伝承はそれなりに注目する必要がある。

葛野県主がそのままカモ県主になったのではなく、カモ県主は葛野県の地に移り住んだとするのが、この伝承の中心である。もっとも葛城のカモ氏と葛野のカモ氏とは同系ではないとする説の有力な根拠とされてきたものに、「大宝令」の注釈書ともいうべき『古記』のつぎの記載がある。

「天神は伊勢・山城鴨・住吉・出雲国造の斎《いつ》く神らの類是なり、地祇《ちぎ》は大神《おおみわ》・大倭《おおやまと》・葛木鴨、出雲大汝《おおなむち》神らの類是なり。」

『古記』によれば、山城の鴨の神は天神（天つ神）であり、葛木（葛城）の鴨の神は地祇（国つ神）ということとなる。

天つ神と国つ神とに神々を二分（双分）する思考は日本だけではなく、北米ミシガン湖の東方の森林地帯に住むウイネバゴ族の「天に居るものたち」「地に居るものたち」の双分観念や、アメリカのイロクオイ族やセネカ族の半族などにもみいだされるが、わが国の天つ神・国つ神という神々の区分は、「天つ社」「国つ社」の分類に対応するものであって、「天つ社」「国つ社」の社格が具体化するのは天武朝のころからであった。

そして天平十年（七三八）のころに書かれた『古記』に、同系の鴨の神であったのに山城の鴨を「天神」とし葛城の鴨の神を「地祇」としたのは、山城の鴨の神と朝廷とのつながりが密接であったからである。これは同系の「出雲国造の斎く神」（熊野大神）を「天神」とし、同系の「出雲大汝神（杵築《きつき》大神）」を「地祇」としたのと同様であった。この『古記』の解釈で、『山背（城）国風土記』逸文の伝承を否定するのはゆきすぎであろう。

このように吟味してくると、京都のカモ社のまつりのにない手が、古くからカモ県主を中心とする人びとであったことが明確になる。

京都の三大祭といえば、毎年五月の下鴨神社と上賀茂神社の葵祭、七月の八坂神社の祇園祭、そして十月の平安神宮の時代祭である。もっとも平安神宮は、平安遷都千百年のおりに、平安京遷都の最初のみかどである桓武天皇を祭神として明治二十八年（一八九五）に創建された神宮である（昭和十五年には京都が都であった最後のみかど孝明天皇を合祀した）。その平安神宮の十月の大祭に執行されてきた時代祭は、幕末・維新から平安時代へとさかのぼる各時代の風俗絵巻ともいうべき行列で有名である。ただし第一回は平安時代から明治維新の時代順であったが、第二回からは現在のような倒叙の行列になった。したがって、京都の三大祭では、時代祭はもっとも新しい風俗絵巻の行列であり、それ以前は京都の伏見稲荷大社の稲荷祭が三大祭のひとつであった。

祇園祭は貞観十一年（八六九）の祇園御霊会《ごりょうえ》にはじまるが、京都市東山区祇園町北側に鎮座する祇園社（神仏分離後八坂神社となる）の史料上の初見は、藤原忠平の『貞信公記』の延喜二十年（九二〇）閏六月二十三日の条からであった。

このようにみてくると、斎王が祭の中心となる葵祭は、三大祭のなかでもっとも古い祭であり、『源氏物語』にみえるように、平安京最大の賑いをみせた祭であった。

弘仁元年（八一〇）、嵯峨天皇は同年九月の藤原薬子《くすこ》の乱のおり、「賀茂大神にわれに利あらば、阿礼乎止賣《あれおとめ》として皇女を奉仕させる」との誓いをたてた。そして有智子《うちこ》内親王を初代の斎王として賀茂祭の主役となった。初代有智子内親王以来、建暦三年（一二一三）の第三十五代の後鳥羽天皇の皇女礼子《いやこ》内親王まで斎王の制度はつづく。

歴代の斎王が常の住居とした斎院の遺跡を明確に定められたのは、古代学協会の角田文衛《つのだぶんえい》初代理事長であった。そして京都市上京区大宮通の西、廬山寺《ろざんじ》通の北の社横町《やしろよこ》を中心とする地域であることがたしかめられた。近年、賀茂御祖神社境内でみつかった斎院御所跡は、葵祭のさいの斎王休憩のための斎院であったとみなされている。

ここで注目されるのは、カモ社に仕える皇女が「阿礼乎止賣」と称されており、斎王制以前にみあれ祭（下鴨社では御蔭祭）にゆかりのある皇女が「阿礼乎止賣」として存在したとみなす説は興味深い。

カモの神官は祝や禰宜《ねぎ》などの男性の神職のみで奉仕したのではなく、女性の神職もカモ社の祭祀をになったこともみのがせない。「下鴨系図」によると、⑥世代の久治良のおりに浮刀自女《とじめ》が、ついで⑧世代の呰麻呂の時には真吉女《まきめ》が、そして、⑨世代の国島《くにしま》の代には麻都比女《まつひめ》と継虫女《つぎむしめ》が

「斎祝子」として祭祀に参加したことを明記している。「下鴨系図」はまさにカモ斎王の原初の姿を物語るといってよい。

## 4　糺《ただす》のカミ

賀茂御祖神社は京都における世界文化遺産のひとつだが、聖なる糺《ただす》の森のなかにおごそかに鎮座する。京都盆地にあった森の原像を今の世に伝えるその森がなぜ「タダス」とよばれたのかを改めて検討しておこう。

「モリ」と「ハヤシ」について、四手井綱英博士はつぎのようにのべておられる。「『もり』は深い森林に包まれた山、盛り上がった森林であり、神の住まいとしての自然の森林だった」、「それに対し『はやし』（林）は、多分に人工の加わった里山の山麓から平野部の森林を指している」（『下鴨神社糺の森』ナカニシヤ出版）。

この指摘は日本の古文献における用例とも符合する。たとえば天平五年（七三三）の二月に「勘造」された『出雲国風土記』の意宇《おう》郡の拝志《はやし》郷の条には、「所造天下大神命《あめのしたつくらししおおかみのみこと》（大穴持命・大国主命）」が北陸の八口《やくち》を平定しようとして、その地におもむいた時、「此の処に樹林」があって、「吾が御心の波夜志《はやし》」というによって「林」というと記述する。この「拝志《はやし》」（林）は「生《は》やす」

の名詞形の「生《は》やし」であって、人工の加えられた森林を意味する。それにたいして同郡母理《もり》郷の「モリ」は、韓国・朝鮮語のmoriと同源で、自然林としての森を意味した。

わが国最古の分類体の漢和辞書といってよい『和名類聚抄』には、信濃国佐久郡に茂理《もり》郷、山城国紀伊郡・同国久世郡・河内国志紀郡の拝志郷、尾張国中島郡・常陸国茨城郡・加賀国石川郡・越中国礪波《となみ》郡・丹波国何鹿《いかるが》郡・同国天田《あまだ》郡・丹後国与謝《よさ》郡・備中国浅口郡・阿波国阿波郡・同国山田郡の拝師郷、出雲国意宇郡・伊予国越智《おち》郡・同国浮穴《うけな》郡に拝志郷がみえているが、これらの「ハヤシ」も同類であった。

英語のウッドは日本の「ハヤシ」にあたり、フォレストが日本の「モリ」に相当し、ウッドが「人間の世界」であるのにたいして、フォレストを四手井博士が「何か恐い神さままでもいるような世界」とたとえられたのは、示唆にとむ。

高野川と鴨川が合流するデルタ（三角洲）地帯の糺の森は、かつては約四九五万平方キロメートル（約一五〇万坪）の原生林であって、まさに「モリ」の原義にふさわしい森であった。現在は約十二万四千平方メートル（東京ドームの約三倍）に減少したが、なお原生林の植生を残し、ケヤキ・ムク・エノキなど約一四〇種、樹齢二〇〇年から六〇〇年の樹林が約六〇〇〇本も生い茂っている。

いにしえの人びとはこの糺の森をどのようにうけとめていたのであろうか。

天平九年の四月に「賀茂神社を拝み奉」った（『万葉集』）大伴坂上郎女《いらつめ》も、平安時代の女流歌人赤染衛門《あかぞめえもん》も糺の森のおごそかなたたずまいを実感したにちがいない。赤染衛門はその『歌集』に、「十月に賀茂にまうでたりしに、ほかのもみぢはみな散りたるに、なかのみやしろのが、まだ散らでありしに」と書きとどめている。十月（旧暦十一月）のころには、京の紅葉の名所ではすでにもみぢは散ってしまったのに、糺の森のもみぢはまだ散らずにあざやかであったと表現している。

赤染衛門の歌集にみえる「なかのみやしろ」については、『続日本紀』（明暦三年版）が、たとえば延暦三年（七八四）十一月の条に「賀茂の下上の社を修理」と書く「下」「上」の社のほかの「中社」を指す。下鴨神社本殿西方の三井《みつい》神社説のほか、鴨川上流の上賀茂神社の祭神が孫の神、下鴨神社の祭神が、祖父建角身命の子で上賀茂社の別雷命の母神、祖父と孫の「中」の神である「中社」説などがある。いずれにしても、この「なかのみやしろ」のもみぢは糺の森のもみぢを指すとみなしてよい。

下鴨神社の境内地が広大な地域を占めたことは、承和十一年（八四四）十二月二十日付の太政官符をみてもわかる。「東ハ寺田ヲ限リ、南ハ故参議左近衛大将大中臣諸魚宅ノ北路ヲ限リ、西ハ百姓宅地ナラビニ公田ヲ限リ、北ハ槻村《つきむら》下里ノ畔《あぜ》ナラビニ公田ヲ限ル」とする「神地」がそれで、高野川と賀茂川の三角州全域が下鴨神社の境内地であり、『和名類聚抄』でいえば山城国愛宕郡の蓼倉《たでくら》郷・栗栖野《くるすの》郷・粟田郷・出雲郷がその領域であった。

その森のなかを奈良の小川・瀬見の小川・泉川・御手洗《みたらし》川の清流が四季に映えていろどりをそえる。鎮守の森のたたずまいは森林のみによって形づくられるのではない。『延喜式』の「神名帳」に記載する式内社の社名をみても、御井（三井）をはじめとする井・泉・川・多伎（多吉＝滝）などにちなむものが多い（「森に生きる文明」、『社叢学研究』第二号）。泉や小川などが鎮守の森のいのちを象徴する。

『新古今和歌集』には下鴨神社の社家の一族で、『方丈記』で有名な鴨長明の「石川や瀬見の小川の清ければ月も流れをたづねてやすむ」が収められている。鴨社の歌合《うたあわせ》で月を詠んだこの歌に、月光のなかの糺の森の瀬見の小川が浮かぶ。

〝風そよぐならの小川の夕暮はみそぎぞ夏のしるしなりける〟

小倉百人一首でも有名なこの歌は、藤原家隆が奈良の小川の夏越《なごし》の祓《はらい》を詠みこんだ秀歌である（『新勅撰和歌集』）。夏越の祓と奈良の小川は京の風物詩のひとつであった。糺の森は神事の場でもあった。下鴨神社に伝承されている「樹下神事《じゅげ》」は「祓」の神事で、みたらし祭（土用丑《うし》の日）が行われるみたらし池の南端、タラヨウの木の下で執行されている。糺の森の発掘調査で、水ぎわの祭祀遺跡が四ヶ所みつかっているのも、糺の森と神事とのかかわりを象徴する。

ところで「糺」の森の「タダス」という言葉にはどういう意味があるのか、その原義をかえりみておこう。鴨川と高野川の三角洲にちなんで「只洲《ただす》」とよんだとする説もあるが、清らかな泉が湧き出る「直澄《ただす》」説のほか、「タダス」の由来は糺の森の下の方に鎮座する河合神社の祭神多《た》多須玉依姫《だすたまよりひめ》の神名にもとづくとする有名な国学者伴信友らの説がある。実際「山城国下鴨の多多須」(『洞院公定記』)や「河合」を「ただす」とよんだ用例(『平家物語』)もあって、注目すべき説のひとつである。

とりわけ注意をひくのは、偽りを糺《ただ》すの「タダス」であって、『源氏物語』(須磨の巻)では、光源氏が下鴨の神を遥拝して「憂き世をば今ぞ別るるとどまらむ名をば糺の神にまかせて」、『枕草子』では中宮定子《ていし》によって「いかにしていかに知らまし偽りを空に糺の神なかりせば」などと詠まれている。『新古今和歌集』の小野篁《おののたかむら》の歌「人知れず心糺の神ならば思ふ心を空に知らむ」も同様であった。あやまちといつわりの世には、「糺す」の森の意味の方がふさわしい。賀茂御祖の大神には、あやまちやいつわりを糺す神意も秘められているといってよい。

公益財団法人糺の森財団(公益財団法人世界文化遺産賀茂御祖神社境内糺の森保存会)では、史跡賀茂御祖神社境内整備委員会を中心にその保存と整備につとめているが、植樹のほか奈良の小川・瀬見の小川の旧流路発掘調査と改修工事などによって、都市のなかの貴重な自然がよみがえり、伝統に生きる糺の森の息吹が多くの人びとの胸にこだまするにちがいない。

# 鎮魂の伝統

## 1　ミタマシヅメとミタマフリ

世の人がいう鎮魂は死者の霊魂のミタマシヅメをいう場合が多い。平安京の神泉苑で執行された貞観五年（八六三）の日本最初の御霊会は、崇道天皇（早良《さわら》親王）・伊豫親王とその母の藤原吉子・観察使（藤原仲成説が有力）・橘逸勢《たちばなのはやなり》・文屋宮田麻呂の六人の政争の犠牲者としてそのたたりが畏怖されて支配者層を中心に行われた。これもミタマシヅメの鎮魂のまつりである。もっとも民衆の場合にはたたりするほどの威霊は民衆の生活に幸いをもたらすという招福の御霊信仰であったことをみのがせない。

昭和二十年（一九四五）の八月六日、広島市に投下されたアメリカの原爆による悲劇によって最後をとげた人びと（年末までに十四万人から十五万人と推定）への慰霊の言葉「安らかに眠って下さい。過《あやまち》は繰り返しませぬから」もミタマシヅメの誓いであった。死霊を眠らせて生者と断絶し、たとえば東日本大震災の福島原発の大事故を起しては、「再び過を繰り返しませんから」と誓ってもそれは虚言以外のなにものでもない。「安らかに眠らないで下さい。再び過を繰り返すかもしれませんから」の言葉こそまことの鎮魂にふさわしい。

『日本書紀』の天武天皇十四年（六八五）十一月二十四日の条には「法蔵法師・金鐘、白朮《おけら》の煎たるを献れり。是の日、天皇の為に招魂しき」という注目すべき記事がある。法蔵は百済からの渡来僧で陰陽博士となった人物であったことは、持統天皇六年二月の条で明らかであり、金鐘が優婆塞《うばそく》（在俗の僧）であったことは天武天皇十四年十月の条でたしかめられる。白朮はキク科の多年生草本で仙薬であった。重要なことは『日本書紀』の古訓ではこの招魂（鎮魂祭のこと）をミタマフリとよんでいることである。そして『梁塵秘抄口伝集』では、「是はたましひを振《ふり》をこす。ゆらゆらとをこすなり」と伝えている。萎《な》えてゆくたましいを振り起すミタマフリが、鎮魂の本来の姿であったことを物語る。もちろんミタマシヅメが古代から存在したことは、「養老令」の官撰注釈書ともいうべき『令義解《りょうのぎげ》』などに「離遊の運魂を招《お》ぎ、身体の中府に鎮む」とのべるのにもうかがわれる。

奈良県天理市布留石上神宮は『日本書紀』では「石上振神宮」（履中天皇即位前紀）とあり、また「石上振之神榲《かみすぎ》」（顕宗天皇即位前紀）などとしるされている。天平二年（七三〇）の「大倭国正税帳」にみえる石上神宮の神戸は「振神戸」であり、『万葉集』にしばしば登場する布留の地名も振山・振川・振神杉など、すべて「振」が用いられている。なぜ布留に「振」があてられているのか。そこには石上の布留がミタマフリの鎮魂の聖域であったことにもとづくいわれが背景となっている。

石上神宮の「御本地」はいわゆる禁足地であって、現在もその禁足地は布留社などと刻された瑞垣で囲まれている。その瑞垣は、柿本人麻呂が〝夫通女《おとめ》らが袖振山の水垣の久しき時ゆ思ひきわれは〟（『万葉集』五〇一）と詠んだ水垣（瑞垣）のたたずまいを偲ぶよすがでもある。

ミタマフリとしての鎮魂の秘儀と呪法を長く持ちつづけたのが石上神宮であった。『年中行事秘抄』の鎮魂歌に、〝あちめ（一度）おおお（三度）石上布留の社の太刀もがと願ふその子にその奉る〟〝あちめ（一度）おおお（三度）魂函に木綿《ゆふ》取りしでてたまちとらせよ御魂上り魂上りまし神は今ぞ来ませる〟と石上布留（振）の社とその鎮魂がよみこまれているのも偶然ではない。

## 2　鎮魂の秘儀

毎年おごそかに執り行なわれる石上神宮の鎮魂祭で、とりわけ重視すべきは、柳筥《やないばこ》および鈴のついた榊（鈴榊）とを用いての秘儀である。柳筥には三つの土器が納められ、右の土器には洗米および玉緒、中央の土器には十代物袋《としろものぶくろ》、左の土器には切麻《きりぬさ》が入っている。鈴榊は長さ三ないし四尺（約一メートル）ぐらいであり、鈴四個が赤色絹糸で各枝に結びつけられている。「招魂」神事の中心は、十代物袋・玉緒と呪詞の奏上をめぐってである。

宮司はまず十代物袋を鈴榊に結びつけ、これを右手に捧げ、玉緒の土器を左手に捧げて「神勅の事由」を黙禱する。そして鈴榊を禰宜に渡す。宮司「布留の言《こと》の本《もと》」を唱えて玉緒を結ぶこと一回、禰宜「和歌の本《もと》」を唱え、鈴榊を右より左へ振り動かす。次に「和歌の末《すえ》」を唱えて左より右へ振りつつ返す。宮司・禰宜交互に繰り返すこと十回。その後に宮司が、十代物袋と玉緒と洗米とを奉書に包んで神殿内に奉納する。

十代物袋というのは、大きな奉書を縦二つ折にしたものを四角形に切り、さらにこれを五角形にして両面を貼り合せ、なかに十種の神宝の図形紙を納め、上方に穴をうがって紙よりを通したものである。その表には「振御玉神」と記されている。十代物袋の表に「振御玉神」と書かれているのが注意される。

宮司が黙禱する「神勅の事由」とは、「瀛都鏡《おきつかがみ》・辺都鏡《へつかがみ》・八握剣《やつかのつるぎ》・生玉《いくたま》・足玉《たるたま》・死反玉《まかるがえしのたま》・道反玉《ちがえしのたま》・蛇比礼《へびのひれ》・蜂比礼《はちのひれ》・品物比礼《くさぐさのもののひれ》、天神の御祖の教え詔し曰く、若し痛む処あらば、この十種をして一二三四五六七八九十《ひとふたみよいつむななやここのたり》と謂ひて、布留部由良由良止乎布留部《ふるへゆらゆらとをふるへ》、かくのごとくこれをすれば死人は生きむ」とするものである。宮司の唱える「布留の言の本」とは、「一二三四五六七八九十ハラヒタマヘキヨメタマヘ」の呪詞であり、禰宜の唱える「和歌の本」とは、「フルヘユラト」、「和歌の末」とは、「ユラトヲフルヘ」と唱える呪詞である。

この十代物袋・「神勅の事由」・「布留の言の本」・「和歌の本・末」などは、『先代旧事本紀』に記載する瑞宝十種の伝承と深いつながりをもっている。たとえば、それらが『先代旧事本紀』の巻第三天神本紀に、物部氏の始祖とする饒速日尊《にぎはやひのみこと》に、天神の御祖が天璽の瑞宝十種を授けたことをのべるくだりと対応することをみても明らかである。

『先代旧事本紀』にいうところの天璽の瑞宝十種とは、「瀛都《おきつ》鏡一、辺都《へつ》鏡一、八握劒一、生玉一、死反玉一、足玉一、道反玉一、蛇比礼一、蜂比礼一、品物比礼一」であり、石上神宮鎮魂祭の十種の神宝と同じであった。宮司の黙禱する「神勅の事由」もまた『先代旧事本紀』に伝える「天神御祖教詔曰、若有二病処一者、令二茲十種一、謂二一二三四五六七八九十一而布瑠部由良由良止布瑠部、如レ比為レ之者、死人反生矣、是則所謂布瑠之言本矣」とほとんどかわりはない。石上の

「神勅の事由」で「令㆓此十種㆒」とするのを、『先代旧事本紀』は「令㆓茲十宝㆒」とし、「布留部由良由良止乎」(「神勅の事由」)を「布瑠部由良由良止」(『先代旧事本紀』)とする違いがあるだけである。そして『先代旧事本紀』はこの呪詞を、「是則ち所謂布瑠の言本《ことのもと》なり」と記述するのである。石上の鎮魂祭における「布留の言の本」や「和歌の本・末」もまた『先代旧事本紀』の伝承と深いかかわりをもつ。

## 3 『先代旧事本紀』との関係

ここで改めて問題になるのは、物部氏の伝承を中核とする『先代旧事本紀』の伝承がいつごろまでさかのぼりうるのかという点についてである。『先代旧事本紀』は、その序にのべるような聖徳太子と蘇我馬子らの「奉勅選定」の書ではなかった。しかしたんなる偽書ではない。この書の上限は大同二年(八〇七)の『古語拾遺』以後であり、下限は藤原春海が『日本紀』(『日本書紀』)の購書を行なった延喜四年(九〇四)から延喜六年のころまでであった。すなわち『先代旧事本紀』の本文には、『古語拾遺』の文にもとづいたところがあり、また延喜講書のおりに藤原春海が『先代旧事本紀』に言及しているからである(鎌田純一氏との共著『日本の神々』大和書房)。『先代旧事本紀』のなりたちは、九世紀はじめから十世紀はじめの間にあったが、物部氏系の人物によって編纂されたと想定される『先代旧事本紀』の瑞宝十種の伝承は、『同』巻第七天皇本紀にもみえている。天璽の瑞宝十種にかんする所伝は、前掲の巻第三天神本紀の文とほぼ同様である（ただし「天神御祖教詔曰」を「天神教導」とし、足玉一、死反玉一の順序が異なって、「是則所謂」を「即是」とするなど若干の差異がある）。この瑞宝十種の伝承については、第三篇の付論（『古代伝承史の研究』塙書房）でも若干の検討をこころみておいたが、『先代旧事本紀』がとくに瑞宝十種を重視し、巻第七天皇本紀で、「所謂御鎮魂祭是その縁なり、その鎮魂祭の日は、媛女君《さるめのきみ》ら百《もも》の歌女を率いて、その言の本を挙げて神楽歌儛す、尤もその縁」と宮廷鎮魂祭とのつながりを強調しているのも軽視できない。

もとよりその所伝と石上神宮との脈絡も、はっきりと記述されている。『先代旧事本紀』巻第五天孫本紀に、「天祖、饒速日尊天より天璽瑞宝を受け来り、同じく共に蔵《おさ》め斎《いつき》て、号《なず》けて石上大神と曰ひ、以て国家の為亦氏神となし崇め祠《まつり》りて鎮《しずめ》となせ」と記載する例などがそれである。物部氏が石上の祭祀と深いつながりをもち、神宮の神宝の由来を特筆していることはいうまでもない。

そして加うるに瑞宝十種の伝承を、宮廷鎮魂祭の由来とも関連づけて主張するのである。猿（猨）女氏系の鎮魂に対する物部氏系の鎮魂の優位を力説する伝承ともなっている。それなら実際に宮廷の鎮魂祭に瑞宝十種とその鎮魂呪法が採り入れられていたのか。そのことがまた問題となる。そこで浮かび上がってくるのが、『令集解』の「職員令」神祇官鎮魂の条にしるす細注である。そこには「古事、穴云」として、「饒速日命、天より降る時、天神瑞宝十種を授く」と述べ、さらに「息津鏡一、部津鏡一、八握劔一、生玉一、足玉一、死反玉一、道反玉一、蛇比礼一、蜂比礼一、品之物比礼一」をあげて、「教え導き、もし痛む処あらば、この十宝を合せて、一二三四五六七八九十と云ひて、布瑠部由良由良止布瑠部、かくのごとくこれをすれば死人反り生きぬ」とのべられている。

この細注の部分は『先代旧事本紀』の巻第七天皇本紀の文と共通する(もっとも用字には差異があって、饒速日尊を饒速日命、瀛都鏡を息津鏡、辺都鏡を部津鏡、「天神教導」を「教導」のみとし、「令茲十宝」を「合茲十宝」、「謂一二三四五六七八九十而」を「一二三四五六七八九十云而」、「死人返生」を「死人反生」と書く)。『令集解』のこの細注を原注とすれば、少なくとも二つのことが指摘できる。一つは、『先代旧事本紀』の文と『令集解』の細注文とがほぼ同じであるから、『先代旧事本紀』成立の下限は延喜四〜六年(九〇四〜九〇六)よりもさかのぼる、『令集解』が編纂された貞観年間(八五九〜七六)以前とみなしうることである。他の一つは、宮廷の鎮魂祭にも物部氏系の鎮魂呪法が貞観年間以前に採り入れられていたことを傍証する。

実際に石上神宮に伝承される物部氏系の鎮魂呪法が、宮廷の鎮魂祭に所伝されていたことは、『政事要略』巻二十六の中寅鎮魂祭の条に、「集解に云はく」として前記の文を引用しているのにも明らかであろう（ただし『政事要略』では「合茲十宝」を「令茲十宝」とする。『令集解』の「合」は「令」の誤写と考えられる）。

石上神宮の鎮魂呪法が、石上だけのものではなく、宮廷の鎮魂祭にも及んだことを検証してきたが、その瑞宝十種も吟味すべき内容となっている。物部氏がその始祖とするニギハヤヒノミコト（『古事記』では邇芸速日命、『日本書紀』では饒速日命と書く）の「瑞宝」を『古事記』は「天津《あまつ》瑞《しるし》」（具体的内容を欠く）、『日本書紀』は「天表《あまつしるし》」（天羽羽矢《あめのははや》一隻《ひとは》・歩靫《かちゆぎ》）とする。『先代旧事本紀』などの瑞宝十種は、鏡二、劔一、玉四、比礼三であって、『記』・『紀』と同じではない。『先代旧事本紀』の瑞宝十種と類似するのは、『記』・『紀』に収録する天之日矛《あめのひほこ》（天日槍《あめのひほこ》）の「将来物」であり、『記』では、玉津宝（珠二貫《ふたつら》）、浪振る比礼、浪切る比礼、風振る比礼、風切る比礼、奥津鏡、辺津鏡とする。『紀』の本文では、羽《は》太玉《ふとのたま》、足高玉、鵜鹿鹿《うかか》の赤石玉《あかしのたま》、出石《いずし》の小刀、出石の桙、日鏡、熊《くま》の神籬《ひもろぎ》の七種、『紀』の別伝（「一云」）では、葉細《はぼそ》の珠、足高珠、鵜鹿鹿の赤石珠、出石の刀子、出石の槍、日鏡、熊の神籬、胆狭浅大刀《いささのたち》の八物とする。

『日本書紀』の垂仁天皇八十八年七月の条には、天日槍の曾孫とする清彦が「神宝」を献じ、隠匿の出石の小刀も「皆、神府に蔵《おさ》む」とある。この「神府」が石上神宮の「神府」であったとみなしうるのは、『釈日本紀』に、「垂仁天皇八十八年秋七月己酉朔戊午、詔して新羅王子天日槍来り献ずる所の神宝を覧、石上神宮に蔵せしむ」とするとおりである。天之日矛の「将来物」もまた石上の「神府」と深く関連する。

しかし天之日矛の「将来物」と『先代旧事本紀』などに伝える瑞宝十種が、まったく同じかというとそうではない（比較的に近似するのは『古事記』の伝承だが、そのなかみには差異がある）。天之日矛の「将来物」の伝承が石上の瑞宝十種に作用していることは否定できないが、そこには物部氏系鎮魂呪法の独自の発展があったことをみのがせない。

物部氏は大和岡山辺郡石上郷を本拠とし、『先代旧事本紀』（天神本紀）ばかりでなく、『日本書紀』の垂仁天皇八十七年二月の条に、石上神宮の神事を物部十千根《とおちね》大臣が管理することになったことをのべて「故、物部連等今に至るまでに、石上の神宝を治むるは、是その縁なり」と明記しているのにもはっきりしている。このように物部氏は石上神宮のまつりとも深いかかわりをもっていたことは、神宮のミタマフリの神事と、物部氏の伝承を中心とする『先代旧事本紀』が関連しているのはけっして偶然ではない。『先代旧事本紀』は、大同二年の斎部氏の伝承を主とする『古語拾遺』とならぶ貴重な古典である。

まことの鎮魂とは何か。鎮魂の伝統のなかからその本質をみきわめたい。

# 神道の原像――日本文化の基層

## 1　W・G・アストンの神道論をめぐって

日本の神道の研究については、河野省三博士の『訂正増補神道の研究』（森江書院）、西田長男博士の『神道史の研究』（雄山閣）・『神道史の研究』第二（理想社）、さらに昭和十二年（一九三七）十一月から昭和十四年五月まで『東洋学報』に七回にわたって津田左右吉博士が連載された「日本の神道に於けるシナ思想の研究」を補訂した『日本の神道』（『津田左右吉全集』第九巻、岩波書店）、折口信夫博士の『古代研究』（国文学篇・民俗学篇第一冊・民俗学篇第二冊、大岡山書店）など、すぐれた諸先生の研究がある。

外国人で神道の研究をした研究者もいるが、とくにウィリアム・ジョージ・アストン氏が著した『Shinto (The Way of the Gods)』（安田一郎訳、青土社、一九八八）は、古い著作だが注目にあたいする。一八四一年に北アイルランドのロンドデリの近くで生まれ、一八六四年に江戸駐在のイギリス公使館の通訳となり、一八八〇年には兵庫領事に昇進した。そして一八八六年にはイギリス公使館の書記官となったが、引退を決意して帰国し、一九〇五年に『Shinto』をまとめた[(1)]。アストンの神道への関心は『日本書紀』の翻訳と『日本文学史』の執筆ならびに明治維新政府と神道とのかかわりの体験などにもとづく。今ではかなり古い神道論だが、改めて注目するにあたいする著作である。(1)多神教であって最高神がないこと、(2)偶像やモーゼの十戒のような戒律が相対的にないこと、(3)霊の概念的認識や霊の人格化が弱いこと、(4)来世（死後の世界）の状態を認識していないこと、(5)深く熱烈な信仰が一般にないこと、と列挙したなかには、必ずしも正確でないところがあるけれども、現在もなお再検討すべき点も含んでいる。

まず日本の神道はアストンのみならず、多くの宗教学者がいうようにはたして多神教であろうか。『古事記』（上巻）には有名な天照大御神が天の石屋戸に隠れる神話が載っている。そのおりに「是を以《も》ちて八百万の神、天安河原に神集ひに集ひて」審議することがのべられている。そして『日本書紀』巻第一の本文にも同じように、「時に八十万神、天安河辺に会ひて、その禱るべき方を計ふ」としるされている。この「八百万神」や「八十万神」という表現にまどわせられて多神教と称する人が多い。

しかし日本のカミについては、国学の大成者本居宣長が明確に指摘しているように、(2)

「さて凡て伽微《かみ》とは、古御典等に見えたる天地の諸《もろもろ》の神たちを始めて、其を祀れる社に坐す御霊をも申し、又人はさらに云ず、鳥獣木草のたぐい海山など、其余何にまれ、尋常《よのつね》ならずすぐれたる徳のありて、可畏《かしこ》き物を伽微とは云なり」

と述べて、そしてつぎのように補足した。

「すぐれたるとは尊きこと善きこと、功《いさお》しきことなどの優れたるのみを云《いう》に非ず、悪きもの奇しきものなども、よにすぐれて可畏きをば、神と云なり」

宣長が日本の古典などにみえる「カミ」をはじめとして、各地の神社で祭祀されている「御《み》霊《たま》」はもちろんのこと、傑出した人間はいうまでもなく、「鳥獣木草のたぐい海山など」、「尋常ならず、すぐれたる徳のありて、可畏き物」を「カミ」というとみなしての卓見であった。宣長の見解はそれらの「カミ」のみにはとどまらない。「すぐれたる」とは「尊きこと善きこと、功しきこと」だけではなくて、「悪きもの奇《あや》しきものなども、よにすぐれて可畏きをば、カミというなり」と断言した。

わざわいをもたらす禍津日神もあれば、災禍を問いただす直毘(日)の神もある。「よにすぐれて可畏き」ものは悪きもの奇しきものも「カミ」とあおいだ宣長説は、日本のカミについての的確な名言であった。

よにすぐれた可畏きいのちあるものに、カミをみいだした万有生命信仰が、日本の神道の特色であった。

日本の神道は自然物崇拝アニミズムと同じだとする宗教学者もいる。たしかに『日本書紀』神代巻に「草木 威《ことごと》に能く言語《ものいう》あり」とか、「磐根・木杵・草葉も、猶よく言語ふ」とある例などには、アニミズムに類似する要素があるけれども、天地創造の神々をはじめ、尋常ならず可畏き人はいうまでもなく、海の綿津見神や山の大山祇神ほか動植物にいたるまで、「よにすぐれて可畏き」、「悪しきもの・奇しきものなど」、すべてのいのちあるものにカミをみいだし、カミをあおいだ。このような万有生命信仰を私は汎神教とよんでいる。動植物ばかりでなく、無生物にも霊魂の存在を信じたアニミズムとは、おもむきを異にする。

アストンは日本の神道には「最高神がない」とみなしたが、そうであろうか。たとえば天孫降臨を命令する神は、『古事記』の上巻では、天照大御神と高木神（高御産巣日神）であり、『日本書紀』の巻第二の本文では高皇産霊尊が天孫降臨の司令神であったように、日本の神話では高天原の最高神はアマテラスオオミカミとタカミムスヒノカミであった。(3)

さらに「霊の人格化が弱い」としたけれども、天満天神が菅原道真であったとおり、「尋常ならずすぐれたる徳のありて、可畏き人物」は数多く神として奉斎されており、むしろ「霊の人格化」は進んでいたとみなすべきである。

「深く熱烈な信仰が一般にない」とアストンはいうが、現代の社会でもたとえば鎮守の森に対して一般の人びとの多くが畏敬しており、みだりに鎮守の森の木を斬りだしたりすると祟《たた》りがあると信じている。「熱烈な信仰」とはいえないまでも、「信仰が一般にない」とはいえない。

アストンの指摘のなかで「「道徳律」（戒律）が相対的にない」とした点や、「死後の世界の状態を認識していない」としたところは、日本の神道の弱点であり、たとえば『延喜式』の「大祓」の祝詞の最後の部分はつぎのようにのべられている。

「『高山・短山の末より、さくなだりに落ちたぎつ速川の瀬に坐す瀬織津比咩といふ神、大海の原に持ち出でなむ。かく持ち出で往《い》なば、荒潮の潮の八百道の、八潮道の潮の八百会に坐す速開都比咩といふ神、持ちかか呑《の》みてむ。かくかか呑みては、気吹戸《いぶきど》に坐す気吹戸主といふ神、根の国・底の国に気吹き放ちてむ。かく気吹き放ちては、根の国・底の国に坐す速《はや》佐須良比咩といふ神、持ちさすらひ失ひてむ。かく失ひては、天皇が朝廷に仕へまつる官官の人等を始めて、天の下四方には、今日より始めて罪といふ罪はあらじと高天の原に耳振り立てて聞く物と馬牽《ひ》き立てて、今年の六月（十二月）の晦の日の、夕日の降ちの大祓に祓へたまひ清めたまふ事を諸聞こしめせ』と宣《の》る。

『四国の卜部等、大川道に持ち退り出でて、祓へ却《や》れ』と宣る。」

人間の犯したツミは瀬織津比咩神、速開都比咩神・気吹戸主神によって、山から川へと流され、さらに根の国・底の国へ息吹放たれて、速佐須良比咩神がその罪を行方知れずに雲散霧消すると奏上される。

しばしば日本のツミの意識の欠落を示している例として、大祓祝詞のこの部分が引用される。しかし大祓祝詞は、①から⑤の部分で構成されており、①・③・④の部分が天武朝の大祓の祝詞であり、②と⑤（最後の部分は⑤）は平安時代の延喜年間（九〇一―九二三）に「近い頃」に補完された部分であることが実証されている。(4)

とくに最後の⑤の部分にみえる瀬織津比咩ほかの神々は、『古事記』や『日本書紀』などにみえない新しい神格をおびた神々であり、「夕日の降ちの大祓」とあるのは、宮中の人々が朱雀門に会集する時刻を「申時以前」とする『延喜式』（四時祭式）の規定と合致する。そればかりではない。「四国卜部等」としるしているが、「養老令」などでは「三国卜部」で、「四国卜部」の用例は平安時代に入ってからであった。

したがって前掲の⑤の『延喜式』の大祓祝詞の部分を天武朝のころのものとみなすことはできないが、日本の神道ではツミの認識がきわめて軽かったことは否定できない。だが贖罪の思想や贖罪の神がいなかったわけではない。(5)

ツミを贖った神は明らかに存在した。(5) それは『古事記』に速須佐之男命と書き、『日本書紀』

に素戔嗚尊と記し、『古語拾遺』が素戔嗚神と表記するスサノヲの神がそれである。『出雲国風土記』では須佐能袁命という用字で五ヶ所、須佐能乎命という書き方で二ヵ所に登場する。『出雲国風土記』では大原郡佐世郷の条に、須佐能袁命が、

「佐世の木（『和名類聚抄』にいう「佐之夫乃岐《さしぶのき》」（ツツジ科））の葉を頭刺《かざ》して踊躍《おど》りたまふ時に、刺させる佐世の木の葉、地に堕ちき。故、佐世と云ふ。」

という地名起源説話をあげるのみである。

スサノヲの名義については、出雲の地名須佐にちなむとする説もあるが、やはりスサブ・スサマジの語幹とみなす説が妥当であろう。どんどん事が進む、手のつけられない状況になるさまを意味する。

このスサノヲがアマテラス大神に乱暴を働いて、アマテラスは天の石屋戸（磐戸）に隠れ、タヂカラオによって石屋戸が開かれて、スサノヲは高天原から追放されることになる。

そのおりに『古事記』（上巻）は次のようにしるす。「是に八百万の神共に議りて、速須佐之男命に千座《ちくら》の置戸（多くの品物を置く台）を負せ、亦鬚を切り、手足の爪を抜かしめて、神夜良比夜良比岐」。スサノヲはその罪を贖《あがな》わしめられ、贖罪して高天原を追放されるのである。

『日本書紀』（巻第一）の本文では、「諸の神罪過《けがれ》を素戔嗚尊に帰《よ》せて、科するに千座置戸を以て、遂に促《せ》め徴《はた》る（徴収する）。髪を抜きて、その罪を贖はしむるに至る。亦曰はく、その手足

の爪を抜きて贖ふといふ」と記述し、はっきりと贖罪したことを明記する。

私がとくに注目してきたのは『日本書紀』の第三の「一書」の伝えである。そこには、風や雨の吹きしぶるおりに、笠や蓑を着たりあるいは束草（たばねた草）で体を覆って、他人の家に入ることを禁じ、これを犯した者には「解除」（祓）をしなければならないという「太古の遺法」を特筆している。そしてスサノヲが高天原を追放されたおりに、長雨が降って、スサノヲはやむなく「青草」をたばねて笠や蓑をつく、それを着て、宿を衆神に頼んだけれども、すべての神に拒否されて、辛く苦しみつつ高天原を追放されたことがその由来を物語るのである。少し長くなるが、重要な伝承なので引用しておこう。

「即ち素戔嗚尊に千座置戸の解除《はらへ》を科《おほ》せて、手の爪を以ては吉爪棄物《よしきらいもの》とし、足の爪を以ては凶爪棄物とす。乃ち天兒屋命をして、其の解除の太諄辞《ふとのりと》を掌りて宣らしむ。世人、慎みて己が爪を収むるは、此其の縁なり。既にして諸の神、素戔嗚尊を嘖《せ》めて曰《い》はく、「汝が所行甚だ無頼し。故、天上に住むべからず。亦葦原中国にも居るべからず。急に底根の国に適《い》ね」といひて、乃ち共に遂降ひ去りき。時に、霖《ながめ》ふる。素戔嗚尊、青草を結束ひて、笠蓑として、宿を衆神に乞《こ》ふ。衆神の曰《い》はく、「汝は是躬の行濁悪しくして、遂《やら》ひ謫《せ》めらるる者なり。如何ぞ宿を我に乞ふ」といひて、遂に同《とも》に距《ふせ》く。是を以て、風雨甚《かぜあめはなは》だふきふると雖も、留り休《やす》むこと得ずして、辛苦《たしな》みつつ降りき。爾より以来、世、笠蓑を著て、他人の屋の内に入《い》ること諱《い》む。又束草を負ひて、他人の家の内に入ること諱む。此を犯すこと有る者をば、必ず解除を債す。此、太古の遺法なり。」

贖罪の神スサノヲは長雨のなかを笠蓑を着てさすらうのである。『日本書紀』の斉明天皇七年八月の条には「鬼有りて、大笠を着て、(斉明天皇の)喪の儀を臨み視る」と書かれているが、古代人の笠を着る鬼の信仰が、贖罪の神スサノヲの放浪の姿に重なる。

『古語拾遺』にも贖罪の神スサノヲの記述があって、そこでは次のように物語られている。

「仍《よ》りて、罪過を素戔嗚神に帰せて、之に科するに千座の置戸を以てし、首の髪及手足の爪をも抜かしめて、之を贖はしむ。仍りて、其の罪を解除へ、遂降ひき。」

ここでもスサノヲは贖罪の神として明確に位置づけられている。

日本の神道では「祓へ給へ、清め給へ」という修祓によって、ツミやケガレが祓われ清められることになるが、贖罪の神スサノヲの存在をより重視する必要がある。

アストンが「来世(死後の世界)の状態を実際に認識していないこと」を日本の神道について指摘していることは、みのがすことのできない点である。宗派神道(教派神道ともよぶ)ではそれぞれに死後の世界の状態を教えのなかで説いているが、日本の神道の根幹をなす神社神道では、たとえば『記』・『紀』の神話では、伊邪那岐命(『紀』では伊弉諾尊)が妻の神である伊邪那美命(『紀』では伊弉冉尊)が火の神を生んで亡くなり、黄泉の国へおもむくことが物語られている。中国では「黄」土の色、泉は地下にある泉を指し、死者の暗黒の世界とみなしたが、『記』・『紀』の神話によれば、伊邪那岐命が黄泉の国を訪れたさい、すでに伊邪那美命は黄泉戸喫をしており（『紀』には黄泉之竈とみえる）、黄泉の国の火で作った食物を食べて、黄泉国の人になったとし、伊邪那伎命は絶縁して、筑紫の日向の橘の小戸の阿波岐原（『紀』の第六の一書は檍原と書く）で、「禊ぎ祓へ」をする。

『日本書紀』が本文にしるさず、第一から第十の「一書」（別伝）でこの神話を記述している点も軽視できないが、黄泉をケガレの世界とみなしていたことが反映されている。

「ケガレ」の本来の意味は、聖なる非日常の晴《はれ》の時間と空間に対する日常の時間と空間すなわち褻《け》が枯れることであった。そして日常の生命力が枯れる、終局は死となる。

古代の日本でかなり早くから死をケガレとみなしていたことは、西晋の陳寿が太康年間（二八〇―二八九）に編纂した『三国志』の『魏書』東夷伝倭人の条（いわゆる『魏志倭人伝』）に「始め死するや傍喪十余日、時に当りて肉を食わず、喪主哭泣し、他人に就いて歌舞飲酒す。已《すで》に葬れば、挙家水中に詣《いた》りて澡浴し、以って錬沐の如くす」と書いているように、死にあえば「水中」で澡浴（身そぎ）する葬送の風俗にもうかがうことができる。

『記』・『紀』神話の黄泉国訪問のほかに死後の世界にかんする神話は少なく、前述したように『日本書紀』ではとりあげずに、別伝として「一書」のなかで記載し、大同二年（八〇七）に斎部広成が撰上した『古語拾遺』でも黄泉国の神話には全く言及していない。
それのみにはとどまらない。『日本書紀』では「根国」と書いた用例が十一あり、死後の世界を「底根の国」としるした例もある。「来世」（死後の世界）を地下とみなした他界観もあれば、沖縄などのように海の彼方に死後の世界があるとする考えや、『万葉集』の高市皇子（天武天皇の長男）の死を悼んで〝泣沢の神社《もり》に神酒据え祈れども我が王《おおきみ》は高日知らしぬ〟（二〇二）とか、弓削皇子（天武天皇の六男）が亡くなったおりに置始東人が〝王は神にしませば天雲の五百重の下に隠りたまひぬ〟（二〇五）と歌ったように天上他界観もあった。

日本人の他界観の多様性を示すものとして、私がかねがね注目してきたのは京都禅林寺の「山越し阿弥陀図」である。この京都禅林寺本の「山越し阿弥陀図」は、あらたな研究[5]によって、恵心僧都（源信）の創案ではなく、平頼盛の子である静遍上人（一一六六—一二二四）の最晩年のころの独特の来迎図であり、画面左上隅の阿（梵字）字、正面向き転法輪印の阿弥陀、往生者の霊魂を導く持幡童子、浄土化された山水表現は、南都と高野山で醸成された真言念仏の信仰を背景にした来迎図で、日輪ではなく月輪とみなすほうが正しいとされている。そして京都金戒光明寺本の「山越し阿弥陀図」は禅林寺本よりは約一世紀後の作品で、浄土宗寺院において禅林寺本の形式に倣って制作されたものと考えられている。

私が注目するのは、わが国における現伝最古とみなされている禅林寺本「山越し阿弥陀図」には、阿弥陀の左右に、山頂からおよそ三〇センチの高さまで広がる海が描かれていることである。その暗い海中に金色の阿弥陀そして銀色の光景が、山と山との間から来迎する形になっている。極楽浄土は海の彼方にあるのではなく、この山水そのものと重なった浄土として表現している。海上他界観が重層しての阿弥陀来迎図となっている。(6)

死後の世界にかんする神話が少なく、しかもこのように他界観が多様であったことが、来世(死後の世界)の状態を実際に認識するのを難しくしたのではないか。

伊邪那岐神が黄泉国へおもむいた神話には黄泉津大神あるいは道坂之大神や泉門塞之大神などが登場するが、その神格を来世のなかで明確にした国学者はいなかった。国学者で幽冥の来世を考察した人物は少ない。本居宣長のようなすぐれた国学者でも、死後の世界は不可知とした。だが幽冥界を探求した国学者がいなかったわけではない。その筆頭は宣長歿後の門人である平田篤胤である。篤胤は『霊能真柱』(7)を著して、「霊の行方の安定」を考察した。彼は「天・地・泉」の三つの「成初」を悟り、「天・地・泉たらしめ幸賜小功徳を熟知する」ことが重要だとし、黄泉国と死後霊魂の属する幽冥界とをはっきりと区別した。(8)

そして「死後の霊魂はこの国土にあり」、幽冥界を治める神は大国主神であって、大国主神に仕えることによって天とも往来することができると説いた。黄泉の国はケガレの国だが、死後の世界はケガレの国ではないと明言し、死後の世界はこの国土の内にあり、現世からは目には見えないが、冥府からは現世の人のしわざはよく見えると強調した。

篤胤説には牽強付会のところもあるが、死後の世界をケガレの黄泉国とはっきり区別し、死後の世界ではその霊魂は神となり、そのほどほどに従って、あるいは貴く、賤しく、あるいは善く、悪く、あるいは剛く、弱くの違いはあるけれども、すぐれたものは、神代の神の霊異にもおとらぬ働きをなし、また事が起らない前から、その事を人に悟らせるなど、古典や古史の神の伝承にもとづいた来世観を提唱した。とくに霊魂は大国主神のもとにおもむき、幽冥界に鎮まって、現世縁者に幸せをもたらすとしたのは注目すべき死後の世界観であった。

平田篤胤が『仙童寅吉物語』や『仙境異聞』などにみられるように、死んでよみがえった仙童寅吉に民俗学的な聞きとり調査をしているのも注目すべき点である。平田篤胤の冥府論はやがて平田国学を信奉する人びとによって深められ、たとえば篤胤を高く評価し、静岡県の浅間神社の宮司本田親徳の幽冥論は、京都府の亀岡市と綾部市を本拠とする宗教法人大本の第二教主補出口王仁三郎にうけつがれて、『霊界物語』(八十一巻)となっている。

アストンがいうように死後の世界の認識への努力がなかったわけではない。平田篤胤の学統のなかで積み重ねられていったのである。なお出口王仁三郎(上田喜三郎)は設立当初の京都皇典講究所(京都國學院)の卒業生でもあった。

## 2 津田説と道教

神道とは何か。日本の歴史や文化あるいは宗教に関心をいだいている外国の研究者が時おりにする質問である。戦前・戦中のいわゆる国家神道についての問いであったり、神社に興味をもった上での疑問であったりする。なかには日本の文化の源流を探究するためには、伝教伝来以前の信仰をみきわめなければ、日本文化の本質は明らかにできないとする本格的な質問もある。

しかし日本の神道は多様であって、これを簡単に説明することはなかなかむずかしい。津田博士は前にも言及したように『日本の神道』を著わして、その冒頭の第一章に「神道の種々の意義」を書かれている。そこでまず津田博士の「神道」の種々の意義について、私なりに要約しておこう。

その第一は「古くから伝へられて来た日本の民族的風習としての宗教（呪術を含めていふ）的信仰」であり、その第二は「神の権威、力、はたらき、しわざ、神としての地位、神であること、もしくは神そのもの、などをさしていふ場合」である。そしてその第三は「第一の意義での神道」あるいは「神代の説話に、何等かの思想的解釈を加へた其（の）思想をさす」ものとし、その第四は「何れかの神社を中心として宣伝せられてゐるところに特異性のあるもの」、その第五は「日本の神の教へ又は定めた、従って日本に特殊な、政治的もしくは道徳の規範といふやうな意義に用ゐられた神道」であり、その第六は「いはゆる宗派神道」であると区分した。

この津田博士の「神道の語の種々の意義」についての論説は、昭和十二年(一九三七)から昭和十四年にかけて発表された考察のなかにみえる見解であって、当時の「日本の民族精神といふやうな観念を神道の名によって表現しようとする傾向もあるやうであるが、これは神道の語の濫用とすべきであろう」との警告を含めての論究であった。

津田説にいう第一と第二の用例は後述するとおり、日本の古文献にみえるところであり、第三は平田篤胤の神道や山崎闇斎の説いた天人唯一・君臣合体を中心とする垂加神道のたぐいを指す。第四は伊勢外宮の神官らが主張した度会(伊勢神道)や吉田神社の吉田兼倶らが力説した吉田神道などが相当する。第五は国家神道に象徴される神道であり、第六は当時の実行教・扶桑教・御嶽教・黒住教・金光教・天理教・大成教・禊教・神習教などの神道十三派であった。

津田説の問題点は、まず第一の「古くから伝へられて来た日本の民族的風習としての宗教」の分類である。「古くから」というのは伝教以前の倭国段階か、七世紀後半の「日本国」のころなのか、よりさかのぼった縄文時代なのか、津田博士のいう「民族」や「国民」の概念がきわめてあいまいであったことは別に指摘した[9]。とくにみのがせないのは鎮守の森を中心とする肝心の神社神道が欠落し、W・G・アストンが「民間伝承や慣習のなかに長い間生き続けるだろうし、日本人の特徴であるもっとも単純で、もっとも物質的な神の側面への生き生きとした感受性のなかに長らく生きつづけるだろう」と結論づけた民俗神道[10]への言及がないことである。

ましてや承久年間（一二一九―一二二二）に宮中の行事や慣例を九二項にわたってまとめた順徳天皇の『禁秘抄』に「凡そ禁中作法先づ神事、後に他事」とされたとおりの現在におよぶ宮廷神道は全く無視されている。

したがって「道教に関するいくらかの知識や経籍も伝えられてゐたに違ひないが、宗教としての道教は入って来なかった」と断言されるのである。紀元前三世紀のころから中国で具体化した不老長生の神仙思想を背景とする現世利益的信仰の道教は、紀元二世紀のころから干吉や張角らの太平道あるいは張道陵らの五斗米道と称する教団道教として発展する。現在のところ道観すなわち道教の寺院はもとより、道観の遺構や遺跡はみつかっておらず、教団道教が入った形跡はない。ほとんどの研究者は、道士（道教の教えを説く人）も全然存在しなかったというが、私はこの見解には疑問をもっている。なぜかというと、後に修験道の開祖とあおがれる役小角（役行者）の弟子に韓国連広足がいる。

天平十年（七三八）のころにできた「大宝令」の注釈書である『古記』（『令集解』所引）には、

「道術符禁、道士法を謂ふなり、今辛（韓）国連是を行なふ」

と書きとどめているからである。役行者の教えには道教的要素もあって[11]韓国連には道士的性格があったと考えているからである。

ところで津田説のように「宗教としての道教は入って来なかった」といえるであろうか。古代の宮廷神道の重要行事であった大祓には、大和（東）の文氏や河内（西）の文氏が大祓のおりには道教にかんする「呪《ず》（呪言）」を必ず奏上したからである。

「謹請、皇天上帝、三極大君、日月星辰、八方諸神、司令司籍、左は東王父、右は西王母、五方の五帝、四時の四気、捧ぐるに禄人をもちてし、禍災を除かむことを請ふ。捧ぐるに金刀をもちてし、帝祚を延べむことを請ふ。呪に曰はく、東は扶桑に至り、西は虞淵に至り、南は炎光に至り、北は弱水に至る、千の城百の闕、精治萬歳、萬歳萬歳。」

皇天上帝をはじめとして男の最高の神仙である東王父、女の最高の神仙である西王母、人間の寿命をつかさどる星の神とその帳簿を管掌する星の神である司令司籍、いずれも道教と関係する。明らかに「宗教としての道教は入って」いたといわざるをえない。そして東・西文氏の「呪」が、中臣氏らが中心になって執行される大祓よりも重視されたことは、持統太上天皇の大宝二年（七〇二）の十二月二十二日の崩去をうけて、同月三十日「大祓を廃せしむ。ただし東西文部の解除（「呪」）は常の如し」（『続日本紀』）によってうかがうことができる。明らかに「宗教」としての東西文氏の呪言の解除は、宮廷神道において不可欠とされていたことがわかる。

そもそも「神道」という語の由来は、道教にある。唐の房玄齢が編集した『晋書』の隠逸伝では、道家の道を「神道」とよび、南朝宋の范曄が撰者である『後漢書』の方伎伝では、方術や仙術などを「神道」と表現し、隠逸伝では「道家の道」を「惟神の常道」と書いている。梁の陶弘景によって確立した教団道教は、南京市東南の茅山を本拠にしたので茅山道教とよばれているが、その茅山の修行の聖地（華陽洞天）の円形の立石（玉碣）には「神道在今」（神道今に在り）と刻まれていたという（『真告』）。この「神道」とは「神仙の道」であった。

茅山道教の唐の道士呉筠がその著『玄綱論』の「神道をもって教を説く章」や「神道を畏《おそ》るる章」などで道教に言及しているのをみても、その「神道」が神仙道ないし道教を意味していたことは明らかである。日本の国王の称号である「天皇」は、春秋の緯書の『合誠図』に「天皇大帝北辰星（北極星）なり」に由来することはすでに指摘されているが[12]、道教では扶桑大帝東王公を天皇とあおいだ。

道教と神道とは明確に内容を異にするが、ともに現世利益的要素が強く、死後の世界に対する教理が稀薄であったことはみのがせない。

### 3　古典の神道とその源流

「神道」という用語は『古事記』にはみえないが、『日本書紀』には三カ所みえている。その第一は用明天皇の即位前紀であり、「天皇、仏法を信《う》けたまひ、神道を尊びたまふ」と記されている。「神道を尊びたまふ」の内容は、用明天皇が「日の神を祀る」ことをうけての表現であろう。第二は孝徳天皇即位前紀にのべる、孝徳天皇は「仏法を尊び、神道を軽りたまふ」である。この「神道を軽りたまふ」の内容は、はっきりしており、註記して「生国魂社の樹を斮《き》りたまふの類、是なり」と書く。孝徳天皇が難波の宮の造営のおりに、生国魂神社の聖なる樹林を伐採しての利用を指しての記述であろう。

第三は大化三年（六四七）四月の詔のなかの「惟神」にかんする「随神道」と「自有神道」の註記である。この註記を義註とみるか訓註とするかで論議はわかれており、なかには後人の追記とする説もあるが、たとえば北野天満宮の古写本で第一類すなわち院政時代初期の書写にもこの註記はあって、追記とは考えがたい。

『続日本紀』の延暦元年（七八二）七月二十九日の条にしるす神祇官及び陰陽寮の言上のなかにみえる「神道」、「類聚三代格」の延暦十七年（七九八）の太政官符あるいは『類聚国史』の弘仁七年（八一六）の勅などにのべられている「神道」は、いずれも津田説にいう第一または第二、とくに「神の権威、力、はたらき、しわざ、神としての地位、神であること、もしくは神そのものなどをさしていふ場合」の「神道」であることは改めて注目すべき点である。

開祖や教祖が存在し、教典や施設などがある教団宗教とは全く異なる、自然を畏敬し、自然と人間が共生する神そのもの、神の権威、力、はたらき、しわざなどを「神道」と表現したのである。ここで私のいう「共生」とは、たんなる「とも生き」ではない。仲よく共に生きることは当然であって、へたをすると現状維持になりかねない。いみじくも『古事記』（上巻）が「共生」を「とも生み」と古訓でよんでいるように、自然をオソレ・ツツシミ、自然と共に新しい文化を共に創造する「神道」の原像は、古典にみえる「神道」の用語のなかにみいだすことができる。

神社といえば本殿があり、拝殿のある鎮守の社を多くの人びとが想起するが、そもそも本殿という社の建物が具体化してくるのは、五世紀すなわち古墳時代中期のころからとみなされており、もともとは社殿はなく、それ以前はカミの鎮まる山すなわち神奈備（神体山）や、聖なる樹木や柱、いわゆる神籬や神柱、神聖な磐や巨石つまり磐座やストーン・サークル＝磐境などが神の降臨して鎮まる依《よ》り代《しろ》であった。

こうした信仰は縄文・弥生の時代にさかのぼる。有名な秋田県鹿角市の大湯の環状列石（野中堂遺跡と万座遺跡）の場合、野中堂では中央に高さ約八〇センチの立石があって、そのまわりに放射線状に石をならべた組石があり、万座遺跡では立石の上部は破損しているが、野中堂遺跡よりは大きく、やはり立石のまわりに組石遺構がある。ともに内帯と外帯とからなる環状列石があって、野中堂の内帯は径約一四メートル、外帯の外周径は約四二メートル、万座の内帯は径約一六メートル、外帯の外周径は約四六メートルとされている。

このストーン・サークルは、いったい何を意味するのか。まだ充分には解明されていないが、組石遺構の下から屈葬で遺骸を葬ることのできる土壙がみつかり、野中堂遺跡の北東三〇〇メートルの地点であらたに組石遺構群が検出され、二基の組石下土壙から甕棺、他の一基からは朱塗りの木製品が出土した。墓地の可能性もあるが、この環状列石がなんらかの精霊と交流する場であったことはたしかであろう。

奈良県桜井市三輪に鎮座する大神神社には本殿はない。寛文四年（一六六四）に造営され重要文化財の拝殿の奥に三ツ鳥居があって、その奥は禁足地である。そこからは標高四六七メートル、周囲一六キロの神奈備の三輪山となる。この神体山は「三諸の神奈備」・「神岳」「神山」・「真穂御諸山」などとよばれ、この山には奥の磐座・中の磐座・辺《へ》の磐座の磐座群があって、今も山そのものがお山としてまつられている。

京都市西京区嵐山宮町の松尾大社は、朱雀・村上両天皇の代（九三〇―九六七）の行事を中心とする有職故実の書である『本朝月令』所引の『秦氏本系帳』によって、大宝元年（七〇一）に新羅系の渡来氏族である秦都理が創建した社であることがわかるが、松尾大社の裏山の松尾分土山の大杉谷には巨大な磐座がある。旧御鎮座場とよばれる祭祀遺跡であった。埼玉県神川町二の宮に祭祀されている金鑽神社も本殿のない社として有名である。中門・拝殿の奥は神奈備の御室獄であって、古き社の姿を今に伝える。

聖なる樹林にカミの降臨をあおいだ信仰は、たとえば『万葉集』に〝木綿かけていつ、この神社越えぬべく思はゆるかも恋の繁きに〟（一三七八）とか〝山科の石田の社に布佐置かばけだし吾妹にただに逢はむかも〟（一七三一）などと、神社や社を古訓で「もり」とよんでいるのをみてもわかる。天平五年（七三三）に完成した『出雲国風土記』の秋鹿郡女心高野の条には、「上頭《かみのほとり》に樹林あり、此は則ち神の社なり」とあるのは、聖なる樹林が神の社とみなされたことを有力に物語る。

その信仰が神聖な木柱にカミが宿るとする信仰を生む。そのような神社の信仰は縄文時代にさかのぼる。縄文時代の前期から中期にかけての青森市の三内丸山遺跡の巨大な木柱列をはじめ金沢市のチカモリ遺跡の直径約六メートルの円を描く木柱列、あるいは石川県能登町の真脇遺跡の木柱列などには、カミの依り代《しろ》としての信仰が反映されている。これらは住居跡地内でなく、非居住地区に存在する。環状木柱列は富山県小矢部市の桜町遺跡でも出土しており、円形柱穴跡ばかりでなく、方形の柱穴跡も長野県茅野市の阿久尻遺跡などでもみつかっている。

御柱といえば寅歳と申歳に勇壮にくりひろげられる御柱祭が有名である。[13] 長野県諏訪市の諏訪大社は上社（本宮・前宮）・下社（春宮・秋宮）のいわゆる二社四宮の古社である。四社の四囲に高さ五丈五尺（約一六・七メートル）の一之御柱（二以下は五尺）をはじめ四本ずつ御柱が立つ。現行はモミの木だが、古くはツガ・サワラ・マツ・カラマツなども使用された。諏訪四社の御柱が四本だから、一般には諏訪の御柱はすべて四本と思われがちだが、長野県大鹿村の葦原神社の御柱は一本、同県小川村の小川神社の御柱は二本である。一本・二本の御柱はかなりあって、同県千曲市の船山神も一本の御柱である。屋敷神の御柱も一本であり、もともとのカミの依り代としての御柱は一本であったのではないかと思われる。

諏訪の地域では諏訪大社の御柱を「大宮の御柱」とよび、大社の摂社・末社や各集落の御柱や屋敷神の御柱は「小宮の御柱」という。延文元年（一三五六）の「諏訪大明神画詞」に「数十本の御柱上下ノ大木、一本別一二千人の力ニテ採用」としるすのは、二社四宮だけではなく、摂社・末社を含めての御柱であろう。

古態の一本の御柱が、四囲に立てられる四本へと推移したのは、聖域を囲む四囲の御柱へと変化したためではないか。

ここで注意すべきは、諏訪大社もまた本殿のない古社のたたずまいをいまに伝えていることである。上社本宮の神奈備は守屋山であり、その社叢は禁足地となっており、守屋山の山頂には磐座群があり、中腹にも巨石の磐座がある。現地へおもむいて本宮の守屋山側に硯石と称する巨石の磐座が存在することを知った。現在のような社殿の配置になったのは、古代末期から中世の初期と伝えられており、古くは現在の神楽殿が拝殿の役割をになって、そこから磐座と神奈備（守屋山）を拝んでいたと考えられる。

御柱を象徴するのは伊勢神宮正殿床下の中心に立てられる心の御柱であり、大社造に代表される神殿中央の岩根の御柱である。心の御柱については弘安二年の『内宮仮殿遷宮記』に「地上三尺三寸許、地中二尺余」とあり、鎌倉時代後期の伝書で『心の御柱記』には「地上三尺、根二尺」とある。出雲大社境内地遺跡の発掘調査が開始されたのは、平成十一年（一九九九）の九月一日からであったが、岩根の御柱を中心に九本の柱が田の字形にならぶ出雲大社本殿は、造営の設計図ともいうべき「金輪《かなわ》御造営差図《さしず》」に対応する南側の宇豆柱《うずばしら》が姿をみせた翌年の四月五日であった。そして九月二十六日には南東の側柱、ついで九月二十八日には岩根の御柱が確認された。杉の巨柱三本を金輪で組み合せた直径約三メートルの御柱であった。岩根の御柱の下の板材の年輪年代が測定され、伐採年は安貞元年（一二二七）の数年後とされた。

社伝では本殿の高さ十六丈（約四十八メートル）と伝えられ、天禄元年（九七〇）に源為憲がまとめた『口遊』に、「雲太・和二・京三」として、出雲の本殿は日本で高さ第一とされた。建築学界でも十六丈説は疑問とされていたが、昭和四十年（一九六五）の六月に出版した『出雲の神話』（淡交社）で、現地に三度おもむき「十六丈の高さを有する本殿が、この宮地に造営されていたことはたしかであろう」とのべた。このたびの発掘調査で、十六丈説の可能性は高まったといってよい。

神柱や神奈備、磐座や磐境などは、本殿があり拝殿がある神の社の源流として改めて注目する必要がある。

## 4　国際性と折口古代学

日本の神道は日本人のみの信仰であり、島国日本のなかでのみ発展したと考えている人が多い。だがそうであろうか。

神社神道はもとより宗派神道などにおいても、祓や禊は重要な祭儀の行法として現在もうけつがれている。しかし祓や禊は日本のみで行われたのではない。中国周代の官制をしるした『周《しゅ》礼《らい》』にも「祓除」はみえており、前漢の許慎の『説文解字』にも「祓」は「悪を除く祭なり」と明記されている。南朝宋の范曄《はんよう》がまとめた『後漢書』（社儀志）には、「是月（三月）上巳、官民皆、東流水上に禊す」とあって、「洗濯祓除」することが記載されている。この三月上巳は後に三日と定まり、三月の禊は春禊、七月十四日に行なう禊は秋禊とよばれるようになる。春禊や秋禊は年中行事になって、中国の古典にしばしばみえる。

春禊が朝鮮半島でも行なわれていたことは、たとえば高麗の僧一然が編集した『三国遺事』が引用する『駕洛《から》国記』に、加耶（加羅）の始祖とされる首露《しゅろ》（王）が亀旨峰に降臨した日が、「三月禊浴の日」とするのにもうかがわれる。

こうした三月禊浴の習俗は、沖縄県の先島で行なわれている旧三月三日のサニツにもみいだすことができる。宮古諸島で浜下《はまお》りといい、海の砂を踏む。狩俣ではよもぎの葉を入れて作った草餅やおにぎりをもって子供たちが貝拾いにでかけ、幼児などには海の砂を持ち帰って踏ませる。多良間島では、サニツの日以降旧暦十月まで、数家族の集団で浜下りをするという。これをイムウブサカとよび、海岸のウガムジョ（拝所）に貝や魚などを供えて健康を祈るというのも、春禊に由来する。三月三日の雛祭りやこれに関連する雛流しの古態も、さかのぼれば春禊にもとづくといってよい。

いまは祓や禊が東アジア世界に連動することをのべたが、日本の神道は島国のなかで発展しながら、海上の道によって東アジアと連動した点のあることをみのがせない。

神道は元来排他的ではない。欽明朝に百済から仏教が伝来したおり、[14]『日本書紀』は仏を「蕃神」（欽明天皇十三年十月の条）と表記し、『元興寺縁起』は「他国神」と書くほか、『日本霊異記』は「隣国の客神」・「仏神」などと記述するように、仏教受容の当初から神仏習合の要素が濃厚であって、それぞれ来訪神として受け入れていたと思われる。

神宮寺としては、天平九年（七三七）から宇佐八幡宮の弥勒寺の造営が本格化して有名だが、私が調べた限りでは、福井県越前町の劔神社の神宮寺が早い例として注目される。劔神社には神護景雲四年（七七〇）の国宝梵鐘が伝えられており、その銘文によって、「劔御子寺」という神宮寺の存在していたことがわかる。劔神社境内からは礎石がみつかっており、その形式がいわゆる白鳳時代のものであるばかりでなく、同町織田の窯跡からは、やはり白鳳の軒平瓦・軒丸瓦などがみつかっている。[15]

折口信夫博士は大正五年（一九一六）の『アララギ』（十一月号）に発表された「異郷意識の進展」、ついで大正九年の『國學院雜誌』（五月号）に執筆された「妣《はは》が国へ、常世へ――異郷意識の起伏」以後、繰り返し他界観念の問題を探究しつづけてきた。大正十一年・大正十三年の沖縄再訪によって決定的となる折口博士独自の〝まれびと〟論も、こうした他界観念のたゆまぬ研究のなかでの所産であった。

この論文の冒頭で論じたW・G・アストンの「霊の概念認識や霊の人格化が弱い」などとした神道批判がいかに誤っていたかは、折口博士の他界観念に対する不断の考察の成果にも反映されている。

そもそも「古代学」という用語を日本で最初に使ったのは、昭和三年（一九二八）の『氷川学報』（第十五号）における「上代文化研究法について」という折口論文においてであった。折口古代学における他界観念の追究は、重要な分野を占めている。折口博士の最晩年の論文が、死の前年（昭和二十八年）の夏にまとめられた「民族史観における他界観念[16]」であったのもいわれあってのことであった。

この最後の論文では「完全に他界に居ることの出来ぬ未完成の霊魂のありよう」を探索し、「神道以前の神道」をさかのぼってさぐることが執拗に問われている。そのなかのみのがせない一節を引用して考えてみよう。

「他界における霊魂と今生の人間との交渉についての信仰を、最純正な形と信じ、其を以て『神』の姿だと信じて来たのが、日本の特殊信仰で、唯一の合理的な考え方の外には、虚構などを加えることなく、極めて簡明に、古代神道の相貌は出来あがった。其が極めて切実に、祖裔関係で組織せられてゐることを感じさせるのが、宮廷神道である。之を解放して、祖先と子孫とを、単なる霊魂と霊魂の姿に見更《あらた》めることが、神道以前の神道なのだと思ふ。」

日本の神々を祖先の神々の系譜（神系譜）におりこんだ「宮廷神道」ではなく、「之を解放」して、「霊魂と霊魂の姿」として見更めることが、原神道の世界につながるという指摘のもつ意味は、深くかつ重い。

戦時中の折口博士が国家神道と無関係であったわけではない。しかし民俗神道を重視した折口古代学は、国家や宮廷と結びついた神道には批判的であった。新しい神道神学をいかにして樹立するか。昭和二十年の秋から昭和二十二年の三月まで、神道神学にかんする折口博士の講義を熱心に受講したが、その講義には折口古代学が生きていた。今こそ日本文化の基層を形づくってきた神道の原像を、あらたな見地から再発見すべきではないか。

（1）W・G・アストンについては『神道と東アジアの世界』（徳間書店）で詳述したので参照されたい。
（2）本居宣長『古事記伝』三之巻
（3）上田正昭『日本神話』（岩波書店）や同『日本の神話を考える』（小学館）などで、天孫降臨神話は詳しく考察した。
（4）白江恒夫「大はらへ詞の完成」（『古事記研究大成』高村書店）
（5）贖罪の思想と贖罪の神の問題は『「古代学」とは何か』（藤原書店）の「結びの章」でも言及した。
（6）中野玄三「山越阿弥陀図の仏教思想史的考察」（『悔過の芸術』法蔵館）
（7）わかりやすいのは日本名著シリーズ『平田篤胤』所収の『霊能真柱』（中央公論社）である。
（8）平田篤胤の『霊能真柱』については『「古代学」とは何か』（藤原書店）の「日本の神道の課題」でも詳述した。
（9）上田正昭「津田史学の方法と課題」、『日本古代国家成立史の研究』青木書店
（10）私が「民俗神道」という用語を使いはじめたのは、昭和五十六年（一九八一）の『探訪神々のふる里』（小学館）の編者となったころからである。
（11）上田正昭「役行者の原像」、『古代道教と朝鮮文化』人文書院
（12）津田左右吉「天皇考」、『日本上代史の研究』所収（『津田左右吉全集』第三巻、岩波書店）
（13）上田正昭監修『図説御柱祭』（郷土出版社）で御柱祭を詳述した。
（14）仏教の伝来年については、『日本書紀』は壬申年（五五二）とし、『上宮聖徳法王帝説』や『元興寺縁起并流記資財帳』では戊午年（五三八）とするが、仏像や経典などよりも重視すべきは仏教の教えを説く僧の渡来年であって戊辰年（五四八）説を提唱した（『聖徳太子』平凡社）。

（15）長崎県福江島の「かくれ切支丹」を調査したおりに、産土神社の本殿のなかに聖母マリア像があり、慶長年間（一五九六―一六一五）の「オラショ」（唱え言）に「パライソ（天国）にますイカヅチノカミ」とあって、神基習合の存在を知った。

（16）『折口信夫全集』第十六巻、中央公論社

# あとがき

ここ三年ほどの間に書いた論文を集めて本書を構成した。第Ⅰ部には王者あるいは天皇の系譜の謎や、舒明天皇の国見歌がなぜ天の香具山で詠まれたか。古代国家の確立について考えるさいには天武・持統期を一体として理解しなければならないが、「天武朝の歴史的意義」についてはさきに『「古代学」とは何か』（藤原書店）で詳述したので、あらたに「持統朝の歴史的意義」を書き加えることにした。そして持統天皇即位と持統朝から本格的にはじまる大嘗祭に、中臣大嶋が「中臣の寿詞」（「天つ神の寿詞」）を奏上し、それが恒例としてなぜうけつがれていったのか。これまで「中臣寿詞」についての研究は、「出雲国造神賀詞」の考察より、あまりにも少ないので私見を公にすることにした。

第Ⅱ部では東アジアのなかで大王や天皇を神とする思想がどのように形づくられていったのかを究明し、奈良時代には元明・元正・孝謙・称徳（孝謙の重祚）の各女帝がどうしてつぎつぎに登場するのか。いわゆる中つぎ論のみで解釈しうるのか。「女帝の世紀」を新しい視点から究明した。

最近奈良市二条町平城宮跡の西側で「奈良京」と表記した木簡がはじめてみつかって話題をよんでいるが、平安京の場合は、延暦十三年（七九四）十一月八日の詔で、はっきりと「子来《しらい》の民、謳歌の輩《やから》、異口同辞し、号して平安京という」と命名されている。そればかりではなく、平安京の所在する山背国「改めて山城国となすべし」と国名の用字までを変更している。そして翌年の正月十六日は「新京楽《がく》、平安楽土、万年の春」の新京讃歌が踏歌（足を踏みならし、男女が歌い舞う）として歌われた。

その新京の桓武帝の国際性と、平安遷都の踏歌とは異なる兵火や天災などの非平安京のなかで、京都の文化の伝統が創造されていった史実を論述している。

第Ⅲ部の「古代の東アジアと日本」は、朝鮮三国のみならず唐・渤海との関係を考察した論文によって構成している。連帯と友好のつながりばかりではない。そこは矛盾と対立があったことを軽視してはならない。

第Ⅳ部は、神道の原像および道教との関係を中心に、石上神宮の鎮魂祭や京都の原風景を今に伝える糺《ただす》の森のなかの賀茂御祖神社の神の鎮座とその由来をのべている。

ここで参考のために初出一覧を示すことにする。

第Ⅰ部
大和三山と国見の歌　『文学』第十六巻一号、岩波書店、二〇一五年一・二月号
中臣の寿詞の成立　『続日本紀研究』第四一〇号、二〇一四年六月
第Ⅱ部
「大王」と「天皇」の神観念　『歴史読本』第六〇巻第三号、新人物往来社、二〇一五年三月
平安新京のみかど　『平安楽土』三九号～四四号、二〇〇九年一月～二〇一〇年四月
京都の文化の伝統　『桑兪』第十五号、和久傳、二〇一四年十二月
第Ⅲ部
古代の日本と東アジア　『学士会会報』第九一二号、二〇一五年五月
高句麗文化とのまじわり　『「古代学」とは何か』藤原書店、二〇一五年一月
新羅との軌跡　『有光教一先生白寿記念論叢』高麗美術館研究所、二〇〇六年十一月
百済文化の影響　『ビジュアル版　楽しくわかる韓国の歴史』Vol.2、キネマ旬報ムック、二〇一三年七月
古代の東アジアと京都盆地　『京都府埋蔵文化財論集　第七集』二〇一五年十二月

第Ⅳ部

賀茂御祖神と鎮座の由来　『世界文化遺産賀茂御祖神社　下鴨神社のすべて』淡交社、二〇一五年四月

神道の原像　『國學院雑誌』第一一六巻第六号、二〇一五年六月

これ以外の諸論文はいずれも書き下ろしである。

出版については藤原書店社長の藤原良雄氏から格別のご理解とご厚情をえた。こころから感謝する。本書が古代の日本と東アジアのつながりに関心をもつ皆様のお役に立つならば幸いである。

二〇一五年九月吉日

上田正昭

**著者紹介**

## 上田正昭（うえだ・まさあき）

1927年兵庫県生。日本史学者。専門は古代日本・東アジア史、神話学。1950年京都大学文学部史学科卒業。京都大学名誉教授、大阪女子大学名誉教授、世界人権研究センター名誉理事長、高麗美術館館長、島根県立古代出雲歴史博物館名誉館長、中国西北大学名誉教授、中国社会科学院古代文明センター学術顧問。大阪文化賞、福岡アジア文化賞、松本治一郎賞、南方熊楠賞、京都府文化特別功労者、京都市特別功労者。勲二等瑞宝章、韓国修交勲章。
主著に『帰化人——古代国家の成立をめぐって』(1965、中央公論社)。『日本神話』(1970、岩波書店) で毎日出版文化賞受賞。その他、『上田正昭著作集』(全8巻、1998-99)『渡来の古代史』(2013、以上角川書店)、『私の日本古代史　上・下』(2012)『日本古代史をいかに学ぶか』(2014、以上新潮選書)、『歴史と人間の再発見』(2009)『森と神と日本人』(2013)『「大和魂」の再発見』(2014)『「古代学」とは何か』(2015、以上藤原書店) ほか81冊。


**古代《こだい》の日本《にほん》と東《ひがし》アジアの新研究《しんけんきゅう》**

2015年10月30日　初版第1刷発行 ©

著　者　上田正昭
発行者　藤原良雄
発行所　株式会社 藤原書店



〒162-0041　東京都新宿区早稲田鶴巻町523
電　話　03 (5272) 0301
FAX　03 (5272) 0450
振　替　00160 - 4 - 17013
info@fujiwara-shoten.co.jp



印刷・製本　中央精版印刷

落丁本・乱丁本はお取替えいたします
定価はカバーに表示してあります

Printed in Japan
ISBN978-4-86578-044-4

日本古代史の第一人者の最新随筆

# 歴史と人間の再発見

上田正昭

朝鮮半島、中国など東アジア全体の交流史の視点から、日本史を読み直す。平安期における漢文化、江戸期の朝鮮通信使などを例にとり、誤った〝鎖国〟史観に異議を唱え、文化の往来という視点から日本史をたどる。部落解放など人権問題にも早くから開かれた著者の視点が凝縮。

四六上製　二八八頁　二六〇〇円（二〇〇九年九月刊）
◇978-4-89434-696-3

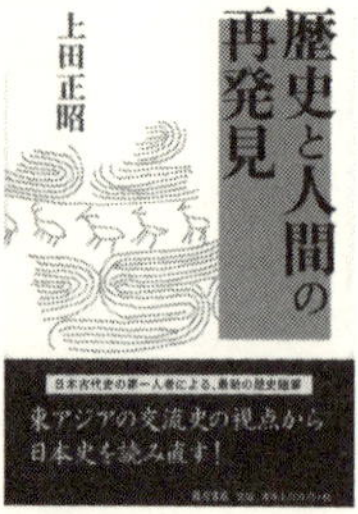


〝鎮守の森〟を捉え直す！

# 森と神と日本人

上田正昭

『古事記』に記された「共生」（＝「とも生き」「とも生み」）。日本の歴史と文化の基層につながって存続してきた「鎮守の森」は、聖なる場所でありながら人々の集まる場所であり、自然と神と人の接点として、〝人間と自然との共生〟を象徴してきた。日本古代史の碩学による、日本文化論の集大成！

四六上製　三一二頁　二八〇〇円（二〇一三年八月刊）
◇978-4-89434-925-4

日本古代史の碩学が、東アジアの共生を唱える

# 「大和魂《やまとごころ》」の再発見

（日本と東アジアの共生）

上田正昭

「才《ざえ》を本《もと》としてこそ、大和魂の世に用ひらるる方も、強う侍らめ。」（『源氏物語』）。「「大和魂」という用語は、私の調べたかぎりでは『源氏物語』が初見である。いうところの「大和魂」とは戦争中さかんに喧伝されたような日本精神などではない。「日本人の教養や判断力」を紫式部は「大和魂」とよんだのである。」（本文より）

四六上製　三六八頁　二八〇〇円（二〇一四年二月刊）
◇978-4-89434-954-4

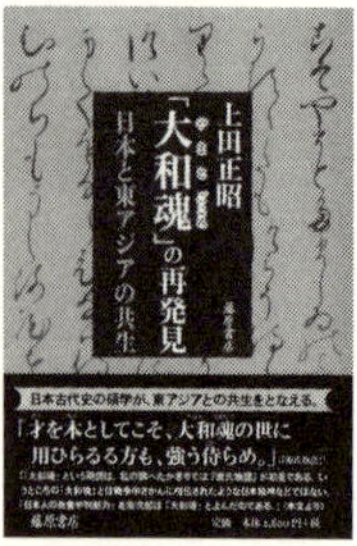


古代を総合的に捉える！

# 「古代学」とは何か

（展望と課題）

上田正昭

文字史料を批判的にも考察しつつ、遺跡や遺物、神話や民間伝承なども総合的に考察することで日本古代の実相を明らかにする〝古代学〟から、東アジア全体の中での日本古代史を描く。神道のありよう、「天皇」号の始まり、鎖国史観の是正、日本版中華思想の克服、沖縄のまつり……独特の着眼点を盛り込んだ、必携の「古代学」入門！

四六上製　三三六頁　三三〇〇円（二〇一五年一月刊）
◇978-4-86578-008-6

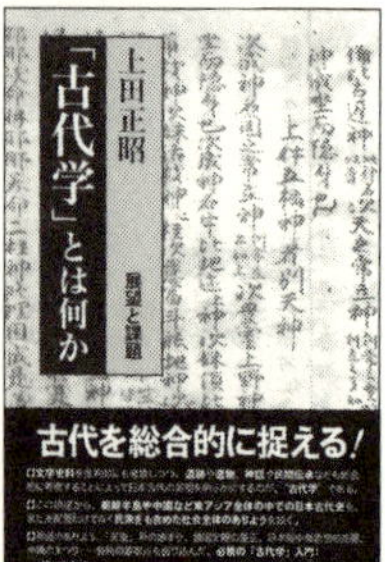

総合科学としての歴史学

# 歴史とは何か

井上幸治
桑田禮彰・浜田道夫編

日本にアナール派歴史学を紹介し、名著『秩父事件』『ナポレオン』他数多くの業績を遺した、わが国歴史学界の重鎮の遺作。井上史学の集大成とも言うべき本書は、初めて井上史学の方法論・歴史哲学の全貌を呈示する。

〔附〕略年譜・業績目録

四六上製　三四四頁　三一〇七円
（一九九一年九月刊）
品切◇978-4-938661-33-5

東西の歴史学の巨人との対話

# 民俗学と歴史学

〈網野善彦、アラン・コルバンとの対話〉

赤坂憲雄

歴史学の枠組みを常に問い直し、人々の生に迫ろうとしてきた網野善彦とコルバン。民俗学から「東北学」へと歩みを進めるなかで、一人ひとりの人間の実践と歴史との接点に眼を向けてきた著者と、東西の巨人との間に奇跡的に成立した、「歴史学」と「民俗学」の相互越境を目指す対話の記録。

四六上製　二四〇頁　二八〇〇円
（二〇〇七年一月刊）
◇978-4-89434-554-6

柳田国男は世界でどう受け止められているか

# 世界の中の柳田国男

R・A・モース＋赤坂憲雄編
菅原克也監訳　伊藤由紀・中井真木訳

歴史学・文学・思想など多様な切り口から柳田国男に迫った、海外における第一線の研究を精選。〈近代〉に直面した日本の社会変動をつぶさに書き留めた柳田の業績とその創始した民俗学の二十一世紀における意義を、世界の目を通してとらえ直す画期的論集。

A5上製　三三六頁　四六〇〇円
（二〇一二年一一月刊）
◇978-4-89434-882-0

「歴史学」が明かしえない、「記憶」の継承

# 歴史と記憶

〈場所・身体・時間〉

赤坂憲雄・玉野井麻利子・三砂ちづる

P・ノラ『記憶の場』等に発する「歴史／記憶」論争に対し、「記憶」の語り手／聞き手の奇跡的な関係性とその継承を担保する〝場〟に注目し、単なる国民史の補完とは対極にある「記憶」の独自なあり方を提示する野心作。民俗学、人類学、疫学という異分野の三者が一堂に会した画期的対話。

四六上製　二〇八頁　二〇〇〇円
（二〇〇八年四月刊）
◇978-4-89434-618-5

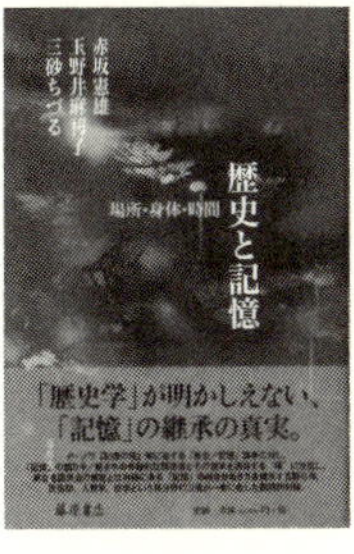

「在日」はなぜ生まれたのか

## 歴史のなかの「在日」

**藤原書店編集部編**
**上田正昭＋杉原達＋姜尚中＋朴一／金時鐘＋尹健次／金石範 ほか**

「在日」百年を迎える今、二千年に亘る朝鮮半島と日本の関係、そして東アジア全体の歴史の中にその百年の歴史を位置づけ、「在日」の意味を東アジアの過去・現在・未来を問う中で捉え直す。

四六上製　四五六頁　**三〇〇〇円**
（二〇〇五年三月刊）
◇978-4-89434-438-9

今、何が問題か。

## 日韓関係の争点

**小倉和夫／小倉紀蔵／小此木政夫／金子秀敏／黒田勝弘／小針進／若宮啓文**
**高銀＝跋**　小倉紀蔵・小針進＝編

歴史認識、経済協力、慰安婦問題、安全保障、中国・米国等との国際関係……山積する問題の中で、右・左の中だけの枠組みを乗越え、日韓関係を打開し前に進むために、現在ありうる最高のメンバーが集結、徹底討議した貴重な記録！

四六並製　三四四頁　**二八〇〇円**
（二〇一四年一一月刊）
◇978-4-89434-997-1

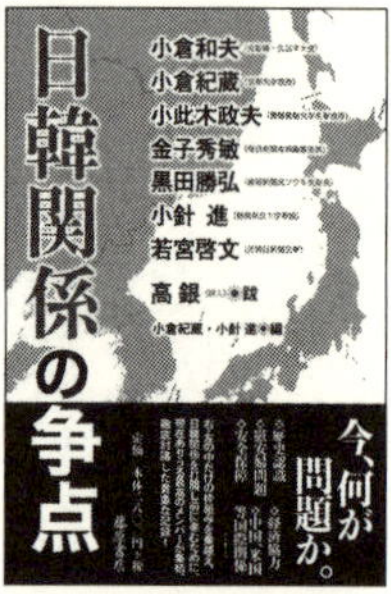


激動する朝鮮半島の真実

## 朝鮮半島を見る眼

**（「親日と反日」「親米と反米」の構図）**

**朴一**

対米従属を続ける日本をよそに、変化する朝鮮半島。日本のメディアでは捉えられない、この変化が持つ意味とは何か。国家のはざまに生きる「在日」の立場から、隣国間の不毛な対立に終止符を打つ！

四六上製　三〇四頁　**二八〇〇円**
（二〇〇五年一一月刊）
◇978-4-89434-482-2

「植民地」は、いかに消費されてきたか？

## 「戦後」というイデオロギー

**（歴史／記憶／文化）**

**高 榮蘭**

幸徳秋水、島崎藤村、中野重治や、「植民地」作家・張赫宙、「在日」作家・金達寿らは、「非戦」「抵抗」「連帯」の文脈の中で、いかにして神話化されてきたのか。「戦後」の「弱い日本」幻想において不可視化されてきた多様な「記憶」のノイズの可能性を問う。

四六上製　三八四頁　**四二〇〇円**
（二〇一〇年六月刊）
◇978-4-89434-748-9